KB137684

낮아짐이 믿음이다

일러두기

이해를 돕기 위해 이 이야기의 배경과 이따금씩 등장하는 인물을 간략히 소개해드립니다.

· 성황림마을: 강원도 치악산 남쪽 기슭에 마을 입구가 천연기념물 제93호인 성황림으로 가려진 산병풍마을.

· 엉클한캐빈: 부모님께서 물려주신 텃밭이 딸린 엉클한 모습의 옛 오두막집.

· 주멍: 고구려 고高씨의 시조 고주몽의 적통을 표방한 필자의 인터넷 필명.

· 순이(철녀): 도심에서 자랐으나 수렵, 채취, 험로산행, 파충류 구제 등과 토속 요리까지 전수자를 훌쩍 뛰어넘는 거침없는 시골생활로 철녀라 불리는 필자의 아내.

· 참이(리틀 철녀): 필자가 그랬듯 늦둥이라는 이유로 주말 시골행에 처음엔 억지동행 하였다가 철녀로부터 전수받은 텃밭일과 수렵, 채집 등에 재미를 느껴 1세기나 차이나는 할아버지의 자연 속 삶에 흥미를 가지는 초등학생 딸.

나무가 주인공이다

민초의 삶에 깃든 풀과 나무 이야기

고주환 지음

글항아리

책머리에

잡초에서 신목神木까지!

농경문화가 주류를 이루던 우리 선조의 역사에서 풀과 나무는 생활 그 자체였다. 초가에서 거주하며 나무로 불을 때서 방을 덥히고 음식을 익히며 곡식을 심어 나무자루로 된 농기구를 잡고 풀과의 전쟁을 벌였다. 여가시간엔 또 풀과 나무를 이용한 생활도구를 만드는 것이 일과의 대부분을 차지했던 민초들의 삶.

얼핏 까마득히 느껴지는 그 시절은 의외로 농업 인구가 70퍼센트 가까이 됐던 지금 중장년 세대의 어린 시절에까지 이어져왔던 모습이지만, 애써 기억하고 싶지 않아서일까? 앞을 보고 살기만도 벅찼기 때문일까? 지금은 마치 먼 고리짝 시절의 얘기처럼 되어버렸다.

민초民草라는 말이 좋다. 가뭄에, 풍상에, 사람과 짐승에 스러지고 밟히고 뜯기면서도 단비에 그 별 다시 들면 어느새인가 그 자리에 무성해 있는 들풀들. 천재지변에, 병마에, 전란에, 서슬 퍼런 권력에 밟혀 쓰러진 듯하면 또 어느새 고개를 들어 분주히 살아가고 있는 이 땅의 백성들.

풀과 나무가 좋다. 고매한 사대부의 붓끝에서 학문을 과시하거나 아첨의 소재로 회자하던 사군자나 억지 충절의 소나무가 아닌, 쇠풀로서, 나물로서, 손때 묻은 도끼자루나 봉당의 처마 끝자락에까지 구부정한 가지를 드리운 돌담 옆의 배나무처럼 민초의 삶에 깃들어 있는 자연의 일부로서의 그것들이 마냥 좋다.

익숙한 것들은 교감이 있어서 좋다. 새로움에 대한 낯설음이 싫어서 나는 내가 처음 임하게 된 자리를 벗어나지 못했다. 반백이 되도록 내가 태어나고 자란 성황림마을이 그렇고, 사반세기를 훌쩍 넘어선 처음 들어간 공장이 그렇고, 퇴근만 하면 예외 없이 쪼르르 달려간 조강지처의 품이 그렇다.

고향의 풀과 나무가 또 나에게 그랬다. 눈 속에서 꽃을 피우는 복수초부터 길가의 질경이와 논둑의 쑥이며 가을 들판의 억새까지 옛 나던 자리에서 피었다 지기를 반복하고 개울가의 으름덤불과 가래나무는 해마다 옛 보던 열매를 맺는다. 청량리역으로 가출하던 까까머리 중학생 때 나도 몰래 멈추어 서서 내 앞길을 지켜주길 빌었고 중년이 되어 처음 받아든 사업자등록증을 제단석 위에 올리고 읍소하던 성황림의 신목까지…….

"세상은 넓고 할일은 많다!" "세계의 지붕 14좌 완등!" "걸어서 지구 몇 바퀴 반!" 등 쏟아지는 언론의 찬사와 세인의 관심 속에 세상은 마치 새로운 영역에 대한 도전과 성취만이 삶의 절대 가치인 듯 말한다. 하지만 자연을 거스르고 싶은 개미 인간의 욕심일 뿐 태어난 자리에서 그 환경에 적응해 자연과 소통하고, 선대로부터 후대로 이어가며 교감하고 소박한 성공을 일구어내는 민초들의 삶이야말로 조용히 시대와 사회를 떠받쳐온 펀더멘털이다.

이 책은 우리의 농경문화 속에서 민초의 삶에 가장 가까이 있었던 풀과 나무를 그 민초의 생활 속 눈높이로 바라본 이야기에 비중을 두었음을 강조하고 싶다. 풀과 나무의 기본적인 프로필을 창으로 그 종種의 두드러지는 시대상을 그렸고, 거기에 보태어 내 유년 시절의 요람기를 펼쳐보기도 했고, 궁색한 시대를 살았던 부모님의 삶의 일부를 언뜻 들여다보기도 했으며, 지금도 여전히 그 자리에 있는 풀과 나무와 더불어 생활 속에서 교감하는 장면을 그리기도 했다.

이 추억담의 배경은 일찍이 『삼국유사』에 기록된 궁예 세력의 태동지인 석남사 마을이자 이인직의 신소설에서 "백주에 호랑이가 득시글거려 포수가 제 고기로 호랑이 밥을 삼는 일이 종종 있다"는 치악산 기슭의 성황림마을이니, 영서 산간지방이라는 제약은 있으나 사회 격동기의 농촌 풍경이라는 공통점 또한 적지 않으리라 본다.

"관다발식물문〉 구과식물강〉 구과목〉 소나무과〉 소나무속의 상록침엽교목, 높이는 20미터 직경은 1미터까지 크며 목재는 가공이 용이해 건축 가구 등에 쓰이고……." 21세기의 풀과 나무는 과학이란 틀 안에 박제되어 획일화된 바코드를 달고 다음 세대에 주입된다.

수만 년 인류의 역사보다 더 많은 물질문명의 변화를 겪어온 지난 1세기, 쇳덩이와 소통하고 유행과 대세를 좇느라 가족과 자연은커녕 자신과도 제대로 교감하지 못해 모르는 새에 자연과 인문이 결여된 경직된 사고로 사회를 선도하는 이 땅의 많은 지식인들. 그리고 그 거대한 기계문명이라는 괴물에 휩싸여 덩달아 흘러가는 오늘날의 민중은 어쩌면 옆에 있는 가장 소중한 것을 누리며 살아가는 방법을 시나브로 잊어가고 있는 것은 아닐까? 헤아릴 수 없는 장고長苦 끝에 인간을 낳은 자연과, 내 존재 의미에 절대적 가치를 부여해주는 가족처럼 내가 마음을 열어 다가가면 언제나 소통하고 교감할 준비가 되어 있는 가까운 것들을 말이다.

"듣도 보도 못한 나무이야기를 써주세요!" 글항아리 강성민 대표를 처음 만나던 날 그가 던진 이 한마디는 하나의 카테고리를 정하고 자판 앞에 앉으면 화두가 되어 내 머릿속을 맴돌았다. 긴 겨울 밤 화롯불에 고구마를 묻어 놓고 부모님이나 할머니로부터 고려 적부터 전해 내려오는 옛날이야기를 듣고 자랐던 우리 세대까지의 아름답던 수천 년 소통문화가 불과 한 세대 사이에 단절돼 박상민이나 이승철이 시답지 않아 이루나 2AM 신곡으로 십팔번을 삼으려는 이 시대의 젊은 장년 가장의 어릴 적 이야기가 그야말로 "듣보잡"이 되어가는 자연 속 삶의 이야기!

"수소폭탄보다 무서운 것은 망각"이라던 내 국민학교 적 교과서

속의 할아버지 이야기가 새롭다. "옛날에, 과거에, 자연이, 사람이 어쨌건 그게 뭐가 중요하냐?" 혹자는 그렇게도 말하지만, 자연을 모르고 역사와 내력을 모른 채 어찌 지금의 존재에 의미를 두며, 하물며 미래와 행복을 논하리.

"자연으로 돌아가라!"던 수 세기 전 루소의 말을 굳이 빌지 않더라도 이 시대 다수의 행복 키워드는 자연과 주변과의 소통과 교감에서 찾아야 한다고 부르짖고 싶은 한 민초의 '풀과 나무이야기'를 내놓는다. 자칫 가내家內에서 억지 가보家寶로 떠넘겨져 천덕꾸러기가 될 뻔한 글을 책으로 묶어 전국구의 날개를 달아준 글항아리 편집부에 진심으로 감사드린다.

2011년 3월
성황림마을의 민초 소생
고주환

‖ 차 례 ‖

책머리에 _004

1. 아버지의 퉁소 구릿대 _013
2. 오얏! 다 어디로 간고야? _023
3. 밟힐수록 무성해지는 길깡의 풀 질경이 _031
4. 구황식량에서 동아줄까지 민초 삶의 끄나풀, 칡 _037
5. 사약 부자탕의 재료 투구꽃 _045
6. 쓸모없어 살아남은 백당나무 _051
7. 귀신도 맞으면 죽는다는 몽둥이 박달나무 _055
8. 한국형 바나나 으름덩굴 _063
9. 국수에서 약재까지 껍질이 보배 느릅나무 _067
10. 동서고금을 넘어선 꿈의 실현수 개암나무 _073

11. 이밥에서 짚신에 초가까지 모 · 벼 · 쌀 · 밥 _079
12. 꽃보다 아름다운 남빛 열매 누리장나무와 노린재나무 _093
13. 아무데나 쑥쑥 자라 이 땅의 민초와 동고동락한 쑥 _099
14. 향신료의 조상 산초나무 _108
15. 야무진 아버지의 장기쪽 대추나무 _117
16. 욕정 내음의 꽃 밤나무 _127
17. 내 누님 같은 꽃 들국화 _135
18. 나비가 내려앉은 듯 금은화를 피우는 괴불나무와 인동 _147
19. 피나무, 끈에서 염주까지 안 되는 게 뭐니? _150
20. 불쏘시개에서 왕궁의 기둥까지, 삶의 동반자 소나무 _157

21. 묵나물의 제왕 고사리 _169
22. 한여름에 꺾어 삶던 나물 뚝갈, 소녀의 양산 마타리 _177
23. 엄하셨던 아버지의 문설주 엄나무 _185
24. 잎을 먹는 박쥐나무와 생강나무 _191
25. 신선놀음에 썩던 도끼자루 물푸레나무 _199
26. 보릿고개의 풀때죽 곤드레 딱주기 _207
27. 가지가 칭칭 층층나무 _213
28. 뿌리 찧어 천렵하던 가래나무 _218
29. 극복과 상생의 지혜 헛꽃과 충영 _223
30. 백년손님의 등짐멜빵 사위질빵 _231

31. 야생의 유혹 산딸기 _239
32. 슬픈 전봇대나무 낙엽송 _247
33. 님도 주고 뽕도 주고 뽕나무 _255
34. 오만의 극치 참나리꽃 _263
35. 손대면 톡! 봉황을 닮은 여인의 자태 봉선화 _268
36. 고향에서 부르는 청산별곡 다래 _275
37. 등이 휠 것 같은 삶의 무게 '지게' _280
38. 죽어서도 주는 참나무 _289
39. 조국 근대화의 공신 앵두나무 _295
40. 화촉신방에서 동토의 지킴이까지 자작나무 _301

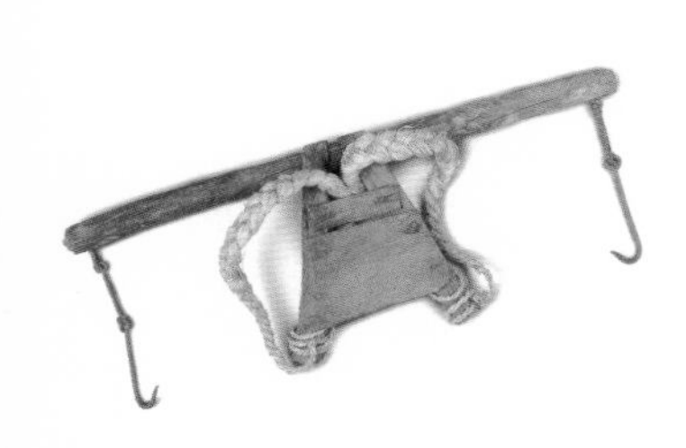

41. 봄과 동심의 랩소디 버드나무 _307
42. 향수와 동심의 풋순 찔레나무 _315
43. 머리에 돌을 이고 찧던 어머니의 디딜방아 _323
44. 으악새 슬피 우니 _331
45. 천 년 도료 옻나무, 흙벽의 뼈대 개옻나무 _337
46. 입맛이 돌아오는 쓴 나물 씀바귀와 고들빼기 _344
47. 봄의 나팔수 진달래 _349
48. 절개와 모험의 민초 민들레 _355
49. 님 그리워 잠 못 드는 밤 배나무 _359
50. 소죽 위에 삶아먹던 열매 야광나무 _368
51. 함초롬 이슬 먹고 핀 야생화의 제왕 함박꽃 _373
52. 풋살 내음 살짝 병꽃나무와 국수나무 _380
53. 향기에서 가시까지, 영욕의 아까시나무 _387
54. 싸리, 그 많은 기억들 _395
55. 성황림의 신목 전나무 _404

아버지의 퉁소 구릿대

손대면 톡 터질듯 물봉선의 분홍 꽃이 화려한 자태를 수놓는 늦여름의 개울가나 습지에 사람 키만큼이나 커다란 줄기 위로 방사상의 흰 꽃을 하늘을 향해 피워올리는 풀이 있으니 이름하여 '구릿대' 이다.

구릿대는 껑충 큰 키만큼이나 굵은 줄기와 아래로 내려갈수록 살짝 보랏빛이 감도는 마디에 가지나 꽃차례를 감싸안은 둥근 잎집이 눈길을 끈다. 구릿대는 민초들의 삶에 가장 우선하는 잣대인 나물이나 쇠풀로서는 그다지 환영받는 풀은 아니었지만, 일찍이 꽃잎들을 떨어뜨리고 푸르르기에 여념 없는 신록 속에서 시원스런 덩치로 흰 꽃을 피우니 한번쯤 이름을 불러주어야 여름의 끝자락을 놓아줄 듯싶은 놈이다.

구릿대, 개구릿대, 강활, 지리강활, 당귀 등 산형과의 식물들은 생김이 서로 비슷해서 구분하기 여간 어려운 게 아니다. 구릿대의 뿌리는 백지白芷라 하여 항염, 진통에 약재로 쓰이고 '천궁' 이라고도 하

는 강활이나 당귀 등도 한방의 중요 약재로 쓰인다. 그런데 모양이 비슷하며 개당귀라고도 부르는 지리강활은 많이 섭취할 경우 생명까지 잃을 수 있는 맹독초이므로 섣부른 판단으로 약용 또는 식용하는 것에 유의해야 한다.

구릿대라는 이름의 유래는 여러 가지로 유추하고 있으나 같은 산형과의 '누리대'나 마편초과의 '누리장나무' 등이 누린내에서 비롯되었고 농촌의 어른들이 '구리장' 또는 '구리대'로 부르는 것을 볼 때, 그다지 향기롭다고는 할 수 없는 특유의 냄새에서 연유한 것으로 보인다.

구릿대는 줄기 속이 텅 빈 데다 대나무처럼 마디마다 막혀 있기 때문에 멱감기와 오징어 가이상(땅에 오징어 모양의 선을 긋고 편을 나눠 하는 놀이. 가이상은 가이센의 일본어 파생어로 회전會戰을 뜻한다. 우리말로는 오징어 달구지)에 식상한 여름 끝자락 성황림마을 꾸러기들 물총놀이의 재료이기도 했다.

손목 굵기만 한 구릿대의 밑동을 낫으로 잘라 마디의 막힌 부분을 한쪽만 남긴 뒤 못으로 작은 구멍을 뚫으면 총통이 완성되고, 손가락만 한 굵기에 두 뼘쯤 되는 막대기를 잘라 한쪽 끝에 총통에 들어갈 정도의 두께로 헝겊을 감으면 성능이 막강한 물총이 완성된다.

보악소(성황림마을에서 물이 가장 깊고 넓은 곳)에 모여 편을 갈라 물총싸움에 돌입하다보면 처음엔 센 물줄기로 멀리 나가던 구릿대 물총이 마디 부분이 약한 탓에 구멍이 점점 커져 성능이 떨어진다.

"에잇, 안 되겠다. 고무신으로 바꿔라!" 하는 대장의 말이 떨어지기 무섭게 구릿대 물총은 내던지고 신고 있던 까막고무신을 벗어서 물을 끼얹어대던 악동들.

"참이야! 이게 아빠가 어릴 적에 물총을 만들어 놀던 구릿대란다."

구릿대는 또 내게는 영원히 잊을 수 없는 아버지의 퉁소 가락이다. 아버지께서는 오래된 멋진 퉁소를 가지고 계셨다. 그땐 나이가 너무 어려 어떻게 소장하시게 되었는지 물어보지 못했는데, 그 퉁소는 한눈에 보아도 윤이 반질반질 나고 오랜 세월과 품위가 스며든 듯 보였다. 아버지는 이따금 그 퉁소로 구곡간장을 녹일 듯 애끓는 가락을 연주하셨다.

아버지가 연주하시는 곡은 늘 예닐곱 소절 되는 것이었는데, 과부가 수절하다가 죽어서 낭군을 만난다는 내용이 담겨 있는 곡이라고 하셨다. 그 곡을 듣고 있노라면 어린 나이에도 애잔한 슬픔이 느껴지곤 했는데, 아버지는 일을 마친 저녁에 옥로소주(당시 강원도의 소주) 두 잔을 반주로 드시면 퉁소를 꺼내 그 슬픈 가락을 두어 번 연거푸 연주하셨다.

이따금 냉면집 공터에서 동무들과 놀다보면 공회당이었던 냉면집 사랑방에 동네 어른들과 어울려 계시던 아버지께서 부르신다.

"막둥아, 집에 얼른 뛰어가서 퉁소 좀 가지고 오거라."

공회당에서 이야기를 하던 어른들은 어느 순간 아버지의 퉁소

음색이 처량하고 맑은 통소는 대개 대나무로 만들어졌지만, 대나무가 없던 영서 산간지방에선 구릿대로 만들어지기도 했다.

연주를 채근했고, 이따금씩 아랫동네에서까지 아버지의 퉁소 가락 들으러 오기도 했다. 퉁소를 가져다드리면 왁자지껄하던 냉면집이 일순 조용해지며 가락이 울려 퍼진다.

어느 날 원주에 살던 이복형님이 오시고 무슨 일로던가 한바탕 집안에 고성이 오가던 날 아버지의 퉁소는 깨져버렸다. 깨진 퉁소에 아교를 녹여 붙인 뒤 불어보시고는 제 소리가 나지 않는다며 "이거 낭팰세!" 하고 난감해하시던 아버지의 표정이 잊히지 않던 그해 겨울이었다.

어느 날 학교를 마치고 집 대문에 들어서니 귀에 익은 퉁소 소리가 들려오는 게 아닌가. 아버지는 가을에 잘라서 말려두었던 구릿대로 퉁소를 만들고 계셨다. 화로에 찔러둔 불꼬챙이로 구멍을 뚫어가며 불어보시고는 간격을 넓혀도 좁혀도 보시다가 여러 개를 버린 후 드디어 완성된 하나의 퉁소! 전체적인 음색은 먼젓번의 대나무 퉁소보다 더 굵고 낮아졌지만 아버지는 만족해하셨고, 고요와 적막에 싸인 긴 겨울밤 아버지의 구슬픈 퉁소 가락은 다시금 담 밖을 넘어 울려 퍼질 수 있었다.

그 뒤 내가 공회당과 우리 집 사이를 몇 번 더 그 퉁소를 들고 뛰어다니긴 했지만 그 구릿대 퉁소는 그리 오래가지 못했다. 아이러니하게도 먼젓번의 소란에 대한 사죄걸음이었을까? 이듬해 봄비가 구죽죽 내리던 날 옥로소주 됫병을 사들고 찾아오셨던 이복형님이 두고 가신 파란 비닐이 씌워졌던 대나무 우산을 보신 아버지가 그 대나

「잠자리」, 김희겸, 종이에 담채, 서울대박물관. 이름 없는 들풀꽃은 민초의 삶과 함께해왔다.

저세상으로 떠나간 이를 위해 상주가 입을 옷이며 신발과 몸을 기댈 지팡이.
구릿대로 퉁소를 만들며 민초의 삶을 보여주셨던 아버지는 리코더를 사드리기 전에 세상을 떠나셨다.

무로 이전 것만큼이나 멋진 퉁소를 만드신 탓이다.

평생 성황림마을을 크게 벗어나본 적 없는 아버지와 강원도 산간 마을까지 남부 지방의 대나무가 유입될 경로가 딱히 있을 리 없어 생겨났던 아버지의 구릿대 퉁소의 백일천하! 새로 만든 우산대 퉁소는 수절 끝에 죽은 과부가 먼저 간 낭군을 만나기 직전에 건너는 요단강과 저승고개의 숨 넘어갈 듯 애절한 고음이 먼젓번의 음색으로 되살아났다.

내가 중학교에 다닐 무렵 칠십이 넘으신 아버지는 눈에 띄게 쇠잔해지셨는데, 어느 날 학교를 마치고 시오리 길을 걸어 집에 돌아왔을 때 내가 준비물로 산 리코더로 퉁소의 그 가락을 불고 계셨다.

"에이, 아부지 침 들어가유."

못마땅해하는 내 투정을 들으면서도 아버지는 얼마 후 퉁소의 그 가락을 리코더로 완벽히 재현하는 데 성공했고, 그 뒤로는 한결 숨이 찬 퉁소보다 리코더를 즐겨 불으셨다.

학교에 가져가는 날이면 리코더를 씻고 닦고 부산을 떨던 내 행동이 참 못나 보였다는 것을 어렴풋이 깨닫고, 한 단계 나은 리코더를 사드려야겠다고 생각할 때쯤인 고등학교 들어가던 해의 여름에 아버지는 세상을 떠나셨다.

농사꾼에서 대장장이로, 목수로, 천자문에서 소학, 언문에 이르는 독학으로, 구릿대 퉁소에서 리코더까지, 그야말로 민초民草의 삶을 살아오시면서도 변해가는 시대에 맞추어 변신을 주저하지 않으셨던 아버지.

구릿대는 내 귀에 딱지가 앉도록 들어온 아버지의 애잔한 통소 가락이 들려올 듯한 그런 풀이다.

신라 말 풍수의 대가 도선국사는 일찍이 신라의 멸망과 왕씨국의 출현을 예언하고 고려의 건국 과정에 상당한 관여를 한 후 그의 예언서 『도선비기道詵秘記』를 왕건에게 건네주었다고 한다. 그 책에 적혀 있는 중요한 예언 중의 하나가 "왕王씨에 이어 이李씨가 한양에 도읍한다[繼王者李而都於漢陽]"는 이른바 '목자득국설木子得國說'이었다.

도선의 그 목자득국설이 천기를 내다본 신통력이었는지 혹은 최고의 선승으로 추앙받았던 인물의 예언 효과였든지 간에, 벌리목사伐李牧使까지 두어 한양의 혈자리에 오얏나무를 심고 성할 만하면 베기를 반복해 한양의 지기地氣와 이씨의 발호跋扈를 누르려는 눈물겨운 방비와 처방에도 불구하고 500여 년 뒤 이씨 조선은 건국되었다.

이씨의 뿌리는 중국 춘추전국시대의 노자까지 거슬러 올라간다. 노자는 오얏나무 아래에서 태어났으므로 나무 목木에 아들 자子를 써서 이李씨 성을 만들었고, 귀가 매우 커서 귀 이耳를 이름으로 삼아

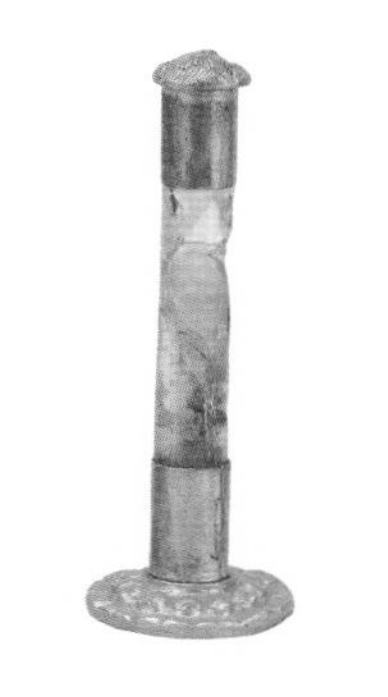

이성계와 그의 지지자들이 만든 사리구, 1390~1391, 국립중앙박물관

이이李耳 혹은 노담老聃으로 불렸다. 『도덕경』이라는 책을 써서 도가의 창시자가 된 노자는 공자에게 가르침을 주기도 한 것으로 알려져 있는데, 이후 오얏 리를 쓰는 후손은 급격히 늘어나 오늘날 중화문화권은 물론 전 세계를 통틀어 1억 명쯤 되는 지구상 최대의 성씨로 자리하게 되었다.

오얏은 중국 원산의 매실만 한 크기의 과일을 이르는 우리말 이름인데, 오래전 유럽으로 전해졌다가 원래보다 크고 신맛이 덜하게 개량되어 역전파된 것으로 보인다.

우리나라에서 오얏의 역사는 적지 않은 기록들을 종합해서 유추해보건대, 삼국시대 이전에 중국 토종의 오얏이 전해져 널리 심겨졌고, 16세기부터 1920년 사이에 복숭아만 한 크기의 자주색을 띠는 서양 개량종이 들어와 자리紫李, 자도紫桃 등의 이름으로 불렸다. 그러다가 후에 고야, 꼬야(영서), 꽤, 농유(영동), 옹애, 풍개, 에에추(충청이남), 왜지, 추리(북한) 등 지방별로 제각각 불리던 재래종 오얏과 섞여 쓰

「이노군도李老君圖」, 조석진, 종이에 수묵담채, 139.2×72.1cm, 19세기 말~20세기 초, 삼성미술관 리움. 이씨 성을 가진 노자는 도옥의 융성과 함께 지위가 높아지면서 이노군이라 불리었다.

이며 점차 '자두'로 통일된 듯하다.

과전불납리瓜田不納履

이하부정관李下不整冠

오이밭에서는 신을 고쳐 신지 말고 오얏나무 아래서 갓을 고쳐 쓰지 말라. '공연히 남에게 의심받을 행동을 하지 말라'는 중국의 고사성어에도 등장하듯, 오얏나무는 그리 높게 크지 않으며 가지를 늘어지게 옆으로 벌려 사람이 손을 뻗으면 닿기 좋을 만한 높이에 가지가 찢어질듯 많은 열매를 맺는 장미과의 낙엽활엽교목이다.

중국 발음으로 '리'인 오얏이 우리에게 언제부터 오얏으로 불렸는지 알 수는 없으나, 19세기의 백과사전 『물명고物名攷』에 '외얏'으로 표기된 것으로 미루어, 조선시대에는 외얏—외앗—오얏의 변화를 거쳐 일제강점기 이후에는 슬그머니 자두에 밀려 자취를 감춘 것으로 보인다. 그러나 '오얏'은 복숭아 크기로 개량된 자주색 과실인 '자두紫桃'보다는 크기도 작고 맛도 차이가 나며 노랗게 익는 종種도 있으니 다른 종류의 과실로 보아야 한다.

조선 왕가의 건국 비화에서 입맛 헛헛했던 여름 민초들의 입 속에 침을 가득 고이게 하던 기억들까지, 우리 민족의 삶 속에 깊숙이 깃들어온 '오얏'이 "자두의 잘못된 이름"으로 사전에 표기되어 이단아 취급을 받는 것은 참으로 안타까운 일이다.

오얏꽃은 잎보다 꽃이 먼저 핀다. 벚나무, 살구나무, 복숭아나무, 매실나무 등의 연분홍 꽃 잔치 속에서 너무 희다 못해 초록의 기운이 감도는 꽃을 피워내 예로부터 선인들의 시상에 많은 영감을 주었다. 대한제국 시기에는 우표나 창덕궁 인정전의 용마루에도 그려져 이씨 황실의 상징 문양으로 쓰였다. 흔히 '배꽃'으로 알고 있는 이화장(이승만 대통령의 사저)이나 고종이 하사했다는 이화학당(이화여대의 전신)의 이름 역시 애초에는 오얏[李]에서 발음이 같은 배나무[梨]로 바뀐 것이라 하니, 허울뿐이던 황제국의 상징조차 없애려 했던 일제의 행태와 무관하지 않을 것이다. 참으로 우리 민족과 오얏의 역사는 유구하고 끈질기기도 하다.

성황림마을에도 몇몇 집에 가지가 휘청하도록 열리는 '고야나무'(고야는 오얏에서 좀더 부르기 쉬운 고야로 음운 변화를 일으킨 듯하니, 열 개가 넘는 사투리 중에 오얏의 흔적을 가장 많이 풍기는 이름이다)가 있었는데, 그중에 양짓담에 칠순 넘은 할머니 홀로 사시는 '외노인' 집의 고야가 으뜸이었다. 한여름 마을의 꾸러기들이 보악소로 멱감으러 가는 길에는 언제나 그 외노인 집의 돌담 밖에서 담을 넘어온 가지에 돌팔매질을 해 고야를 떨어뜨렸다. 떨어진 고야를 부리나케 주워들곤, 늦게 기척을 알아챈 외노인의 고함소리를 뒤로한 채 개울로 내려뛰곤 했다.

"칫! 늙어서 그 많은 고야를 다 먹을 수도 없을 거면서."

외노인에 대한 그런 불만은 가끔 악동들의 복수심을 불러일으키기도 해 삽작문(사립문) 앞 외길에 구덩이를 파고 소똥을 넣고 마른 나뭇가지와 잎을 덮어 함정을 만들기도 했다. 또 한겨울 눈이 많이 올라치면 그 자리에 물을 퍼다 붓고 고무신으로 눈을 다져 빙판을 만들어놓기도 했다.

어느 해 겨울날, 고야나무 가지가 앙상한 외노인 집의 돌담 아래에 흰 고무신 한 켤레를 얹은 개다리소반이 놓여졌다. "이제 가면 언제 오나" 구성진 회심곡 선소리에 "어화넘차 어~화" 화답하는 상여 행렬이 그 집 마당을 가득 채웠다. 우리는 행렬에 끼어 놀이하듯 영여를 메고 만장을 펄럭이며(아이들에게도 장례식 때 만장과 영여를 들게 했다) 거무내산 중턱에 올랐다. 어른들이 "에야 호리 다네야!"를 합창

대한제국의 황실 문양으로 쓰였던 오얏꽃무늬 은잔, 국립고궁박물관.

하며 회담이(회방아)를 하는 동안 고등어국밥을 맛있게 먹고 내려온 악동들은, 그 후 오랫동안 흉가가 된 그 외노인 집에 해마다 고야가 주렁주렁 열려도 근처에조차 가지를 않았다.

지금도 나는 재래시장에서 바가지에 고야를 담아놓고 앉아 있는 노인을 보면 문득 그 악동 시절의 외노인이 생각나 반가우면서도 흠칫 마음 한구석 죄스러움이 솟아오르곤 한다.

유학을 다녀와서는 인물도 학식도 빼어나 재벌가의 사위가 된 동생의 앞길에 누가 될까봐 족보에서조차 빼버린 못난이 농사꾼 형처럼, 존재하되 존재감도 이름도 잃어버린 지난날의 영욕덩어리 오얏. 내게는 철없던 악동 시절의 가슴 아린 추억 고야. 어찌 차마 너를 잊겠느뇨!

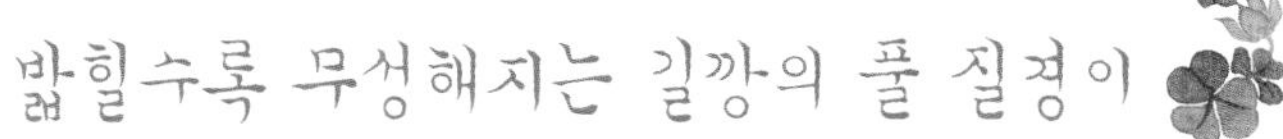

민초民草!

어떤 어려운 상황 속에서도 질긴 생명력을 이어온 풀처럼 천재지변에, 전란에, 서슬 퍼런 권력에 밟혀 쓰러진 듯싶으면 또 어느새인가 고개를 들어 살아가고 있는 이 땅의 백성들.

그런 면에서 보면 우마차가 다니는 길 위에, 제방 둑에, 밭으로 이어지는 소롯길에, 심지어는 아스팔트가 덧씌워져 제 땅에서 밀려난 갓길 끝자락에서 그 목숨을 이어온 풀 '질경이' 또한 천자국天子國이니 제국帝國이니를 표방하던 열강의 틈바구니에서 유구한 민족 국가를 지켜온 '민초'와 맥을 같이하는 풀이다.

깎일수록 뚜렷해지는 바위처럼
채일수록 단단해지는 돌멩이처럼
메마른 길섶에 뿌리내리고

한생을 마련한 질긴 영혼

오죽하면 그 별명도 차전초이랴!

자동차는 아니어도

수레나 군마는 아니어도

하다못해 발에라도 밟혀야 생기가 솟는

저 지독한 마조히즘이여!

눈물은 오래전 마르고

배설마저 잊은 지 오래여서

길장구 차전

살아낸 흔적마저 저리 검고 굳센가.

- 박수진의 「차전초」

한자 이름으로 차전초車前草로도 불리는 질경이는 배부장이, 길짱구, 야치채, 하마초, 우모채 등의 여러 이름을 가진 질경이목 질경잇과의 여러해살이풀이다. 줄기 없이 뿌리에서 잎자루가 올라와 넓적한 잎을 땅바닥에 붙은 듯 낮게 펼치고 곧이어 올라오는 꽃대는 가늘고도 탄력성이 있다. 더욱이 꽃이 지고 나면 작고 단단한 씨앗을 올망졸망 맺어 이따금씩 지나가는 수레바퀴나 인간들의 발길은 오히려 뿌리를 단단히 눌러주고 씨앗을 땅속 깊숙이 박히도록 해준다. 그러니 노랫말로도 유명한 박수진의 시구에서처럼 밟힘을 오히려 즐기는 풀인지도 모른다.

질경이의 쓰임새는 봄철 나물에서 시작된다. 5~6월 꽃대가 나오기 전의 연한 잎을 채취해 국을 끓여 먹거나 볶아서 무쳐 먹고, 삶아 말린 뒤 묵나물로 두고도 먹는데, 특유의 섬유질에서 오는 씹는 느낌이 감칠맛 나는 나물이다. 그다음 용도는 만병통치라 할 범용성을 가진 약재로서의 효능이다. 잎과 뿌리는 기침을 멎게 하거나 소화액 분비를 촉진시키고 구토, 설사, 변비에도 효험이 있으며 차전자車前子로 불리는 씨앗은 이뇨 작용과 궤양, 진해, 거담, 건위, 해열, 강장제로 쓰인다.

'질경이' 라는 이름의 어원은 '단단하고 질긴' 풀의 특성에서 기인한다는 견해도 있으나, 지방을 불문하고 대부분의 옛 어른들이 부르는 이름 "질개이"에서 찾아야 할 듯싶다. '질'은 '길'과 어원을 같이하는 말로 "질이 나다"와 "길이 들다"처럼 도로道路와는 다른 뜻으로도 쓰이지만, 수렵과 유목에서 농경사회로 정착하는 과정에서 "반복하여 익숙하게 된 통로나 상태"를 이르는 같은 뿌리에서 유래한 것으로 유추해본다. 어쨌거나 질경이는 '질기고 딱딱한 풀'보다는 "질깡(길) 따라 흔해빠진"이라는 뜻을 가진 '질개이'로 봄이 타당하니, '개이'가 '경이'로 된 것은 호래이—호랑이, 구레이—구렁이, 지레이—지렁이 등 많은 예에서 찾을 수 있다.

질경이는 오랜 세월 민초들의 생활 속에서 응급약으로 쓰였다. 1960년대 성황림마을 아랫동네에 있던 약방집에는 약이라봐야 네모진 갑 속 종이에 여러 첩 가루로 싸여 있는 두통약 '뇌신'이나 '다이진' 고약과 '아까징기'가 전부이던 시절이었다. 아이들이 토사곽란이 나거나 배가 아파 땅바닥을 뒹굴면 부모들은 영락없이 소다를 한 숟갈 먹여보고, 그래도 안 되면 오랍뜰(오래뜰의 방언)이나 봇도랑 길가에 있는 익모초와 질경이를 뽑아다 찧어 한 사발의 즙을 내어 먹였다.

어릴 적 유난히 병치레를 많이 했던 나는 그 지겨운 질경이와 익모초즙을 사흘이 멀다 하고 마셨는데, 익모초즙이 어찌나 쓰던지 한 사발을 마시는 동안 배 아픈 것이 절로 달아날 정도였다. 질경이즙은 쓰기는 덜한데 대충 씻어 뿌리째 찧으니 흙이 버석거리며 넘어가는 느낌이 싫었다. 그래도 "우리 아가는 약은 참 잘 먹어서 착해!" 하시며 잠시라도 그 애처로운 눈길을 거두시곤 흡족해하시던 어머니가 좋아 나는 그것들을 늘 보란 듯이 삼키려고 애썼다. 그것으로도 내 아픈 배가 낫지 않으면 어머니는 푸닥거리를 하신다. 부엌으로 가셔서 식칼과 바가지와 쌀을 한 줌 가지고 들어와 누워 있는 내 주위를 돌며 칼춤을 추며 허공을 도려 악귀들을 바가지에 쓸어 담는다. 머리맡에도 한 점 도려 담고 쌀알을 뿌리고. "훠이~ 우리 아가 아프게 하는 악귀들은 물렀거라!"

굿 할 때 쓰는 신칼

물 흐르는 봇도랑가 여자아이들의 통곱살림(소꿉놀이)에는 질경이 잎이 그릇으로 등장한다. 길쭉한 접시 같은 질경이 잎 위에 각종 풀줄기를 잘라 담고 이삭을 훑어 뿌려 넓적한 돌에 상을 차리고는, "아침 드세요!" "점심 드세요!" 하면 "에잇! 오늘은 반찬이 맛이 없어" 하며 아버지의 투정을 흉내내던 아이들. 엄마아빠 놀이가 싫증나면 온갖 풀잎을 따다가 "깐따꾸"네 "월남치마"네 옷놀이를 하던 여자아이들 옆에서 사내아이들은 구릿대를 쪼개 수채를 만들고, 바랭이 이삭을 뽑아 물레방아를 만들어 걸거나 질경이 잎줄기를 따다가 걸고 누구 것이 더 센가 당기기 놀이를 했다.

식품으로, 약용으로, 추억으로, 교훈으로…… 흔하게 널려 있지만 두루 요긴하게 쓰이고 밟힐수록 강해져 무성하게 고개를 드는 우리 민족의 오기傲氣와 일맥상통하는 풀이다.

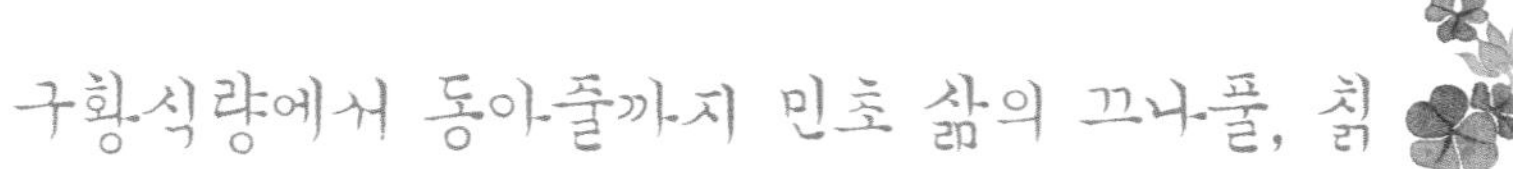

> 넓은 벌 동쪽 끝으로
>
> 옛이야기 지줄대는 실개천이 휘돌아 나가고
>
> 얼룩배기 황소가 해설피 금빛 게으른 울음을 우는 곳

정지용의 「향수」에서 어스름녘에 느긋한 울음 우는 고향의 소는 얼룩얼룩 칡뿌리를 닮은 우리의 토종 칡소를 가리킨다.

칡, 송기, 쑥, 수리취, 곤드레, 뚝갈나물……. 우리 선조들이 흉년이 들면 기근을 면하기 위해 대용했던 구황식물들이다. 칡냉면, 송화떡, 쑥개떡, 곤드레밥을 별미로 찾는 요즘 사람들, 낟알 몇 개에 풀만 넣고 쑨 풀때죽만 먹다보니 얼굴과 배만 팅팅 부은 자식들을 바라보던 부모의 맘을 알까? 수탈이 극에 달했던 일제강점기 후반에는 우리의 부모 세대 태반이 겪었던 일인데, 이제는 텔레비전 속에서나 볼 수 있는 먼 나라 얘기처럼 들릴 테니.

칡뿌리를 말려 두드리면 가루와 섬유질로 분리되는데 가루로는 갈병이나 칡국수를 만들어 먹고, 남은 섬유질은 흙벽돌 찍어 집 지어 비바람을 가리고, 칡줄기는 삶아 갈포를 짜서 옷 지어 입고 갈건을 만들어 머리에 쓰며 갈혜葛鞋를 삼아 신던 우리의 선인들.

조선후기의 시조집 『청구영언』에 '갈건에다 술을 거른다' 는 뜻의 '갈건녹주葛巾綠酒' 라는 말이 나오는데, 후대에 '속세를 버리고 자연 속에서 허세 없는 최소한의 삶을 영위하는 은둔자' 에 대한 상징으로 많이 쓰였다.

성황림마을에서 내 어린 시절의 칡은, 신록이 푸르러지기 전 이른 봄의 간식거리였다. 땅이 일찍 녹은 양지 쪽 밭머리 비탈을 파서 캐낸 알칡(둘레가 15센티미터가 넘는 살이 꽉 찬 칡을 말함)을 쭈욱 찢어 질겅질겅 씹으면 달콤쌉싸래하게 입 안에 괴던 단물, 맛이 밍밍해지면 퉄! 뱉고 또 쭈욱 찢어 질겅질겅.

만산 들녘에 신록이 우거지기 시작하면 칡의 쓰임새는 잎으로 옮겨간다. 주변의 모든 잎을 압도하는 크기에, 평평하고 털이 거의 없으며 벌레가 끼지 않는 칡잎! 찔레 한 줌 건네받은 답례로 약초집 소녀 상금이에게 건네주던 탐스런 딸기와, 도랑에서 가재 잡다가 화전 일구시던 어머니에게 콩밭 이랑 사이로 떠다드리던 한 모금 물도 마른 억새줄기 빗겨 꽂은 칡잎 고깔에 담긴 것이었다. 또 사과궤짝에 기르던 토끼를 볼 생각에 방과 후 달음박질쳐온 열 살 순이가 마당가에 김이 펄펄 나는 양은솥과 텅 빈 토끼장을 보고는, 불을 지피던 아

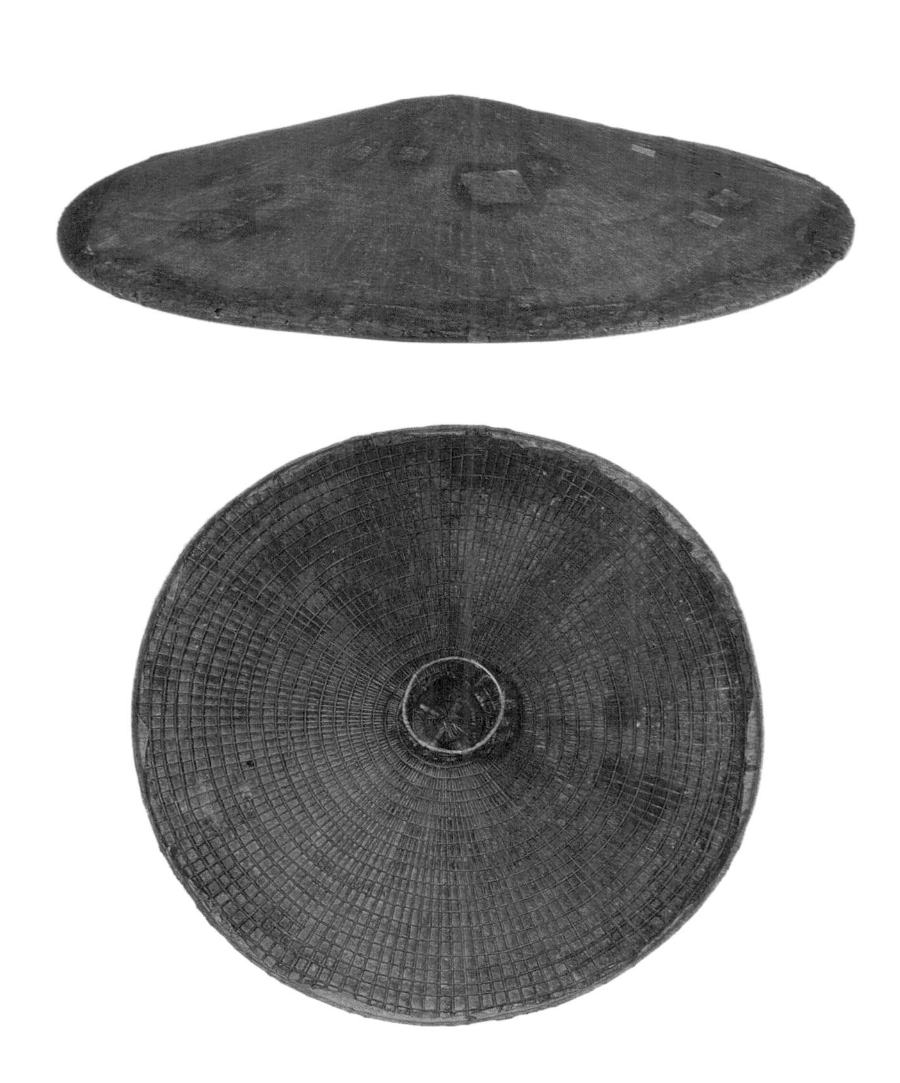

경북 안동지방에서 쓰는 지삿갓으로, 대오리로 틀을 하고 칡껍질로 마감했다.

버지 등짝에 와락 울음보와 함께 한 줌 내던진 것도 칡잎이고, 쇠꼴 베러 갔다가 갑자기 오는 뒷동네 기별에 허둥지둥하면서도 칡줄기 붙잡고 앉아 시원하게 힘주고 나서 손 뻗으면 잡히던 질기고 널따란 놈도 칡잎이었다.

아마도 그 시절 산촌으로 처음 시집온 색시들 밭가에서 일 본 뒤 이파리 넓다고 깨금나무(개암나무)나 갈참나무 잎으로 쓰윽 했다가 풀쐐기에 된통 쏘여 "으메 나 죽네!" 말도 못 하고 고생한 사람 적지 않을 것이다. 진즉에 칡잎의 넓은 쓰임새를 몰라서 일어난 일이다.

칡의 쓰임새는 뭐니뭐니해도 불과 수십 년 전 나일론과 철사가 보편화되기 전 수천 수만 년 동안 사용해온 끄나풀로서의 역할이 가장 크지 않을까 싶다. 작게는 도리깨의 휘추리, 삼태기, 빗자루를 묶는 데서부터 쇠꼴 단, 나뭇짐, 곡식가리를 두르고, 굵게 엮은 칡 동아줄로는 배의 닻줄에 이르기까지. 천을 짜는 비단과 명주실을 제외하면 삼, 볏짚, 피나무 껍질, 칡 등이 끄나풀 재료의 전부인데, 그중에 가공하지 않고 바로 사용하는 것이 칡밖에 없음을 떠올리면 오랫동안 얼마나 요긴하게 쓰였을지 짐작이 간다. 아마도 고구려 청천강의 살수대첩 때 쇠가죽을 이어 꿰맨 것도 칡넝쿨이었을 터이다.

"어, 저 꽃 예쁘다!"

황순원의 「소나기」에서 소녀는 바위비탈에 있는 칡꽃을 꺾으려다 미끄러져 무릎에 피가 나고 물이 불어난 개울을 건널 때 소년의 등에서 옮은 듯한 갈색 물이 든 분홍 스웨터를 입힌 채 묻어달라고 하는데, 검붉은 보라색의 칡꽃은 덩굴과 잎의 생명력이 최고조를 이루는 늦여름 장마철에 송이 지어 화려하게 피니, 「소나기」에서 칡꽃은 그 보라색을 통해 절정과 죽음을 예고한 것 아닐까?

콩과 식물의 여느 꽃처럼 주머니 모양의 꽃이 지고 나면 덩치에 어울리지 않는 부실한 콩꼬투리 모양의 열매를 맺는 것으로 칡은 한 해의 황혼을 맞는다. 여러해살이 식물이라 나무로 분류되며, 수십 미터씩 되는 줄기가 뻗치다가 땅에만 닿으면 마디에서 뿌리가 내리니

김준근이 그린 『기산풍속도첩』 중 도리깨로 타작을 하는 모습. 돌리깨의 휘추리, 삼태기, 빗자루를 묶는 데는 칡넝쿨이 제격이었다.

부실한 열매를 만회하고도 남는 종족 보존의 섭생이다.

칡의 뿌리는 '갈근' 이라 하여 예부터 발한 · 해열의 약재로 쓰여 왔고 숙취 해소와 여성의 갱년기 증상 완화에 좋은 성분을 다량 함유하고 있어 최근에는 건강식품으로도 각광을 받고 있다.

장미목 콩과의 덩굴식물 칡. 옛적부터 민초와 함께한 그 영화와 고난의 사연을 간직한 채 오늘도 그 뿌리, 그 잎, 그 꽃, 그 줄기 옛 그 자리에 그 모양으로 피었다 지기를 되풀이하고 있다. 그런 칡이 오늘날에는 골프장에, 전원주택에, 새로 나는 길에 천덕꾸러기 되어 고엽제 세례받기 일쑤고, 기껏해야 경사지 토목공사 때 포크레인에 뽑혀 "아저씨, 숙취 해소에 좋아요. 한 잔에 천 원!" 하고 호객하는 포터 아저씨 신세타령이나 듣는 처지 됐으니…….

갈포 옷에 갈건 쓰고 칡넝쿨로 갈혜 삼아 신고 칡떡에, 칡국수 해먹고 자연 속에 유유자적하다 죽으면 몇 오라기 칡넝쿨로 묶어 칡 캐낸 자리에 묻으면 되는, 본디 칡 하나면 다 해결되던 인생.

휴우… 등 따시고 배부르고 비단옷 넘쳐나는데도 왜 이리 부족한 게 많은지 원.

ECO

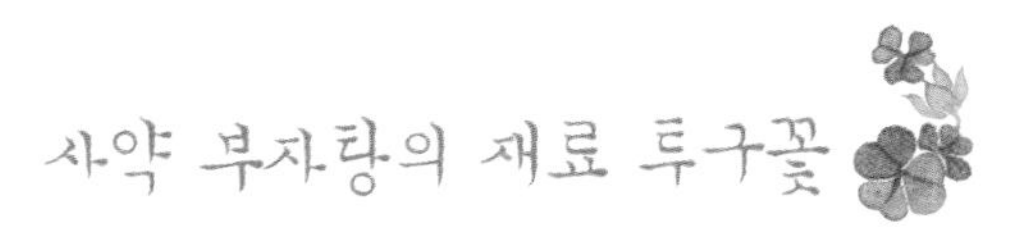

사약 부자탕의 재료 투구꽃

"이공李公은 내 어머니가 그 쓰디쓴 부자탕을 마시고 피를 토하며 비참하게 돌아가던 모습을 생생하게 기억하겠구려!"

TV 사극 「왕과 나」에서 폐비 윤씨에게 사약을 전달했던 예조판서 이세좌에게 연산군이 싸늘한 어투로 하는 말이다. 온몸으로 죽음의 그림자를 오싹 느낀 이세좌는 집으로 돌아와 자결한다. 사림파 학살을 비롯해 수많은 정치 세력에 피바람을 일으켰던 연산군 폭정의 시작도 알고 보면 사약으로 내린 부자탕을 먹고 그의 생모가 토해냈던 '한삼 자락의 얼룩'에서 출발했다 아니할 수 없으니……. '부자' 이것 역시 우리 역사에서 예사로운 존재가 아니다.

부자附子는 한방에서의 약명으로 투구꽃, 돌쩌귀, 바곳, 늑대꽃 등으로 불리며 깊은 골짜기에 서식하는 미나리아재빗과의 여러해살이풀의 뿌리이다. 까마귀 머리 모양의 초오草烏에 붙은 작은 알뿌리

를 일컫는데 독성이 매우 강한 약재로, 열성이 강해 '낙태'나 '한랭한습'으로 인한 제반 증상에 쓰인다.

영화 「서편제」에서 여주인공 송화가 부자를 과하게 쓴 한약을 먹고 눈이 멀었다거나 중세 유럽의 여인들이 바곳의 뿌리를 넣어 눈동자를 크게 해 예쁘게 보이려다가 눈이 먼 사례가 있다는 기록을 보면, 이 식물의 독성은 오래전부터 약으로 이용되어왔음을 알 수 있다. 조선시대의 사약에 관한 기록을 보면 상당량의 사약을 먹고도 죽지 않아 차마 눈뜨고 봐주기 어려운 광경을 만들어냈던 조광조나 송시열 같은 분들도 있으니, 부자탕은 체질에 따라 반응이 좀 다른 모양이다. 『명탐정 코난』이나 서양의 추리소설, 판타지 소설 등에서 죽음을 넘나드는 맹독식물로 단골 등장한다거나 늑대가 먹으면 늑대인간으로 변한다는 독초가 바곳의 뿌리라니, 이놈의 독성은 가히 동서양의 식물을 통틀어 최고인 듯싶다.

7~8월에 피는 꽃은 중세 개선장군의 머리 위에 얹힌 투구의 모습을 꼭 닮아 그 이름에 절로 고개가 끄덕여진다. 어느 해 여름, 낭군의 사이비 학술활동에 동행하여 주인공보다 채집과 채취활동에 더 바쁘던 순이의 눈에 얼핏 띄었던 보랏빛 투구꽃! "이게 투구꽃이라는 건데 뿌리는 맹독이 있어서 옛날부터 사약으로 쓰던 식물이야" 하고 가르쳐주려다 괜한 수다일까 싶어 지나쳤는데, 지금 생각해보니 참 잘한 듯싶다.

살다보면 심신이 허약해질 때도 있을 텐데, 그럴 때 밤마다 눈만 감으면 앞산에 올라 투구꽃 뿌리를 캐어 솥에 삶는 여인에 가위라도 눌리면 어쩌겠는가? 순이야 뭐 그럴 일 없겠지만.

투구꽃, 부자. 자꾸 더듬다보니 일인지하 만인지상의 왕조 시대에 치열한 당파싸움 속에서 언제 떨어질지 모르던 사대부들의 감투만큼이나 으스스한 것들이다.

부자는 꽃을 좋아하셨던 나의 어머니가 애지중지하다 남기고 가신 화초이기도 하다. 신혼생활 때부터 6년을 같이 지내던 어머니께서 시골집으로 내려오신 뒤의 어느 해 겨울. 시골에 내려오니 방 안에 커다란 꽃을 피워낸 덩이뿌리가 있었다.

"이게 뭐예요?"

"절에서 얻어왔는데 '부자' 라는 거란다. 옛날에는 죄인한테 내리는 사약을 만들던 약재라고 하더라."

구린 듯한 냄새를 피우는 그 거대한 꽃을 보며 "야! 독초라더니 정말 꽃도 냄새도 보통은 아니구나" 하고 온 식구가 모여앉아 내내 들여다보았다. 이른 봄에 화단에 심겨진 그것은 야자수 같은 싹을 키만큼 키워 위용을 뽐냈고, 구경 온 이웃들이 새끼 친 작은 덩이뿌리를 얻어가 몇 년 뒤 마을 화단은 부자로 넘쳐났다.

나도 생애 처음 마련한 부개동의 아파트에 부자를 정성껏 화초로 가꾸었다. 어머니께서 돌아가신 뒤 꽃대궐로 가꾸어놓은 어머니의 화초들에 관심을 가지다가 인터넷에서 부자를 검색해봤는데, '부자' 는 미나리아재빗과 식물의 뿌리라 되어 있었다. 하지만 아무리 보아도 '천남성과' 같은 그 모양과 섭생에 의구심을 품고 때늦은 학구열을 불태운 결과,

분류: 외떡잎식물 천남성목 천남성과

이름: 구약나물(일명 곤약)

원산지: 인도차이나반도

쓰임새: 구근에서 추출한 녹말로 끈끈한 액체성 곤약을 만들어 식품으로 사용한다. 일본에서는 곤약 요리가 많이 개발되어 있으며 '곤약검객' '곤약과장' 등의 만화 소재로도 등장하고, 만화

『짱구는 못 말려』에서는 곤약감자 인형의 소재가 되기도 한다.

이런 프로필을 얻게 되었으니, "어무이, 성황림마을 주민 여러분, 이거 부자 아니고요, 베트남 감자랍니다. 푹 삶아서 드셔도 괜찮아요."

천남성이 독성이 강한 한약재이고 구약나물이 작은 새끼뿌리를 만드는 습성이 있어 부자父子로 불려온 듯한 이 작은 오류는, 인터넷으로 검색한 결과 많은 이들이 부자로 알고 가꾸고 있으니 여전히 현

투구꽃의 열매

재진행형이다.

우연한 기회에 곤약감자로 인해 알게 된 부자附子처럼 세상에는 내가 당연한 듯 알고 있던 많은 것들이 잘못된 지식일 수도 있다. 내가 그것을 계기로 고향 산천의 식물 이름에 좀더 체계적인 관심을 가지게 되었듯이, 오늘 발에 채는 돌부리 하나, 바람 한 점이 내일의 내게 어떠한 결과가 되어 다가올지는 아무도 모르는 세상이다.

부자와 구약나물. 내겐 어머니가 남기고 간 커다란 선물이 되었다.

쓸모없어 살아남은 백당나무

봄에 야광나무와 귀룽나무 등 흰 꽃의 제전을 거들어 주로 개울가에서 화려한 자태를 뽐내는 백당나무는, 부실한 진짜 꽃 주위를 빙 둘러 핀 화려한 헛꽃이 마치 천상의 선녀들이 내려와 부채춤을 추는 것 같다. 혹은 언젠가 동춘서커스 곡예단에서 보았던 접시돌리기의 묘기를 연상시키는데, 그래서인지 '접시꽃나무'라 달리 불리기도 한다.

오로지 인간을 천적天敵으로 둔 약용식물들이 어느 고매하신 박사님 말씀에 따라 '카더라' 통신을 이루어 우르르 몰려드는 통에 남획되고 씨를 말리기를 되풀이할 때, 백당나무는 꽃도, 열매도, 나무도 쓰임새로는 언급된 적이 없었다. 그것이 오히려 인간의 지근거리에서 제법 흔하게 살아남은 비결이 된, 어찌 보면 운이 좋은 나무이다.

꽃이 진 자리에 연녹색의 열매를 맺는 백당나무는, 여름내 햇볕을 받으며 붉은색을 끌어올려 마침내 꽃보다도 더 눈길을 끄는 화려

한 열매를 올망졸망 맺는다.

순이와 갓 결혼하고 맞은 추석 때 어머니가 계신 성황림마을에 다니러 갔다가 밤을 주우러 거무내 계곡으로 간 적이 있다. 여기저기 떨어진 밤은 벌레 먹은 것이 태반이라 주워 담는 것보다 주워서 버리는 것이 많아 자꾸만 위로 올라가게 되었는데, 한순간 앞을 막는 붉은 열매의 장관에 눈이 휘둥그레진 나는 "와! 오미자가 이렇게 많이?" 하고는, 순이와 지금까지 주웠던 밤을 버리고 비닐봉지에 붉은 열매를 가득 차게 따서 의기양양 집으로 돌아왔다.

"엄마, 오미자를 이렇게 많이 따왔어요."

"아니, 어디서 그렇게나 많이?"

댓돌을 내려서며 달려와 비닐봉지를 들여다보신 어머니는 "에이~ 이 멍충한 눔아. 이건 아무짝에도 못 쓰는 열매여" 하셨다.

꼭두서니목 인동과의 백당나무는 이름의 어원을 밝히기가 쉽지 않은데, 이 나무가 개량되어 무성화만 공 모양으로 둥글게 피는 나무는 꽃차례 모양이 부처님의 머리를 닮아 '불두화'라 하여 절 주변에 관상수로 많이 심고 있다. 화려한 헛꽃의 조화, 그리고 탐스런 열매를 주었음에도 『동의보감』이나 『본초강목』을 비롯해 어느 민간요법 한 구절에도 그 쓰임새가 언급되지 않아 오히려 자연에서 흔하게 살아남은 나무이다. 이러한 백당나무가 '관상용' '조경용' 등의 새로운 가치매김이 이루어지는 시대를 맞아 인간에게 철저히 외면받은 그간의 설움을 만회할지, 아니면 지금껏 누려온 무관심의 천국에서 마음껏 꽃피우고 열매를 맺어갈지 두고 볼 일이다.

귀신도 맞으면 죽는다는 몽둥이 박달나무

「부시맨」이라는 영화가 있다. 아프리카 밀림 위를 날던 경비행기 조종사가 콜라를 마시고는 그 병을 밖으로 던진다. 콜라병은 문명과 차단된 채 평화롭게 살아가던 부시맨족의 마을에 떨어진다. 너무나 신기해하며 각종 도구로 이용하던 부시맨들 사이에 싸움이 일어나고, 마침내 콜라병이 신의 선물이냐 아니냐를 놓고 토론이 벌어져 결국은 추장이 땅끝까지 가서 신에게 돌려주려고 길을 떠난다.

'박달나무.'

우리 민족의 시조인 천제 환인의 아들 환웅님이 내려오셨다는 태백산의 '신단수'는, 단군신화가 최초로 기록된 고려시대의 두 역사서인 『삼국유사』와 『제왕운기』의 다른 한자 표기로 인해 신단수神壇樹와 신단수神檀樹에서 단군壇君과 단군檀君에 이르기까지 논란을 불러왔다. 또 거기에 덧붙여지는 방대한 민족주의적 역사관과 그 지나침을 경계하는 다소 비판적인 의견까지 논란은 현재진행형이다.

어린 박달나무.

제단[壇]과 박달나무[檀]의 차이는 그 숭배의 대상이 신수神樹를 타고 제단 위에 강림한 신인神人이냐, 나무 자체냐, 아니면 나무 이름이 상징하는 무리냐까지로 비약된다. 그러나 그 논란 이전에 구체적인 나무의 종을 이르는 '단檀' 뒤에 살아 있는 나무를 뜻하는 '수樹'를 이어 쓴 것은 표기법상 맞지 않는다. '타산지석他山之石'이라는 고사성어의 유래가 되는 『시경』「소아」편의 '학명'에 "낙피지원樂彼之園 원

유수단爰有樹檀"이라는 글귀에서도 보듯, 굳이 이어 쓰려면 예부터도 구체적인 종을 가리키는 글자가 뒤로 붙어야 마땅하다는 것이다.

문제는 그뿐만이 아니다. 『시경』의 이 글 속에서 단檀은 향나무를 가리키는 듯하다. 두 역사서의 「고조선」편 첫머리가 "위서에 이르기를[魏書云]"(『삼국유사』), "본기 왈[本記曰]"(『제왕운기』)로 시작하는 것으로 보아 그 내용들이 중국의 역사서를 옮겨 적은 것임을 감안하면, 지금 우리가 부르는 박달나무와 단檀의 연관성은 일단 의문을 가질 수밖에 없는 것이다.

한자 단檀을 들여다보면, 아침 단旦과 높을 단 또는 믿을 단亶에 나무 목木이 합쳐져 이루어졌으니 "아침 햇살을 받아 눈부신 자태에 믿음이 절로 우러나는 높은 기상"을 가진 나무쯤 될 것이다. 그런데 사실 지금의 박달나무는 나무 중에서 제일 단단하다는 것과, 그로 인해 조상들의 각종 생활 도구의 재료로서 이용되어왔다는 것 말고는, 자작나뭇과의 보편적인 성상답게 너덜거리는 껍질과 굽으며 가지가 많은 수형에 다른 교목에 비해 그리 높게 크지 못한다. 그런 까닭에 하늘과 교감하고자 하는 우주수로 선택되기에는 어딘지 부족한 감이 없지 않다.

더욱이 고조선 이래 중국의 여러 역사서에 등장하는 동예東濊의 단궁檀弓이라는 기록으로 보아도, 탄력성이라고는 전혀 없어 활의 재료로는 적합하지 않은 특성 등을 볼 때, 당시에 단檀이라 불렸던 나무는 다른 나무일 가능성이 크다. 그러나 부시맨 마을에 떨어진 콜라병

영서지방에선 자작나무라 불리는 물박달나무

처럼 박달나무 스스로 신수神樹로 추앙받기를 원한 적 없으니, 이래저래 뒷맛이 개운치 않은 것은 오히려 장님 코끼리 더듬기로 갑론을박 중인 단군의 후손들이다.

그 진위야 어찌되었건 민초를 자처하며 어찌 박달나무를 업수이 보랴! 박달나무는 가볍고도 부드러워 가공하기 쉬운 피나무와는 반대의 성상을 지녔지만, 그렇기에 내구성과 단단함을 요하는 여러 생활 용구에 사용되었다. 단단하기로는 둘째가면 서러울 대추나무도 벼락을 맞은 것이라야 물에 가라앉는다지만, 박달나무는 비중이 1에 가까워 그 절반쯤 되는 비중을 가진 여타의 나무들과는 비교될 수 없는 무게로, 완전히 건조되어도 물에 가라앉는다.

"문경새재 박달나무는 홍두깨 방망이로 다 나간다."

경기아리랑의 가사처럼 박달나무의 첫째가는 용도는 옷감을 두드려 펴기 위해 감아서 두드리거나, 국수 반죽을 넓게 펼 때 사용하는 홍두깨나, 고부간 서로 다른 감흥으로 마주 앉아 초저녁의 적막을 깨며 두드려대던 다듬잇방망이와, 그 빨랫감을 얹고 묵묵히 두드림을 받아주며 둔탁한 음을 내주던 다듬잇돌(영서지방에선 대개 박달나무로 함)로 시작된다.

또 다른 용도 역시 몽둥이였다. 조선시대 포졸이나 순라꾼의 박달나무 육모방망이는 보기만 해도 오금이 저리는 서슬 퍼런 권력이었다. 그것이 물론 도둑을 잡아주기도 했을 테지만, 더러는 권력싸움이나 수탈에 동원되어 무고한 민초의 등짝에 휘둘러지기도 했을 터.

그 외에도 박달나무는 떡살, 윷가락, 목판인쇄, 차축, 수레바퀴, 망치, 가마니를 꿰매는 바늘에서 묵직해야 좋은 방아가달까지 단단하고 쉽게 닳지 않아야 하는 요소요소에 쓰였다.

박달나무가 역사에 등장하는 또 하나의 계기는 조선시대에 본격적으로 실시된 호패법 때문이다. 지금의 주민등록증 같은 호패를 신분에 따라 다른 재질로 만들어 차고 다니도록 정한 『태종실록』의 규정을 보면,

2품 이상-상아 또는 녹각

4품 이상–녹각 또는 황양목

5품 이상–황양목 또는 자작목

7품 이하–자작목

서인 이하–잡목

이렇게 표기되어 있다. 그런데 호패의 재질로서 가장 적합해 박물관 등에 유물로 많이 남아 있는 박달나무에 관한 별도의 언급이 없는 것으로 보아, 조선초기에는 지금의 박달나무만을 가리켜 별도의 명칭으로 부르지는 않은 듯하다. 아마도 박달나무를 포함하여 특성과 외관이 비슷한 물박달과 거제수나무, 사스레나무 등 자작나뭇과 수종을 통틀어 자작목資作木으로 불렀던 듯싶다.

자꾸 더듬다보니 물푸레나무나 자작나무, 전나무 등을 우주수로 숭배해온 북유럽인들에까지 이르게 되고, 자작나뭇과의 한 종인 박달나무를 단군 신단수의 물망에서 내려놓으려다 슬그머니 도로 끼워 넣게 된다.

박달나무!

고된 농사일과 부엌일로 지친 심신에 초저녁 단잠마저 빼앗겨, 미운 시어머니와 야속한 서방을 향한 마음으로 분풀이하듯 두드려대던 이 땅 며느리들의 다듬잇방망이에서 아닌 밤중에 불쑥 내밀던 홍두깨까지, 참으로 오랫동안 생활 구석구석에 요긴히 쓰여온 단단한 나무이다.

한국형 바나나 으름덩굴

으름덩굴은 개구쟁이 시절의 아스라한 추억들을 불러일으킨다. 뻐꾸기 소리와 함께 푸르름도 짙어가던 성황림마을. 부모님 따라 농사일에 끌려가지 않은 운 좋은 꾸러기들이 당집 앞 공터에 가이상을 그려놓고 편을 갈라 밀쳐내기 놀이에 열중하곤 했다. 싫증이 나면 잡목과 으름덩굴이 어우러진 당집 뒤편으로 우르르 몰려가 나뭇가지와 으름덩굴을 타고 놀았다.

중키의 느릅나무와 귀룽나무 등에 으름덩굴이 엉킨 숲에서 이 나무에서 저 나무 가지를 잡고 옮겨가다가, 때로는 가지가 부러지며 으름덩굴 위에 걸리기도 하고 투둑 끊어진 줄기 때문에 바닥에 팽개쳐지기도 하던 덤불타기. 그러나 정작 그땐 딸기면 딸기, 찔레면 찔레 등 먹을 수 있는 것들에 정신이 팔려 꽃을 보지 못했다. 이렇듯 앙증스러운 것을.

으름덩굴은 미나리아재비목 으름덩굴과의 낙엽활엽덩굴이다.

한방에서는 '목통' 이라 하여 항암 및 이뇨 작용과 통경제로, 열매는 졸중증의 예방 약재로 쓰인다. 꽃은 오월에 피며 커다란 암꽃과 작은 수꽃으로 한 나무에서 따로 피는 것이 특징인데, 차에 띄워 마시면 향과 운치가 그만이다.

꽃이 지고 난 으름덩굴은 단단한 열매를 맺는데, 그 녹색 껍질이 얼마나 단단한지 줄기째 따서 빙빙 돌리다가 대장놀이할 때 부하들 머리통 뚝밤 매기는 데 딱 좋았던 으름. 보악소에서 멱감을 때 자두나 오이를 가져오지 못한 녀석은 개울가 넝쿨에서 으름을 따다가 노

리개로 썼다. 던지며 놀다가 눈두덩에 정통으로 맞은 아이들 울리기도 많이 했는데, 이놈은 놓치면 돌처럼 가라앉으니 성황림마을 꾸러기들의 잠수 실력 향상에도 일조를 했다.

"만첩산중萬疊山中 으름인지 제가 절로 벌어졌다."

각설이타령 중에서 여성의 은밀한 부분을 넉살스럽게 표현한 이 대목처럼 으름의 백미는 뭐니뭐니해도 녹색 껍질이 점차 갈색으로 변해가다 가운데가 길게 갈라지며 뽀얗고 탐스런 속살을 내보이는 가을의 결실이다. 기다란 모양 때문에 나중에야 한국형 바나나라는

별명을 붙여줬지만, 근대화 문명이 본격적으로 밀려들기 전 산병풍 마을 아이들은 정작 바나나를 보지 못했던 터이니….

잘 익은 으름은 달고 맛있는데 덜 익은 것은 어쩌나 쓴지 껍질이 갈라질 징후를 보이면 미리 따다가 등겨 속에 묻어놓고 익기를 기다리던 기억이 새롭다. 쓰디쓸 땐 제 몸 부스러져도 내놓지 않다가 내놓을 만하니 알아서 떡 벌어지는 자연의 오묘함. 달콤한 과육 사이사이에 까만 씨앗을 숨겨 자연의 섭리대로라면 먹은 놈이 걸쭉한 거름과 함께 흙 위에 내려놔야 하는데, 에구! 작금의 두발짐승이 먹으면 정화조에서 삭아야 하는 신세이니.

어릴 적 놀이터였던 예의 그 성황림 뒤편 으름덩굴에서 으름 몇 개를 따가지고 나오려다 서낭당 제단석에 올려놓고 소원을 빌었다. "나 때리는 놈 다리깽이 부러지고 무서운 담임선생님 빨리 전근 가게 해주세요!" 하던 동심의 그 바람.

엉클한 캐빈으로 돌아와 막내에게 으름에 관한 어릴 적 얘기를 들려주고는 "한국형 바나나"라며 먹어보라고 했더니 한입 물어보고는 "퉤퉤" 한다. 하긴 먹을 것 없던 시절에나 꿀맛이었지.

바나나에 각종 과일에 이밥에 고깃국도 넘쳐나는 세상. 그런데 "풍요로운가?"라는 질문에 선뜻 망설이게 됨은 무언가 잃어버린 미진함이 있어서일까?

동심을 추억하다보니 다 같이 없어도 풍요로웠던 그 시절이 그립다.

국수에서 약재까지 껍질이 보배 느릅나무

휴가철이 막 지난 여름 끝자락의 어느 날, 가끔 지나며 사진을 찍던 성황림마을 물가의 작은 느릅나무 하나가 껍질이 홀랑 벗겨진 채 죽어 있었다. '뭐가 뭐에 좋다더라' 하는 단세포적인 발상과, 막연히 맹신하는 경향이 있는 우리의 건강식품 문화가 만들어낸 이러한 풍경들은 비단 어제오늘의 일이 아니다.

농부의 손은 늘 후대를 본다. 싸리나무를 베면 또 올라올 그루를 남겨두고, 도끼자루를 자르면 원 그루를 베지 않으며, 나물을 뜯어도 내가 또 오지 않을망정 어린 싹은 남겨둔다. 심지어 기근이 들어 내가 죽을 판에 소나무껍질을 벗겨먹을 때에도 나머지 껍질이 윗부분의 잎과 가지를 감당할 만큼 최소한의 면적을 아래위로 벗긴다 했다.

송이꾼은 송이 따고 난 자리를 잘 눌러 솔잎으로 덮어두고 심마니는 지극 정성의 예를 갖추어 삼을 채취했으니, 운동선수에게 스포츠맨십이네 지도층에게 노블리스 오블리주네 귀가 닳도록 들먹여도,

성황림마을 입구의 느릅나무.

양보 한번 하면 큰일 날 것처럼 제 것 더 챙기기에 바쁘다. 그럴수록 상생相生의 도가 몸에 밴 농부의 손길로 인해 생활 속에 요긴한 것일수록 줄지 않고 오히려 번성해왔던 이유를 배워야 할 때다.

어떤 학자의 한마디 말에 수천 년 이어져온 이 땅에 자생하는 헛개나무 군락은 초토화되었고 뒤이어 벌나무와 꾸지뽕나무 또한 같은 처지가 되고 말았다. 시청률을 의식해 방송 소재에 목말라 하던 매스컴까지 가세한 호들갑은 전란의 포화 속에도 목숨을 부지한 이 땅의 고로쇠나무 노거수에까지 일제히 옆구리에 구멍이 뚫린 채 비닐호수가 끼워지게 했다.

건강이라는 것이 몸 각 부위의 균형 상태일진대 무언가가 과해서 생겨난 것이 대부분인 요즘의 병은 우선 그 과한 요소의 유입을 줄여서 스스로 치유토록 하는 것이 순서이다. 무언가를 투입 처방하지 않으면 안 될 것 같은 강박관념 때문에 약이 과해져 또다시 병이 되는 악순환을 겪는다. 상술에 의해 좋은 점은 침소봉대되고 나쁜 점은 슬그머니 가려져 한바탕 유행이 지나야 잠잠해지는 '건강보조식품' 열풍은, 매체들이 부추기기도 하지만 건강이라는 절체절명의 욕망에 비해 자연을 바라보는 의식이 덜 성숙된 탓이기도 하다.

나의 어머니는 몸에 탈이 나면 물만 마시며 곡기를 끊고는 누워서 앓으셨다. 약을 지어다드리면 처음 보는 데서 한 번 드실 뿐 "내 병은 내가 고치마! 앓고 일어나야 거뜬한 거여!" 하시고는…….

느릅나무는 쐐기풀목 느릅나뭇과의 낙엽활엽교목으로 춘유春楡

또는 가유家楡라고도 한다. 높이는 30미터, 직경은 60센티미터까지 자란다. 일부 지방에서는 잎을 식용하거나 열매로 장을 담그기도 하며 뿌리의 껍질은 유근피楡根皮라 하여 진해, 항염제로 쓰인다. 민간에서는 코 질환인 축농증이나 알레르기성 비염에 효과가 있다 하여 장기 복용하는 경우가 많으나, 신장질환을 부를 수 있다는 견해도 있다.

느릅나무의 가장 큰 특징은 끊어지지 않고 길게 벗겨지는 속껍질과 거기에서 우러나오는 끈적거리는 점액질이다.

느릅나무 이름의 어원을 더듬어보았다. 두릅(껍질에 가시), 겨릅(껍질을 벗겨낸 삼대) 등과 더불어 '릅'이 붙는 나무의 공통점을 껍질과 연결시키니 '늘으피' '느르피' 하며 억지 맞추기가 되는 것 같다. 같은 느릅나뭇과인 느티나무에서 의미하는 '티'와의 차이점은 또 무엇인지 생각해보다가 그만 참새만 한 텃새 '느릅지기'에 이르러서는 꽉 막히고 만다.

영서 북부(평창, 인제 등)에서는 느릅나무 껍질을 말려서 두드려 추출한 가루를 옥수수 가루와 섞어 국수를 해먹는데 이를 '느릅지기 국수'라 한다. 아마도 한국전쟁 때 피란을 내려왔다가 정착한 평안도나 함경도 사람들이 그 지방의 토속음식인 느릅냉면을 변형시켜 만들어낸 데서 연유한 듯하다. 처음에는 '느릅나무국시'라 불리다가 어느 순간 '느릅지기국수'로 변했다 하니, 아마도 현지 주민들에게 익숙했던 텃새 '느릅지기'의 발음과 북한 사람들이 '느릅재기나무'

라고도 부르는 이름의 합작품인 듯하다.

느릅나무는 역사에서도 드물지 않게 등장한다. 이 나무에 열리는 동전 모양의 열매를 유협楡莢이라 하는데, 이를 동전에 비유한 여러 문장가들의 글귀가 전해오며 실제로 중국 한나라 때는 '돈'을 유협전楡莢錢이라 불렀다.

평강공주가 온달에게 사랑에 빠져 산속 그의 오두막에 찾아갔을 때 "온달은 느릅나무 껍질을 벗기러 가고 없었다"는 『삼국사기』의 기록도 있고, 평안도나 함경도에서는 느릅나무 껍질로 방바닥 깔개를 만들어 썼으며, 농가에서는 피나무 껍질과 함께 각종 농기구의 끄나풀과 신을 삼을 때 짚에 넣어 같이 꼬아주던 내구재로 쓰였고, 1936년 노벨상을 수상한 미국 최고의 극작가이자 찰리 채플린의 장인이기도 한 유진 오닐의 그 유명한 희곡 제목도 '느릅나무 밑의 욕망'이다.

내게 느릅나무의 기억은, 말려두었던 느릅나무 껍질을 꼬아 소의 머구리(곡식을 뜯어 먹지 못하도록 소 입에 씌우는 망)를 엮으시느라 툇마루 끝에 나앉아 엄지발가락으로 매듭을 누르시던 앙상한 노인아버지의 뼈만 불거진 발목과, 어스름녘 쇠꼴지게를 지고 오다 도랑가에 똬리 친 뱀을 보곤 부리나케 느릅나무 껍질을 벗겨 막대 끝에 올가미를 만들고 그놈을 홀켜(목에 올가미를 걸고 죄어) 들고 오던 아득한 시절의 어린 농군을 떠올리게 한다. 막대 끝에서 버둥거리다 뱀장사인 기태 아버지에게 백오십 원에 팔린 일진 사나운 커다란 독사와 함께.

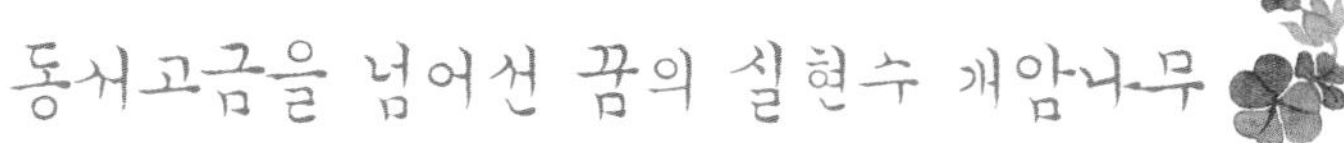

이른 봄, 잎이 나기도 전에 애벌레 모양의 꽃을 치렁치렁 피우고는 신록이 한창인 늦여름 고소한 열매를 맺는 나무. 야산 언저리나 아이들이 모여서 놀기 좋은 양지바른 '뭇뚱' 주변에 커봐야 고작 어른 키쯤 되는 높이로 옹기종기 작은 숲을 이룬다. '깨금' '처낭'이라고도 하는 자작나뭇과의 생육 갈잎떨기나무인 개암나무.

바람 끝이 아직 차가운 봄날 꾸러기 몇 녀석이 모여 뭇뚱을 까시르곤(묘에 불을 지르곤) 묘지기 아저씨에 쫓겨 개울가로 내려뛰다가는 빼곡히 둘러선 개암나무 사이사이에 어우러진 가시 굵은 보리수나무에 살점을 긁히곤 했다. 또 꺾기 좋고 잎이 넓어 대장놀이할 때 아지트 입구를 은폐하거나 갈잎과 같이 바닥에 깔개로 썼다가 풀쐐기에 쏘여 반바지 아래 허벅지를 늘 불그죽죽 부풀게 하던 나무. 개암나무를 보면 한없이 그리운 유년 시절의 향수 속으로 빠져든다.

"노루. 노루. 노루."

"우익주의!"

개암나무 숲에 가려 노루의 꼴조차 못 보고……

내가 초등학교 저학년 때 방에 굴러다니던 형의 중학교 국어책에 나오는 이 글귀를 보고 얼마나 강렬한 인상으로 남았던지, 나중에 찾아보니 이효석의 「사냥」에 나오는 구절이었다. 길 잃은 나무꾼 아저씨가 날 저문 빈집에서 도깨비들을 혼비백산케 해 물리친 뒤 횡재를 하게 된 것도 개암 깨무는 소리 때문이었고, 나뭇짐 지고 오신 늙은 아버지가 깡마른 뼈만 보이던 손으로 콧구멍 아래 누런 두 줄 고랑이 선명했던 늦둥이에게 한 줌 내밀던 것도 개암이었다.

인간에게 맛난 것은 미물들에게도 그러한지 개암나무에는 온갖 곤충이 끊이지를 않는다. 변태變態를 통해 세상 위로 두둥실 날아오를 날개를 달고자 인고의 세월을 근신하는 각종 나방류의 애벌레(통칭하여 풀쐐기)가 가장 많이 서식하는 곳이 개암나무 잎이니, 풀쐐기를 보고 싶으면 개암나무 잎을 뒤지면 된다.

혹 야전에서 큰일 본 뒤 급하다고 개암나무 잎으로 처리했다가는 애꿎게 따라온 강아지만 걷어차게 될 테니……. 정말 많이 아프다!

새들과 양떼

마을 처녀로부터 멀리 떨어져

정다운 개암나무숲에 쌓인
히드 황야에서 무릎 꿇고
훈훈한 초록색 오후의 안개 속에서 나는
술을 마셨다.

- 랭보의 「눈물」 중에서

내 머리 속에 불이 붙어
개암나무숲으로 갔었지.
개암나무 한 가지를 꺾어 껍질을 벗기고
딸기 하나를 낚싯줄에 매달았지.
흰 나방들이 날갯짓하고
나방 같은 별들이 깜빡일 때
나는 시냇물에 딸기를 담그고
작은 은빛 송어 한 마리를 낚았지

- 예이츠

개암나무는 랭보의 시구에서도 「메디슨 카운티의 다리」에서 여주인공의 쪽지에 인용된 예이츠의 시 「방황하는 잉거스의 노래」 속에서도 등장하고, 유럽의 구전동화 『신데렐라』에서도 주인공의 꿈을 이루어주는 매개체로 등장한다.

개체보다는 숲으로 자주 언급되는 유럽의 개암나무는 아마도 사람 키 정도밖에 크지 않는 떨기나무인 개암나무보다 큰 '참개암나무' 쪽과 더 유사한 듯하다. 참개암나무는 야산 초입에 주로 있는 개암나무보다 좀더 높은 산에 있다. 열매의 생김도 하나짜리부터 다섯 개까지 다양하다.

성황림 뒷산의 정상 부근에서 만난 참개암나무는 열매를 감싸고 있는 총포가 호리병 주둥이를 닮아 '호리병개암나무' 라고도 한다.

열매는 가을에만 있는 것이 아니다. 봄의 딸기로 시작하는 야생의 열매는 조금 일찍 익는 것과 늦게 익는 것이 어우러져 알밤이 툭, 툭 벌어지는 가을까지 끊이질 않는다. 신록 속에 먹을 것이 변변치 않은 늦여름에 먹기 좋게 익는 개암은 산으로 들로 쏘다니던 꾸러기들의 동심에 확실하게 자리잡고 있다. 멱감고 나와 출출하던 차에 개울가의 덜 익은 팥배라도 깨물고 버리기를 되풀이하다보면 입이 시큼텁텁해진다. 그럴 때 단단하게 익은 개암 몇 알을 넣고 깨물면 금세 고소한 향기로 가득 차던 입 안. 헤이즐넛은 상품으로 개발돼 흔해빠졌는데 맛도 좋고 알도 큼직한 우리 깨금은 왜 없을까?

하기는, 선보는 자리에서 "우리 깨금차나 한 잔씩 마실까요?" 이러면 "(속으로) 쳇! 스타일처럼 촌스럽긴. 왜? 돼지감자죽을 먹지요?" 이럴 것 뻔하고, "저어 우리 헤이즐넛 향 커피 어때요?" 하면 "어머? 어떻게 알았어요? 그거 딱 제 스타일인데." 이럴 여성들 지천일 테니.

우연의 일치인가? 동서양 모두에서 개암나무는 어려운 자의 꿈

개암나무 열매(가운데)와 참개암나무 열매(아래).

을 이루어주는 마법의 효험을 지니고 있다. 서양에서는 마법의 지팡이로, 동양에서는 길흉을 점치는 산가지로. 아마도 개암나무의 섭생으로 보아 하녀의 부지깽이로, 민초 소생들의 간식으로 고달픈 신분의 사람과 늘 함께했던 이유가 아닐까 생각해본다.

개암나무로 만든 산가지

이밥에서 짚신에 초가까지 모 · 벼 · 쌀 · 밥

이밥에 고깃국!

반만년이 되도록 이 땅에 살아온 민초들의 한결같은 염원이었던 이 명제는 안타깝게도 아직 실현되지 못했다. 이념을 위장한 지배욕으로 갈라진 두 동강 너머 동토의 땅이 그렇고, 막상 그것만으로 다 채워지지 않음을 알아버린 또 한쪽의 경쟁사회 속 민초들의 여전히 고단한 삶이 그렇다.

1만 년쯤 전 인도와 중국 남부 및 인도차이나반도에서 시작된 벼농사는 유럽 일부를 제외한 전 세계에 보급되어 지구상에 쌀을 주식으로 하는 인구가 절반을 넘어서기에 이르렀다. 특히나 아시아 대륙에서 쌀의 역사는 곧 삶의 역사였다.

그러나 쌀은 입맛에 감기는 그 포슬포슬함만큼이나 손이 많이 가야 얻을 수 있는 곡식이기도 하다. 한자어 미米의 파자(풀어씀) 역시 여덟(八)을 두 개 합친 팔십팔八+八을 의미해 손이 그만큼 많이 감을

「화수종사도禾穗螽斯圖」, 강세황, 종이에 담채, 서울대박물관. 가을 추수기 고개 숙인 벼이삭이 있고 그 아래 방아깨비가 노닐고 있다.

뜻한다. 당시로서는 인간의 목숨이 도달하기 어려운 88세를 미수米壽라 한 것만 보아도 쌀을 얼마나 존귀하게 생각했던가를 알 수 있다.

우리나라에서 쌀이 재배된 역사는 지금도 남아 있는 삼한시대의 벼농사용 저수지인 제천의 의림지, 김제의 벽골제, 밀양의 수산제뿐 아니라 김해, 여주 등 그 이전 시대의 유적에서 발견되는 탄화된 벼의 흔적으로 보아 민족의 역사와 그 맥을 같이해왔다. 이앙법이 급속도로 확대된 조선후기부터 지배계급이 아닌 평민도 식량으로서 넘볼 수 있긴 했으나, 가뭄 등 자연재해와 연이은 전란에 지배층의 수탈까지 더해져 민초에게는 늘 서방 정토의 이상향처럼 소원일 뿐인 오매불망 '이밥에 고깃국'이었다.

"수수쌀을 씻는 줄은 번연히나 알면서 무슨 쌀을 씻느냐고 왜 또 묻나."

정선아라리의 가사에서 매일 먹다보니 까끌한(거친) 입맛의 수수쌀밥에 식상해 행여 오늘은 이밥 쌀을 씻지 않는가 해서 자꾸 되물어보는 민초 가장의 바람이 철없다. 굶주림을 견디다 못해 형님댁을 찾아가 먹을 것을 구걸하던 흥부의 뺨에 내리쳐진 밥주걱에서 옮겨 붙은 놈도 하얀 이밥이었다. 그 구수한 밥 냄새에 어디 뺨 아픈 것쯤이 대수랴!

충청 이남에서는 '나락'이라 불리고 그 이북에서는 '벼'라 불리는 벼목 화본과의 한해살이풀, 그리고 그 열매인 쌀의 어원은 원산지인 인도어의 '니바라' '브리히'와 고대 인도어 '사리'쯤으로 보는 것이 가장 설득력 있어 보인다. 니바라–나락, 브리히–벼, 사리–쌀 등으로 말이다.

성황림마을의 민초들도 쌀을 한 톨이라도 더 얻기 위해 물길을 돌려 댈 수 있는 땅이면 계단식 논을 만들었다. 물길 바로 아래의 보(물을 막아 논으로 돌려 대기 위한 시설) 임자들과 다툼을 하면서도 5리 남짓 산허리로 봇도랑을 둘러내고 계곡 곳곳에는 아득한 길이의 수채(나무를 파서 물길을 만든 것)를 설치해 골짜기마다 대여섯 마지기의 다락논을 부치셨던 아버지 덕분에 이밥을 먹고 자랄 수 있었던 내 어린 시절. 가을과 겨우내 말라 있던 봇도랑에 물을 대는 모내기철에는 먼 산중턱을 돌아오는 조그만 물길이다보니, 겨우내 만들어진 쥐굴 등을 틀어막는 봇도랑 보수공사에 많은 공을 들였음에도 경계가 가까웠던 쥐굴 쪽의 흙이 무너지든가 아니면 두더지의 소행으로 물이 새는 경우가 많았다. 덧둔지 논에 갑자기 물이 내려오지 않으면 어린 농군인 나도 그 구멍을 찾아 막으려고 봇도랑을 올려뛰었다. 군데군데 봇도랑 둑에 나와 있는 뱀과 물길이 넓었던 절골 당숲 앞쪽에는 갑자기 물이 끊기니 바글바글 기어나오던 가재들.

그리고 모내기나 추수 때 동네 일꾼과 가족들은 다 모여 잔칫날같이 풍요로웠다. 명절 때면 쌀을 사러 왔던 논이 없는 이웃들에게 늘 고봉으로 수북이 담아 말을 후하게 쳐주시고는, “다른 집은 밀대로 말을 깎아준다던대” 하시는 아버지의 핀잔에 “내 쌀이 귀하면 남의 돈도 귀한 법”이라시던 어머니.

절골 다락논의 모내기

「빈풍칠월도」, 이방운, 종이에 담채, 18세기, 국립중앙박물관.

'쌀'의 용처와 그에 얽힌 애환을 어찌 몇 장의 글로 다 할까마는, 쌀눈이 붙은 속껍질인 '등겨'는 소여물의 포인트로 조금씩 얹어 주고 겉껍질은 '왕겨'라 하여 땔감으로 쓰거나 베갯속에 넣기도 하고 닭장에 깔아주기도 했다. 그 몸체인 '볏짚'에 이르러서는 '쌀'만큼이나 유구한 역사의 수레바퀴가 덮쳐온다.

쇄국정책을 고수했던 구한말의 우리나라가 외국인의 눈에 비친 모습은 도쿄대 교수이자 동양사학자인 미국인 W.E. 그리피스가 1882년에 간행한 한국 역사서의 제목 『은자의 나라 한국Core: The Hermit Nation』에서도 알 수 있듯이, 역동하는 세계정세 속에서도 은둔의 삶을 이어가고자 했던 순박한 국민이었다. 그러나 얼핏 그들의 눈에 비친 우리의 생활상은 미개한 듯했으니 후줄근한 흰옷에 짚신, 상투머리, 긴 담뱃대, 가슴을 드러낸 아낙네와 나귀를 탄 양반, 어디를 가나 한결같이 덩그런 지붕의 단층 초가집. 그러나 그것만으로 어찌 알았으랴. 전국의 사고史庫에 분산되어 있는 유구한 기록문화 유산과 짚풀 문화 속에 숨어 있던 자연과 이웃과 어우러짐의 민족성을.

초가지붕과 짚신이야말로 우리네 민족의식의 결정판이 아닐까. 볏짚처럼 연약한 풀이 있을까? 한 가닥으로는 툭 끊어지고, 잘 썩으며 길어야 어른 키 반만 하다. 일찍이 고려청자와 나전칠기의 우아함과 화려함, 세계 최고 수준으로 발달했던 활 문화만 보더라도 지붕재나 신발 같은 생활용구에도 좀더 욕심을 부릴 법한 민족이 우리 민족이다. 하지만 사찰이나 향교, 관아 외에 기와를 얹은 지붕은 몇몇 권

구한말 세 모자가 초가집 앞에서 포즈를 취하고 있다.

문세가에 국한되니, 원시시대의 움집에서부터 사용했을 짚풀을 수천 년 후 스무 칸 고대광실의 지붕에까지 고수해온 이유가 뭘까?

하루 낮밤을 걸으면 해어지기 일쑤여서 먼 길이라도 나설라치면 따로 한 꾸러미 챙겨야 하는 짚신을, 서구에 산업혁명이 도래한 뒤 1세기가 지나도록 대부분의 국민이 신었던 나라. 21세기의 민초이자 그 이전 세대 민초의 아들인 내가 보는 시각으로는 끊임없이 침탈받아온 역사와 격동기 쇄국정책으로 인한 영향보다는, 굳이 다른 생명을 더 침해하지 않고 주변에 있는 것을 활용하려 한 민족 기질이 더 큰 듯하다. 그러니 호환虎患이 가장 큰 재앙이었음에도 층집을 짓지 않고 서낭을 두어 그들을 달래며 살아온 민족답다. 지천으로 넘쳐나는 볏짚이 내구성은 좀 떨어지지만 해지면 또 만들면 된다는 여유로움으로 지붕재로 신발로 생활용구로 쓰였던 것 아닐까? 가문의 영광스런 포도주 잔을 얻기 위해 코뿔소를 남획하고, 단지 도장이나 장식을 얻기 위해 코끼리 사냥에 열을 올리던 양인들의 눈에는 비록 미개하게 보였을지언정 말이다.

볏짚으로 이엉을 엮어 지붕 올리는 일은 일이라기보다는 마을 공동 행사이자 놀이였다. 장정이 없는 과부 외노인집을 필두로 동네의 지붕 잇기가 시작되면 이엉을 엮어 지붕에 올리고 두르며 잠시도 쉼 없이 선소리에 화답하며 이어지는 타령조의 가락들, 마당의 이엉 둥치 사이를 뛰어다니던 꾸러기들, 용마름이 얹어지고 바람에 지붕이 헝클어지지 않도록 새끼줄이 바둑판 모양으로 둘러지면 처마 끝

을 가지런히 잘라주는 것으로 정성스레 마무리가 되었다. 하지만 정작 이듬해 봄에는 바람에 들추어진 이엉 사이로 굴뚝새나 할미새도 집을 짓고 묵은 지붕 위에 켜켜이 올려져 두터워진 이엉 속에는 굼벵이나 쥐뿐 아니라 그놈들을 먹고사는 집구렁이가 살기도 예사였으니, 때로는 그것들이 눈에 띄어도 '터 지킴이'려니 하고 못 본 체했던 우리 민초들이었다.

초가지붕의 참멋은 이은 지 1년쯤 지나 비바람과 햇볕에 다소곳이 풀죽고 바래 덩그래진 모습에서 완성되니, 굴뚝을 타고 오른 성긴 박 줄기에서 듬성듬성 피어난 흰 박꽃 위로 휘영청 보름달이라도 떠오르면 그야말로 자연 그 자체로 스며든다.

볏짚은 이엉처럼 한 줌 한 줌 엮여 진흙담장의 지붕에도, 벌통의 덮개로도, '도롱이'라는 이름의 비옷으로도 쓰였으며, 새끼로 꼬아져 생활 속의 온갖 끄나풀과 그네의 줄이나 줄다리기 고싸움 등의 민속놀이에 쓰였다. 왼쪽 방향으로 꼰 새끼는 서낭당과 산모의 방, 소의 코뚜레 매듭과 장례식의 굴건屈巾 줄 등 신성시되는 용도로 쓰였다. 삼태기, 맷방석, 멍석, 종다래끼(짚 · 싸리로 만든 다래끼보다 작은 바구니), 가마니, 또아리, 지게의 밀삐와 등태, 진흙벽의 보완재, 누에의 고치 섶과 달걀 꾸러미나 북풍한설을 막는 부엌의 거적문, 심지어는 잠든 막내아들이 깨기 전에 신림오일장 길을 나서던 내 어머니가 사오실 고무신발의 크기를 가늠하기 위해 살며시 이불을 들치고 발바닥을 재던 용도로도 쓰였다. 그러고도 남는 것은 소 먹이나 짐승

우리에 북더기로 넣어져 거름으로 환생했으니, 우리 선조들의 생활 속에 가히 '좌左 볏짚 우右 소나무' 쯤으로 중한 벼슬 한자리 주어도 과하지 않은 놈이다.

늦둥이로 부모님 방에서 함께 생활했던 나는 예닐곱 살부터 저녁이면 낮에 축축하게 물을 뿌려두었던 짚으로 부모님과 같이 새끼를 꼰다거나 가마니틀 한쪽에서 어머니가 내민 박달나무 갈퀴바늘에 짚을 먹이기도 했다. 또 늘 싸리나무나 짚으로 생활용구를 만드는 것을 보고 도와드리며 자랐다. 그 일이 부모님께 큰 도움이 된 것은 아니었으나 곧 몰아닥칠 공산품의 홍수 속에 천지개벽의 세상이 도래할 것을 예상하지 못한 노인아버지께서 자연스레 생활 방식을 익히게 하려 했던 막둥이에 대한 배려였다고 생각하니 또 한 번 목이 멘다.

중학교 3학년 때에는 상급학교 진학반 보충수업을 하느라 시오리 밖 학교에서부터 어두워진 신작로를 혼자 올라다녔다. 무서운 성황림 숲길을 들어설 때면 늘 입구 쪽 논에서 서너 개의 볏단을 빼서 양쪽 겨드랑이에 끼고 번갈아 불을 붙여 휘휘 휘두르며 남진의 「가지 마오」를 크게 부르며 올라왔다. 그런데 비라도 구죽죽이 오는 날이면 짚단은 아무리 휘둘러도 연기만 나고 칠흑같이 어두운 당집 앞을 딱 지나고 나면 벼락바위에서 떨어져 죽은 대수 엄마, 뽕나무에 목매 죽은 홍이 아버지, 물에 빠져 죽은 상엽이 누나, 농약 먹고 죽은 기중이 형 등 마을의 귀신들이 뒤에서 한꺼번에 덮쳐왔다.

비옷으로 쓰였던 도롱이

모, 벼, 쌀, 밥!

아무리 더듬어도 그 숱한 추억들에 비하면 주마간산 격일 수밖에 없는 단어들이다.

꽃보다 아름다운 남빛 열매
누리장나무와 노린재나무

부귀를 누릴거나

영화를 누릴거나

부귀영화 나는 싫소

주어진 대로 살으려네

허욕의 안간힘이

화근인 줄 모르오?

누린내가 난다 하여

이름 한번 걸작하다

허울 좋은 명함 뒤에

지독한 누린내는

향수로도 지울 수 없는

고질병이 아니던가.

– 신순애의 「누리장나무」

누린내가 나는 것을 굳이 숨기려 하지 않고 주어진 이름대로 사는 누리장나무의 삶을 통해 인간 세상의 허욕과 위선을 꼬집은 신순애의 시다.

누리장나무는 통화식물목 마편초과의 낙엽활엽관목이다. 한여름의 계곡이나 바위틈에서 키보다는 조금 큰 높이로 피는 누리장나무의 꽃은 이름을 모르고 지나던 이도 한번쯤 돌아볼 정도로 특이한 모양새를 하고 있다. 마치 메밀의 열매처럼 각이 진 채 오므린 꽃받침을 뚫고, 희고 긴 통꽃잎이 나와 다섯 갈래로 펼쳐지면, 그 사이로 그보다 더 긴 꽃술이 마치 기다란 뱀 혀처럼 비집고 나온다.

한여름 신록 속에서 이 연분홍과 흰색과 실타래 같은 꽃술이 어우러진 풍경은 가던 걸음을 멈추게 하기에 충분하다. 노나무, 개나무, 깨타리 등으로도 불리는 누리장나무는 잎과 줄기에서 이름처럼 누린 듯 구린 듯한 냄새를 피우는데, 인간에게는 그리 향기롭지 못한 냄새가 자연의 생물들에게는 유혹의 향기라도 되는지 늘 온갖 곤충과 벌레들이 곁을 떠나지 않는다.

오동나무를 닮은 잎과 줄기를 한방에서는 취오동臭梧桐이라 하여 중풍이나 마비에서 오는 통증에 약재로 쓰이고, 잔가지와 뿌리를 말린 것은 해주상산海州常山이라 하여 학질 치료와 이뇨, 건위제로 쓰인다.

"청춘보다 아름다운 중년!"

"인생의 두 번째 클라이맥스!"

애써 남은 생이 지나간 청춘만 못할 것이 없음을 강조하려는 구호성 말들이지만, 왠지 안쓰러운 느낌을 지울 수 없는 것은 결코 인생에 있어 청춘보다 높은 가치를 부여할 것은 없다는 사실을 알고 있기 때문이다. 그런 면에서 본다면 누리장나무는 오매불망 인간의 염원

누리장나무 열매(왼쪽)와 노린재나무 열매(오른쪽).

인 청춘의 꽃보다 더 아름다운 열매를 만들어낸 생명체의 표상이다.

여름의 화려했던 꽃이 지고 난 뒤, 스산한 가을바람에 잎도 그 역동적인 생명활동을 멈추어갈 무렵, 꽃잎인 듯 펼쳐진 다섯 장의 붉은 꽃받침 위에 맺어놓은 남빛 열매의 조화는 그저 열매만을 생각했다면 '화들짝' 놀라기 십상일 정도로 아름답다. 어디서 그렇게 붉고, 어디서 그렇게 푸르른 색을 가져다 보석 같은 열매를 맺어놓았을까? 꽃보다 아름다운 열매. 누리장나무 또한 '보임새'로서 둘째가라면 서러워할 나무이다.

유월의 계곡가나 산기슭 바위틈에, 마치 가지 끝에 솜사탕을 매단 듯 작은 꽃잎보다 긴 꽃술이 도드라지는 꽃을 피우는 노린재나무도 그다지 눈에 띄는 나무는 아니다. 하지만 관심을 가지고 자세히 들여다보면, 작고 단단한 나무에 특이한 꽃과 거기에 모이는 곤충들, 그리고 가을에 맺는 남빛 열매가 여간 아름다운 게 아니다.

노린재나무는 잎과 나무를 태울 때 나오는 누르스름한 재로 우리나라의 전통 염료인 '황회'를 만든 데서 유래한 이름으로, 영조 때 편찬된 복식에 관한 예禮와 규정에 관한 기록인 『상방정례』에 "명주를 자줏빛으로 염색할 때 명주 한 필에 지초 8근, 황회 20근, 매실 1근을 넣어"라는 기록이 있고, 순조 때의 가정백과전서격인 『규합총서』에도 "자초 염색에는 노린재나무 잿물을 이용한다"는 기록이 있으니 왕실이나 사대부의 화려한 복색에 노린재나무가 중요한 역할을 했음을 알 수 있다.

감나무목 노린재나뭇과의 낙엽활엽관목인 노린재나무는 2~3미터까지 자라는데, 나무가 단단하여 도장재로 사용하거나 농기구의 자루로 이용하기도 하며, 한방에서는 잎은 이질이나 위궤양, 뿌리는 학질 치료에 이용한다는 기록이 있다.

노린재나무의 잎을 관찰하다보면 노랑과 까만색이 화려하게 조화를 이룬 애벌레가 눈에 띄기 십상인데, 이곳이 노린재 잎을 먹고 자라는 뒤흰띠알락나방 유충의 주요 서식지이기 때문이다.

각종 화학염료의 발달로 매염제로서의 쓸모를 상실한 뒤 인간의 눈에서 멀어졌지만, 눈꽃송이 같은 꽃에서부터 푸른 가을 하늘을 통째로 머금어 물들여낸 듯한 청출어람의 쪽빛 열매까지, 참 예쁜 나무이다.

노린재나무는 농기구 자루로 사용되곤 했다. 「벼베기」, 심사정, 국립중앙박물관.

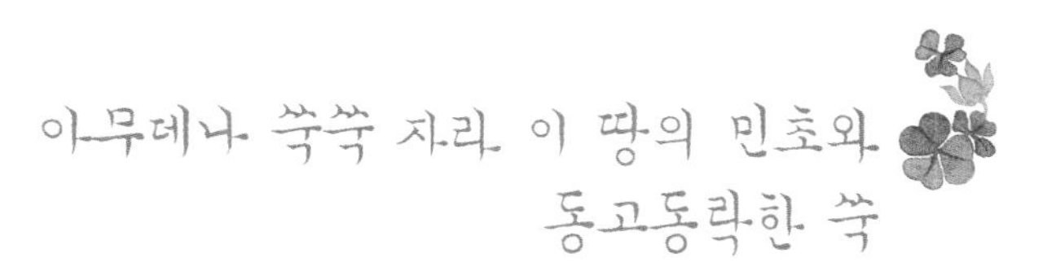

아무데나 쑥쑥 자라 이 땅의 민초와 동고동락한 쑥

사람이 되고 싶다며 찾아온 곰과 호랑이에게, 컴컴한 동굴 안에서 백일 동안을 견디라며 던져진 두 개의 먹거리가 쑥과 마늘이었다는 단군 설화. 빈속에 먹는 마늘이 얼마나 속을 쓰리게 하는지 동물이라고 크게 다를까마는 거기에 더해진 쑥 한 다발의 의미는 무엇이었을까? "쑥대밭이 되었다"는 말에서 보듯 사람이 돌보고 가꾸지 않는 땅은 곧 생명력과 번식력이 탁월한 쑥으로 뒤덮여버리니, 너무 흔하고 무성해 쓰임새가 많으면서도 천덕꾸러기 취급을 받는 풀.

초롱꽃목 국화과의 다년생초인 쑥은 양지바른 곳이면 논둑 밭둑과 개울가, 들녘 등 어디에나 잘 자라 특별히 가꾸지 않아도 지천으로 널려 있다. 그런 까닭에 곤궁했던 시절 구황식물에서 계절의 별미, 약용에서 생활용구까지 다양하게 쓰여왔으며, 참쑥을 비롯해 세분하면 30여 종으로 분류된다.

쑥의 용도는 보릿고개를 연명하던 우리 조상들의 지긋지긋한 풀때죽의 대명사로부터 시작된다. 21세기의 우리가 생각할 수 있는 난알 8에 쑥잎 2쯤의 낭만적 비율이 아닌, 쑥잎 8에 난알 2의 '풀때죽!' 올망졸망한 자식들에게 곡기 적은 끼니를 오래도록 먹이다보니 다리와 팔은 앙상한데 배는 볼록 나오고 얼굴은 풀독으로 딩딩 부어 늘 배고픔에 칭얼거리던 아이들을 보던 어머니들은, 난알이 곤궁한 그 시기에 맞추어 들녘에 쑥이나마 지천으로 널려 있던 것을 고맙게 생각해야 했을까?

풀때죽보다 알곡의 형편이 조금 나으면 쑥버무리, 쑥개떡, 감자쑥범벅으로 격상되고, 그렇게 수탈과 흉년에 질긴 목숨을 부지하다 보면 먹거리의 형편이 나아질 때도 있었던 이 땅의 민초들. 그때는 송편에 절편, 인절미에 약식, 부각에 쑥을 곁들여 그 향과 맛을 즐겼다.

쑥의 다음 용도는 약재로서의 쓰임새이다. 연기로서 피부조직에 약리 성분을 침투시키는 '뜸' 치료법의 대명사인 '쑥뜸'과 다려서 복용함으로써 부인병, 복통, 토사, 알레르기 등을 치료하는 방법이 있다. 특히 뜸쑥은 강화 지역에서 나는 '싸주아리쑥'을 쓰고, 복용하는 좋은 사철쑥의 지상 부분을 이르는 '인진쑥'을 최고로 치나, 인진쑥의 범위에 대해서는 '더위지기쑥'을 포함하느냐 마느냐의 논란이 있는 모양이다.

『맹자』「이루離婁」편에 "7년 지병에는 3년 된 쑥을 구하여"라는 구절이 있는 것으로 보아 쑥은 오래전부터 약재로 쓰였음을 알 수 있는데, 특히 단오 이전에 채취되어 오래 묵은 것일수록 좋다고 한다.

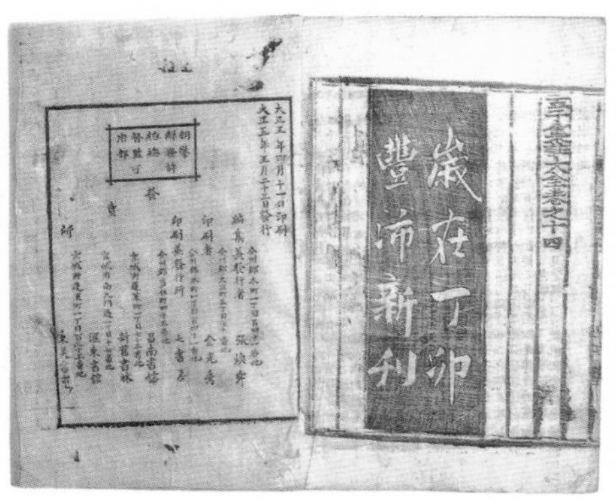

『맹자』「이루」 편에 쑥에 관한 기록이 나온다.

쑥 향기 남아 있는 서북풍 싸늘한데
갯가에 피어나던 억새꽃 눈발처럼
발틀에 나란히 누워 또 한생을 살려 한다
호박 살 얇게 켜서 가을볕 받아주고
불타던 가을 산에 시샘하던 고추 발
여인의 하늬바람에 묻어나는 쑥대 발

- 동천東天 신대식의 「발」

쑥의 또 다른 쓰임새는 신대식의 시처럼 발틀에 누워 엮여 인간을 위한 또 한생을 살아가는 '발'로서이다. 쑥대 발은 키를 넘도록 곧게 크는 쑥의 줄기를 엮어 만든 발인데, 그렇게 곧게 크는 종은 '빼쑥'이라고도 해 '빼대발'로 부르기도 한다. 흔히 쓰는 싸리나 대발보다 가벼워 전국을 막론하고 농촌에서는 봄철의 삶은 나물을 널어 말리는 데에서 시작해, 호박고자리(호박고지), 무말랭이, 붉은 고추나 쪄서 쪼개어 밀가루를 두른 풋고추에 이르기까지 해가 드는 마당 한켠에는 늘 무언가를 널어 말리고 있는 고향집의 풍경을 연출하던 도구이기도 하다.

나 어릴 적에는 온 마당에 펴놓은 빼대발에 강냉이를 널고 난 부모님이 들일을 나가시며 닭이 파헤치지 못하도록 지킬 것을 당부하기 예사였다. 기다란 개옻나무 작대기를 마루에 놓고 앉아 있다가 조금 전에 쫓았던 닭들이 또 발 위에 올라가 강냉이를 파헤치기 시작하면, 그놈들 때문에 냉면집 공터에서 친구들과 어울리지 못하는 분풀이로 다리를 절뚝절뚝 절도록 패주었다. '닭대가리' 아니랄까봐 잠시 뒤에 절뚝거리며 또 빼대발 위로 올라오면 지붕 위로 날아올라 꼬꼬댁거리며 두어 시간 내려오지 않도록 호되게 몰아치기도 했다.

빼대는 곧고 가벼워 꾸러기들의 화살 재료로도 제격이었다. 물푸레나무에 노끈을 매어 활을 만들고 서너 뼘 되는 빼대 앞쪽에는 대가리를 자른 못을 박아 철사로 묶은 뒤, 뒤쪽에는 열십자로 쪼개 닭털을 넣고 양쪽을 닭장 철사로 묶으면 완성되었다. 눈이 올 때면 그걸 들고 산비둘기나 콩새를 잡는답시고 뒷산을 돌아치곤 했다. 물론 그 모습을 보고는 피식 웃으며 하시던 어머니의 말씀처럼 "눈 깨물어진 새"를 그 활로 잡아보지는 못했다.

쑥은 한여름의 모깃불로도 태워지고 벌통을 살피는 친구 아버지의 손에 들린 '빼끔이 양철통'(위에 구멍을 뚫어 연기가 나오도록 함)에서 태워져 벌을 쫓기도 했으며, 논둑에 무성한 것은 베어 소먹이로 주어졌고, 억새에 벤 손가락에 뚝뚝 떨어지는 피를 지혈할 때 찧어서 붙이기도 했다. 산비탈에 고삐를 길게 늘여 매어놓은 소 끌러 갔을 때 얄밉게 소 등에 앉아 피를 빠는 엄지손가락만 한 등에를 내려치려고 황급히 꺾어드는 주변의 풀줄기도 십중팔구 쑥이었다.

한여름 담 밖으로 넘어온 외노인네 고야를 돌팔매질해서 떨어뜨린 뒤, 후다닥 주워들고 내려뛴 보악소에서 입술이 파래지며 가만있어도 이빨이 따다닥 마주치도록 물놀이를 즐기던 악동들. 뙤약볕에 뜨거워진 물가의 넙적바위에 몸을 붙이고 엎드렸다가 체온이 올라가면 물가의 쑥을 뽑아 가늘고 긴 뿌리를 골라 작은 올가미를 만든 뒤 나뭇가지에 묶는다. 보악소 아래의 모래톱에는 얕은 물에서 일광욕을 즐기느라 미동도 않는 기름종개가 많았다. 이때 쑥뿌리 올가미를 천천히 물속으로 넣어 기름종개의 머리 쪽으로 씌워 잽싸게 물 밖으로 홀쳐내는데, 머리에 씌우다가 도망치는 놈도 있고 홀쳐져 물 위에 올라왔다가 버둥거림에 빠지는 놈도 있었다. 여기저기 탄식과 환호성이 교차하는 가운데 늘 따라다니는 동생들은 모래톱 위에 구덩이를 파고 고무신으로 물을 퍼다 붓고는 모래톱에 나뒹구는 기름종개들을 주워넣느라 바빴다.

쑥대로 만든 발.

“에잇, 이까짓 기름종개. 야, 우리 보 떼자.”

쑥뿌리로 기름종개 훌쳐내기에 싫증난 한 녀석의 제안에 몰려가는 곳은 당숲 옆에 물길이 넓어진 개울이다. 개울의 물길이 넓어지며 두 갈래로 갈라진 곳인데, 한쪽을 막으면 물길이 다른 쪽으로 흘렀다가 이십여 미터 아래에서 다시 합쳐지는 천혜의 보떼기(개울의 물길을 막아 다른 방향으로 흐르게 한 뒤 줄어든 개울의 물고기를 잡는 것) 명소였

다.

비닐조각 같은 게 거의 없던 때라 우선 돌을 굴려 대강의 물길을 돌린 후 풀뿌리를 뽑아다 돌 사이로 새는 물을 막는 데는 뭐니뭐니해도 쑥이 최고였다. 다른 풀들은 뽑으면 뿌리에 있던 흙이 떨어져나가는데, 잔뿌리가 촘촘하게 얽힌 쑥은 커다란 흙덩이를 머금은 채 뽑혀주니 몇 포기만 뽑아다 던져도 아래쪽으로 물이 줄어드는 게 느껴질 정도이다.

"와! 메기다!"

줄어든 물 사이로는 위급함을 느낀 물고기들이 황급히 돌아다니고 어떤 녀석은 고무신으로, 어떤 녀석은 런닝셔츠를 벗어서, 또 어떤 녀석은 돌 위에 꽝을 주며 퉁가리, 메기, 꺽지, 꾸구리, 중타리에 가끔은 뱀장어를 잡아 성황림이 떠나가도록 함성을 지르곤 했다.

버드나무 꿈지(가지 벌은 버드나무에 고기 등이 아래로 빠지지 않도록 꿴 것)에 꿰인 물고기들은 꾸러기 대장인 용수에 의해 주막집에 팔려 오십 원 정도가 쥐여졌고, 가게에서 일 원에 두 개짜리 사탕으로 바뀌어 꾸러기들의 손에 나뉘어졌다.

히로시마가 원자탄에 피폭된 이후 불모의 땅에 가장 먼저 생명을 붙였다는 끈질긴 생명초인 쑥. 가꾸지 않아도 전국의 들에 지천으로 자라 이용하기에 따라 식량도 되고, 약초도 되고, 생활용구도 되고, 지긋지긋한 잡초도 되는 풀.

오십 간 고대광실에 나는 새도 떨어뜨린다는 세도가들이 하루아침에 멸문지화에, 부관참시에, 절해고도로 유배되던 일이 그다지 놀라울 게 없는 질곡의 역사 속에서도 병마에, 재해에, 흉년에, 전란에 죽은 듯 밟혔다가 그 바람에 그 별 다시 들면 어느새인가 고개를 들고 무성히 있는 이 땅의 민초들. 그 민초의 표상처럼 우리 산하의 풀 중에 가장 민초다운 풀.

아무 데나 쑥쑥 자라, 쑥쑥 뽑아도 또 어느새 그 자리에 쑥 자라 있는 너 '쑥' 이여!

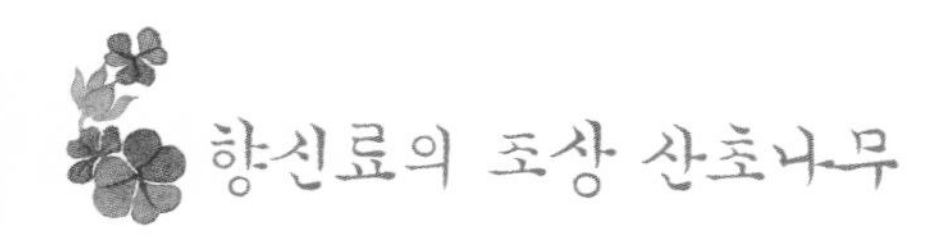

향신료의 조상 산초나무

운향과의 식물들은 대부분 잎이나 열매에서 강한 향을 풍긴다. 산초나무는 꽃이나 열매에서 나는 강한 향 때문인지 꽃잎이 없는 꽃을 슬그머니 피워도 늘 곤충이 끊이지를 않는다. 동물세계에서 힘이 약한 놈은 빠르고, 느린 놈은 맹독이 있고, 이도저도 없는 놈은 번식력이 좋듯, 식물세계에서도 화려한 꽃을 피우는 것은 향기가 덜하고 꽃이 부실하면 진한 향으로 곤충을 유혹한다. 이는 치우치지 않고자 하는 자연의 섭리인 모양이다.

그렇다면 얼핏 이것도 되고 저것도 되고, 이것도 안 되고 저것도 안 되는 치우침이 날로 심해지는 인간 세상의 섭리는 어찌된 것인지……. 조물주 영감이 처음에는 대수롭지 않게 생각하고 인간 세상을 만들었다가 자체 버전업되며 통제 한계를 벗어나는 인간의 두뇌와 문명에 어이를 상실하고는 무거운 자책감에 손을 놓고 술독에 빠져 지내는 것이든지, 아님 "에라, 튀자!" 하고 200만 광년쯤 되는 옆

동네로 자리를 옮긴 거 아녀?

쌍떡잎식물 쥐손이풀목 운향과의 낙엽관목인 산초나무는 그 열매가 주로 향신료로 쓰인다. 생긴 것은 물론 용도까지 비슷한 초피나무와 혼동하기 쉬우나 가장 간단한 구별법은 가시가 마주 나는 것이 초피나무, 불규칙하게 나는 것이 산초나무이다. 그 외에도 잎 가장자리의 굴곡, 잎 가운데의 엷은 무늬, 익으면 아래로 향하는 열매(초피나무)와 달리, 굴곡과 무늬가 없는 잎과 끝부분에만 달린 열매가 익어도 하늘을 향하고 있는 점(산초나무) 등의 차이로 확연히 구분된다.

초피나무의 열매는 요즘도 가루를 내어 김치를 담글 때나 생선

「산초나무 가지 위의 할미새」, 김정, 종이에 수묵담채, 32.1×21.7cm, 16세기, 개인 소장.

비린내 제거를 위한 요리나 특히 추어탕에 필수 향신료로 쓰여 그리 낯설지 않다. 또 산초 열매는 예부터 몸살과 변비 등에 약용하며 기름을 짜서 나물을 무치고 두부를 부칠 때 사용한다거나 덜 익은 열매로 장아찌를 만들어 먹기도 했다. 그 특유의 향을 기억하는 애호가들이 늘어나자 최근에는 재배하는 곳도 생겼지만, 가격이 만만치 않은데다 늘 확인할 길 없는 원산지 가짜 문제를 달고 있기도 하다.

황대권의 『야생초편지』에도 산초와 제피로 한바탕 논란을 벌이는 대목이 등장하듯, 제피나무와 산초나무가 혼재하는 남부 지방에서 자란 사람에겐 논란거리가 되는 모양이지만, 중부 내륙에는 산초나무밖에 없으니 정작 나는 초피나무를 구경하지 못했다.

남들 다 피는 오월에 꽃을 피우는 제피나무에 비해 산초나무는 8월 늦게 꽃 같지도 않은 어정쩡한 꽃을 피운다(꽃잎이 없으니 별로 눈에 띄지 않는다). 성황림마을 절골 개울가의 산초나무가 막 꽃이 필 듯하여 큰 기대를 품고 그 일주일쯤 뒤에 와보니 벌써 송글송글 초록의 열매로 변해버리고, 열매를 받들고 있는 붉은 꽃자루만 꽃인 듯 눈에 띈다.

산초나무는 등에 있는 '하트 무늬 커플룩'으로 유명한 에사키뿔노린재의 천국이다. 초록의 산초 열매가 탐스러운 9월경 산초나무를 자세히 보면 어디든 구애와 짝짓기 활동을 벌이는 놈들로 바글거린다. 노란 하트 무늬가 수놈이고 흰 하트가 새겨진 것이 암컷인데, 그 무늬가 얼마나 정교하고 선명한지 들여다볼수록 감탄사를 뱉게 된다.

에사키뿔노린재의 약충은 성충과 색깔과 모양이 전혀 달라 처음에는 다른 종의 노린재인 줄 알았다. 커가면서 어떻게 전혀 다른 성충의 모습이 되는지 신기하기도 하다.

산초 열매가 초록의 껍질을 열고 윤기 나는 까만 씨앗을 세상에 드러낼 무렵이면 근처에만 가도 코를 찌르는 향이 난다. 그 때문인지 잎이며 줄기며 열매에는 베짱이, 귀뚜라미, 여치, 자벌레, 또 그를 노리는 사마귀까지 온갖 곤충들의 생존 다큐 장이 된다. 다행히도 수피

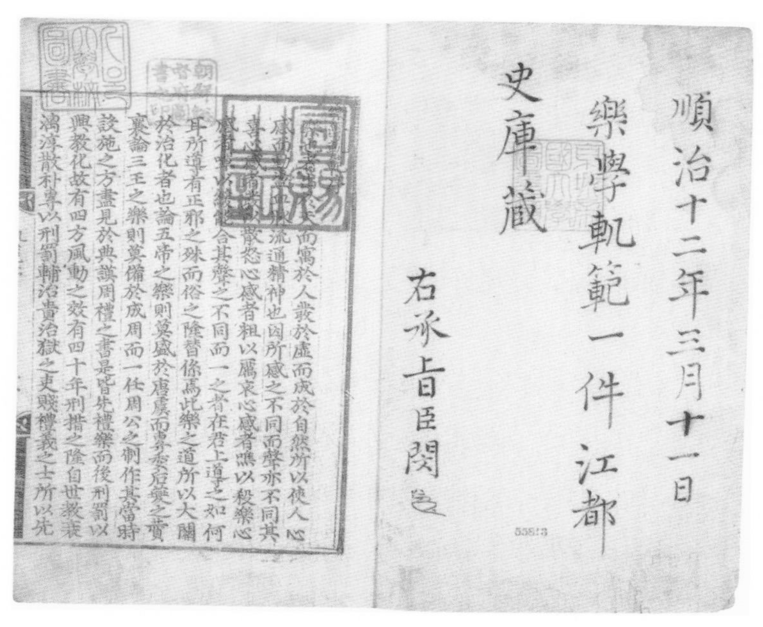
順治十二年三月十一日
樂學軌範一件江都
史庫藏
右承旨臣閔

[illegible]而寓於人發於虛而成於自然所以使人心
感[illegible]流通精神也因所感之不同而聲亦不同其
喜[illegible]散怒心感者粗以厲哀心感者噍以殺樂心
感[illegible]合其聲之不同而一之者在君上導之如何
耳所導有正邪之殊而俗之隆替係焉此樂之道所以大關
於治化者也論五帝之樂則莫盛於唐虞而[illegible]之賡
襄論三王之樂則莫備於成周而一任周公之制作其當時
設施之方盡見於典謨周禮之書是皆先禮樂而後刑罰以
興教化故有四方風動之效有四十年刑措之隆自世教衰
澆漓散朴專以刑罰輔治貴治獄之吏賤禮義之士所以先

『악학궤범』, 규장각한국학연구원.

에 날카로운 가시가 있어 뱀이나 새처럼 상위급 포식자의 접근이 쉽지 않은 점은 약자만의 해방구를 의식한 오묘한 자연의 섭리일까?

사진을 찍으며 재삼 느끼는 것이지만, 디자인이란 자연을 모방하는 것에 가깝다는 생각이 든다. 단순한 것에서 기하학적 · 추상적 아니 몽환적인 모양까지 점, 선, 면, 공간, 상상이 만나서 이루어낼 수 없는 모양이 없으니……. 반질반질 윤기나는 남빛인 듯 검정인 듯 둥근 듯 네모진 듯 바둑알인 듯 메밀 알인 듯 요놈, 산초 열매.

산초 열매가 영글 무렵 계곡 숲속에는 무성했던 여름의 생명력을 마감하는 결실들이 넘쳐난다. 어릴 적 껌 되라고 씹었던 청미래덩굴의 열매, 앵두 모양의 선홍색이 아름다운 괴불나무 열매, 이제 막 노랑의 외투를 벗고 빠알간 속살을 보이려는 노박덩굴의 열매.

산초는 '분지' 라고도 불린다. "12월에 분지나무로 깎은 아아 소반 위의 젓가락 같구나. 임의 앞에 들어 가지런히 놓으니 손님이 가져다가 뭅니다"라는 『악학궤범』에 실려 전하는 고려가요 「동동」의 12월령 소절에서, '향이 강한 분지나무로 젓가락을 깎아 사랑하는 임에게 마음을 전하려 했더니 손님이 집어들더라' 는 내용의 가사가 등장하는 것을 보면, 우리 민족의 삶 속에서 향신료로서 함께한 산초의 유구한 역사를 어렴풋이나마 짐작할 수 있다.

산초나무는 집 가까운 곳에 흔하지만 가시가 날카로워 여린 팔뚝으로 꺾어서 불을 지피는 아낙의 살갗을 해칠세라 땔감으로 기피해왔기에 더욱 흔해진, 우리네 아버지들의 마음이 역설적으로 담긴

나무이기도 하다. 기름으로 짜여 고향을 찾은 아들의 귀성길에 정성껏 꾸려서 들려주는 보따리 한 귀퉁이를 차지하지만, 고향의 향香을 모르는 며느리에 의해 곧잘 냉장고 깊숙한 곳에 묻혀 있거나 대수롭지 않게 버려져, 해묵은 감정의 골까지 동원한 한바탕의 부부싸움에 단초를 제공하기도 한다.

고산준령부터 단풍이 들어 내려올 무렵 예전에는 농가 어느 집 마당에나 한구석 멍석 위에 널려 있던 산초 열매. 순이랑 가시에 찔려가며 한 함지 따다가 머위 잎으로 덮어두었더니 에사키뿔노린재의 약충과 성충들이 기어나온다. 손으로 툭 건드리면 이름처럼 노린 그 냄새야말로 진노랑에 주황과 흰색의 컬러풀한 과시색을 가지고서도 바글바글 살아남은 종족 보존의 비결인 듯하다.

진한 향을 가시로 둘러막은 산초나무나 화려한 색과 무늬를 노린내로 방어해온 노린재에게서 뭔가 개똥철학 한 가지는 배워야 할 것 같은데, 그다지 풍기는 것도 존재감이란 것도 미미한 이 민초는 둘러막을 것도, 방어할 필요도 느끼지를 못해 심정은 홀가분하지만 딱히 자랑할 일은 못 되는 듯하니…….

만산에 홍엽이 수를 놓던 어느 초가을 엉클한 캐빈의 마당에서 시어머니가 물려주신 키에 산초를 까부르는 순이!(요때를 놓칠세라 재빨리 한마디 했다. "까불고 있네!") 잘 영근 요놈들은 말려서, 볶아서, 갈아서, 들기름에 섞어 내년 이른 봄의 달래, 냉이, 고들빼기, 두릅, 더덕무침에 쓰고 남는 것은 막걸리 안주용 새참 두부부침에 둘러질 것이다.

산초나무 또한 그냥 지나치려 하면 뒤가 켕겨 자꾸 돌아보게 되는 그런 나무이다.

야무진 아버지의 장기쪽 대추나무

저게 저절로 붉어질 리는 없다

저 안에 태풍 몇 개
저 안에 천둥 몇 개
저 안에 벼락 몇 개

저게 혼자 둥글어질 리는 없다

저 안에 무서리 내리는 몇 밤
저 안에 땡볕 두어 달
저 안에 초승달 몇 날

- 장석주의 「대추 한 알」

올망졸망한 열매를 무수히 매달고 마당 한켠에서 붉어져가는 대추야말로 우리 농촌의 가을 정취 가운데 빼놓을 수 없는 풍경이다. 추석날 아침 일찍 채 영글지 않은 대추나무에 올라가 일찍 붉어진 것을 골라 정성껏 차례상에 올릴 대추를 따는 부자父子의 모습은 지방을 불문하고 낯선 풍경이 아니다. '조율이시棗栗梨柹'라 하여 제상에 올리는 과일 중 으뜸으로 언급되고, 다산과 아들의 상징으로 혼례의 폐백 때 며느리 치마폭에 던져지기도 한다. '보고도 먹지 않으면 늙는다'는 말이 있고 한방에서는 '산조인'이라 하여 진정, 건위, 자양 등의 약재로 약방의 감초처럼 쓰이고 있다.

> 소녀는 "저 오늘 아침에 우리 집에서 대추를 땄다. 낼 제사 지내려고." 대추 한 줌을 준다. 소년은 주춤한다. "맛봐라. 우리 증조할아버지가 심었다는데 아주 달다." 소년은 두 손을 오그려 내밀며 "참 알도 굵다." (…) 소녀와 헤어져 돌아오는 길에, 소년은 혼자 속으로, 소녀가 이사를 간다는 말을 수없이 되뇌어보았다. 무어 그리 안타까울 것도 서러울 것도 없었다. 그렇건만, 소년은 지금 자기가 씹고 있는 대추알의 단맛을 모르고 있었다.

황순원의 「소나기」에서 소나기가 오던 날 산에 갔다가 헤어졌던 소녀가 심하게 앓았는지 며칠 만에 핼쑥한 모습으로 나타나 소년의 손에 건네주고 돌아서던 것도 알이 굵은 대추였다. 그 답례로 주기

위해 마을에서 제일가는 덕쇠 할아버지네 호두를 따서 주머니에 넣고 다니지만 대추를 내밀던 그 모습이 소녀의 마지막 모습이었으니…….

대추나무는 동유럽 및 동남아시아가 원산지인 갈매나무목 갈매나뭇과의 낙엽활엽교목이다. 대추는 손가락 한 마디 정도 크기의 열매로, 중국에서는 2500년 전, 우리나라에는 신라시대쯤에 전해져 심겨진 것으로 보인다. 10미터 이내로 크며 회갈색의 굵은 수피에는 가시가 없으나 무수히 뻗은 잔가지에는 날카로운 가시를 가진 대추나무는 늦봄까지 죽은 듯 있다가 슬그머니 잎과 무수한 작은 꽃들을 피워내, 비가 와도 절대 뛰지 않는 것을 체통으로 여기던 시절에는 그와 닮은 양반나무로 불리기도 했다.

두텁고 단단한 느낌의 대추나무 잎 또한 풀쐐기(각종 나방류의 애벌레)가 많기로는 개암나무 잎을 능가하며, 이 나무의 수액을 좋아하는 매미나 풍뎅이류가 끊이질 않아 그것들을 먹이로 삼는 새와 청개구리를 부르는 나무이기도 하다.

나무에서 갓 딴 대추는 옷자락에 쓱 닦아 먹으면 되니, 껍질을 까고 바르는 공을 들여야 입에 넣을 수 있는 여느 과일보다 먹기 좋고 보관하기도 쉬워 각종 음식에도 많이 활용했다. 백설기, 오곡밥,

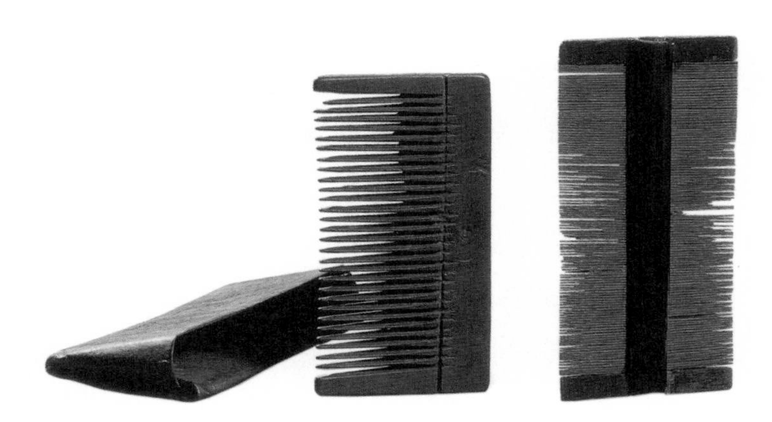

대추나무로 만든 상투빗과 면빗, 온양민속박물관. 상투를 틀 때 쓰는 것이 상투빗이고, 망건 밑으로 나온 살짝 머리를 정리하는 조그만 얼레빗을 면빗이라 했다.

약식 등의 명절 음식에 통째로 들어가 모처럼 모인 대가족이 서로 얼굴을 보며 우물우물 대추씨를 바르는 풍경을 연출하게 하고 대추차, 삼계탕, 백숙에 넣어 푹 고아 우려 먹기도 한다.

「대추나무 사랑 걸렸네」. 장장 17년 동안 안방극장의 대명사로 사랑받다가 2007년에 종영된 전원드라마의 제목은 우리 전래의 속담 "대추나무 연 걸리듯"에서 패러디한 제목이다. 집 주변의 과수나무가 앙상한 가지만 남긴 한겨울에 연을 날려본 사람이면 길가 어디에나 있는 대추나무에 걸려본 경험이 있을 것이다. 밤나무나 배나무 등 올라가기도 쉽고 가지 끝이 매끈해서 줄만 끊으면 쉽게 수거할 수 있는 여느 나무와 달리, 가지 끝에 울퉁불퉁한 수피가 발달한 데다 가시까지 나 있는 대추나무는 연이 한번 걸리면 어찌어찌할수록 줄만 더 심하게 엉키니 포기하게 만드는데, 며칠 뒤면 한두 개 더 걸려 있기 십상이다. 그러니 "대추나무에 연 걸리듯"이란 말은 "하나를 잡아당기니 줄줄이 딸려 나온다"는 "고구마 줄기 잡아당기듯"이란 의미와 달리, "뻔히 보면서도 해결하지 못하는 상황이 연이어 발생하는" 정도로 쓰여야 한다. 그러니 "대추나무에 연 걸리듯 여기저기 줄줄이" 등으로 쓰이는 것은 잘못된 인용이다. 그런 의미에서 마당가의 대추나무에 '사랑'이 걸리면 옴짝달싹 날아가지 못하고 걸려 있어야 할 테니, "대추나무에 사랑 걸렸네!"는 국민 안방드라마의 정서에 딱 들어맞는 제목인 셈이다.

대추나무는 목질이 단단하기로는 박달나무와 쌍벽을 이뤄 예로

호패, 조선후기, 서울역사박물관.

부터 호패, 다듬잇방망이, 떡메, 마차 바퀴 등에 사용되었으며, 특히 벼락 맞은 대추나무로 도장이나 부적을 만들면 행운을 가져다준다고 믿어 지금까지도 널리 사용되고 있다.

어릴 적에 아버지께서 마당 쪽으로 가지를 드리운 대추나무 가지를 잘라 팽이를 만들어주셨는데 얼마나 옹골지던지 다른 아이들의 쇠못을 박은 팽이보다 훨씬 오래 돌기에 하나를 더 만들어볼 생각에 마른 대추나무가지를 자르다가 아버지의 불호령이 떨어진 적이 있다. 마른 대추나무는 너무 단단하여 오히려 연장을 상하게 하니 절대로 연장을 대지 말라는 엄명과 함께.

우리 집 사랑방은 동네 청년들의 모임방이었는데 일을 마친 저녁 무렵이면 청년들이 하나둘씩 모여들어 석유등잔을 밝히고 장기를 두며, 그 둘레를 에워싸고 훈수를 하는 풍경이었다. 그러니 오래된 장기판과 함께 장기알은 사랑방 제일의 소품이었는데, 몇 개가 없어지자 장기알 대신 담배꽁초나 병뚜껑을 올려놓고 대신하곤 했다. 이것을 보신 아버지께서 대추나무를 깎아 정성스레 장기알을 만들어 보충해주셨는데, 형들이 노오랗고 단단한 그 장기알을 움직일 때면 유난히 세게 뒤집어 딱! 소리를 냈던 모습들이 생생해 방 한켠에 두었던 그때의 장기알들을 다시금 꺼내본다.

"대추나무 방망이 같다."

"대추씨 같다."

아버지가 만드신 장기알.

모두 단단하여 빈틈이 없어 보이거나 작지만 야물게 보이는 사람을 이르는 말이니, 돌잔치집의 사내녀석 얼굴을 보고 난 뒤의 덕담쯤으

떡메를 만드는 데는 무엇보다 단단한 대추나무가 쓰였다. 그 외 다듬잇방망이나 마차 바퀴의 재료도 되었다.

로 제격인 말이다.

"팔마구리만 한 게!"

내게는 태어났을 적부터 노인이었던 아버지가 늦둥이인 나를 부를 때, 가끔은 대견스럽거나 저지레로 심기를 불편하게 해드렸을 때에도 늘 붙이던 귀여움 반 실소 반의 뜻을 담은 수식어였다. 대추도, 잎도 떨어진 늦가을의 앙상한 대추나무에는 여기저기에 어른 새끼손가락 크기의 녹색 고치집이 매달리는데, 따서 흔들어보면 달그락 소리가 난다. 그 색깔과 크기가 여름내 대추나무를 오르내리던 청개구리와 비슷해 어른들은 대부분 그것을 '팔마구리' 라 부르며 청개구리가 겨울을 나기 위한 집이라고 믿었다. 실상은 '유리산누에나방의 고치' 였던 팔마구리! 아버지는 일찍이 가시고 없지만 그 대추나무에는 지금도 그 옛 모습대로의 팔마구리가 매달린다. 헛헛한 그 웃음 섞인 목소리가 금방이라도 들려올 듯이. "허어, 팔마구리만 한 녀석이!"

산업화 · 도시화 이후 급격하게 변해온 환경에 적응하기 힘들었을까? 아니면 대추나무 가지 사이에 돌을 끼워 시집보내던 대보름 풍습이 사라져 긴 세월의 독수공방이 버거웠을까? 성황림마을의 오래된 대추나무는 거의 죽거나 그나마 목숨을 부지한 것은 미쳐버리고 말았다. 수만 년 인류의 역사상 듣도 보도 못한 해괴한 이름의 병

마에 시달리는 인간들처럼 단단하고 올곧은 존재로서 임하기에는 너무 혼탁해져버린 시절 탓인지, '빗자루병' 이라는 불치병에 걸려 미친년 머리칼같이 부글부글 볼썽사나운 몰골을 하고서는.

욕정 내음의 꽃 밤나무

춤이라도 추자나무 삐까번쩍 광나무

입었어도 벗나무 낮인데도 밤나무

봄꽃들의 제전 때에는 앙상한 겨울 가지인 채 죽은 듯 미동도 않다가 느지막이 잎을 피워낸 밤나무는 봄이 지나고 나서야 무성해진 잎새에서 치렁치렁 실한 벌레 같은 수꽃을 늘어뜨린다. 끈적하고 비릿한 욕정의 냄새를 풍겨대니 나무타령에서의 '밤' 중과 어우러져 이래저래 유월의 밤나무에서는 섹슈얼리티가 흐른다.

'향기' 보다는 '냄새' 라는 말이 더 어울리는 밤꽃은 거하게 치른 이불 속 송사 뒤에 풍기는 남정네의 체액 냄새 같기도 하다. 그리하여 예로부터 밤꽃이 피면 부녀자들은 외출을 삼가고 과부는 더욱 근신했다고 하니 왠지 새빨간 장미보다 더 '19금' 스러운 분위기를 풍기는 나무다.

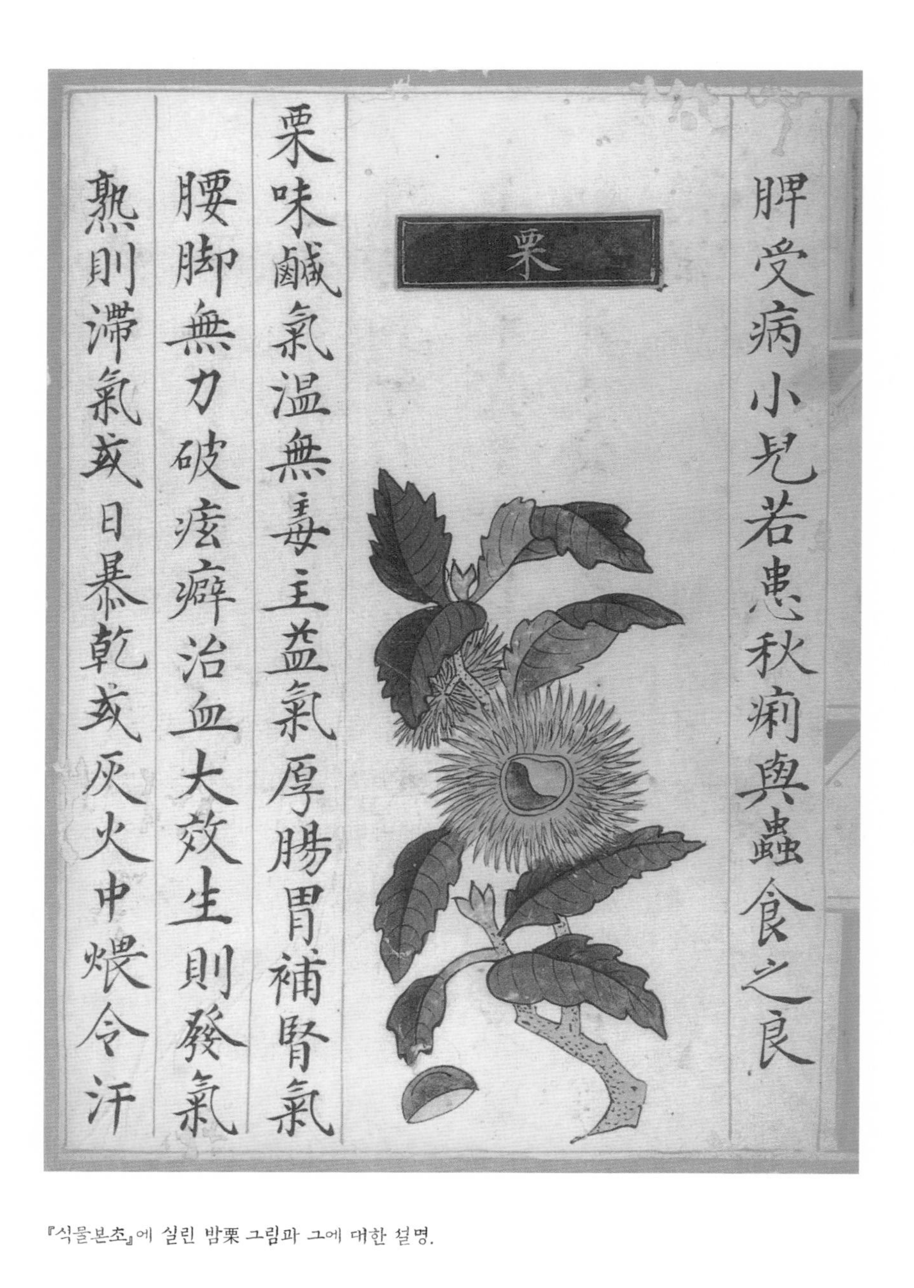
脾受病小兒若患秋痢與蟲食之良

栗

栗味鹹氣溫無毒主益氣厚腸胃補腎氣
腰脚無力破痃癖治血大效生則發氣
熟則滯氣或日暴乾或灰火中煨令汗

『식물본초』에 실린 밤栗 그림과 그에 대한 설명.

영광이건 금기건 밤꽃에 집중되는 인간의 관심은 짧은 개화기뿐이다. 후줄근하게 떨어져내린 수꽃은 인간 세상의 만사처럼 끝나고 난 뒤의 허무랄까? 용도를 다한 포장지 모양의 추한 모습으로 땅 위를 나뒹군다. 한여름의 밤나무는 짙은 그늘로서 뙤약볕 아래의 들일에 지친 민초들에게 휴식의 장을 제공한다. 집 주변에 심는 과실나무 중 가장 큰 밤나무는 무성한 잎들이 겹겹이 빼곡하기도 해, 볕 한 줌 통과하지 못하는 그늘 아래에는 늘 삐걱거리는 평상 위에 목단꽃이 그려진 대나무 부채를 펄럭이는 촌로의 모습이 어울리는 나무이기도 하다.

참나무목 참나뭇과의 낙엽활엽교목인 밤나무는 높이가 15미터 정도 자라며, 지름은 30~40센티미터 되지만 오래된 것은 그 이상 자라는 것도 많다. 가을에 익는 열매를 식용하기 위해 집이나 밭 주변에 많이 심는다.

뭐니뭐니해도 밤나무의 진가는 푸르던 가시 밤송이가 갈색으로 변하면서 벌어지며 암갈색의 알밤을 탐스럽게 드러내는 가을에 최고조에 이른다. 날로 까서 먹으면 오돌오돌 씹히는 고소한 맛이 오래도록 입 안을 맴돌며, 삶아 먹으면 파삭하고 구수한 것이 자꾸 먹어도 질리지 않고, 생으로 말리거나 땅에 묻어두었다가 서리가 내릴 무렵부터 끓이기 시작하는 소죽불 아궁이나 긴긴 겨울밤 화롯불에 구워 먹거리가 궁하던 그 시절에는 최고의 간식이었다.

나는 성황림마을의 밤나무집 막내였다. 뒤란이나 텃밭가에 아름

'엉클한 캐빈' 마당의 밤나무

드리 밤나무가 있는 집은 즐비했지만, 우리 집 뒤란의 쌍둥이 밤나무는 어른의 세 아름을 넘는 밑동 굵기와 두 그루가 나란히 높게 솟은 그 위용으로 동네의 모든 나무를 통틀어도 비교가 되지 않았다. 그리하여 굳이 일러주지 않아도 자연스레 밤나무집으로 불렸으니, 그 집에서 태어난 나는 일찍부터 밤나무와는 남다른 인연으로 생을 시작한 셈이다.

그 고목 밤나무의 밤은 알이 굵기도 하려니와 벌레도 먹지 않는 단단한 밤이라 그 시절 성황림마을에 살았던 사람이면 집 옆의 소롯길과 이웃집 밭에까지 뻗어 있는 그 나무에서 떨어진 알밤 맛을 보았을 터이다. 알밤을 노리는 이웃 사람들에게 담장 밖으로 절로 떨어진 것을 야박하게 내 것이라 주장하기도 뭣해, 알밤이 떨어질 쯤이 되면 어머니에게 일찍 깨워줄 것을 당부해 날이 채 밝기도 전에 우리 집 돌담 밖 길과 옆집 밭으로 떨어진 놈을 주우러 나갔다.

희끄무레 어둠이 걷혀갈 무렵인데도 이미 눈에 잘 띄는 길은 부지런한 이웃들이 한 순배 돌고 간 뒤라 길옆 풀섶과 들깨를 심은 밭이랑 사이를 돌며 검은 물체면 주워들고 보는데, 마른 개똥을 집어들기도 예사였지만 풀섶 사이에서 빤질빤질 어린애 주먹만 한 알밤을 줍는 기쁨이란 말로 표현하기 힘들었다.

종자를 담는 싸리종다래끼가 거의 차면 돌아오는데, 그제야 눈 비비고 나오는 옆집 정순이랑 마주치기라도 하면, "풀섶엔 아직 많을 거여!" 하고 왠지 미안한 마음에 멋쩍게 말을 던지곤 지나쳤다.

봄이면 해마다 올빼미며 청둥오리 등이 새끼를 쳐 나무 아래에 떨어진 새끼를 주워 기르기도 했고, 유난히 추운 해 겨울에는 밤나무에서 잠을 자던 까마귀가 얼어 죽어 뒤란으로 떨어지기도 했다.

인장지덕人長之德이요 목장지패木長之覇라는 말처럼 밤나무 때문에 해마다 농사피롱(농사를 망친다는 뜻)한다며 담 너머로 들리는 들깨밭 주인의 푸념 말고도, 수백 년의 생명활동을 서서히 접어가던 밤나무라 어느 해에는 아름드리 가지를 부엌 쪽에 떨어뜨려 잠을 자던 식구들은 무사했으나 집과 살림이 반파되기도 했다. 고목의 그늘진 음산함이 으스스한 느낌을 주기도 해, 동네 아이들은 나무에서 도깨비가 나온다며 밤에는 근처에 오는 것을 꺼리기도 했다.

내가 열두 살 무렵에 처음 가지가 부러진 뒤 이쪽저쪽 몇 해 걸러 그 무성한 잎들을 지탱 못 한 속 빈 가지가 떨어져나가던 밤나무는 두 그루가 나란히 스무 살 무렵에 고사했고, 마흔이 되던 해 그 둥치가 쓰러졌다. 그 나무둥치는 내가 오십이 된 지금까지도 마당 화덕에 불을 피워 고기를 구워 먹는 용도로 쓰고 있을 정도이다.

밤은 밤알 그 자체가 씨앗이라 싹을 틔워도 뿌리는 내려가 땅으로 박히고 두터운 밤 껍질은 오랫동안 새싹의 옆구리쯤에 매달려 있는 형상이라 '제 근본을 잊지 않는 놈' 이라는 뜻으로 제사에서 중요한 위치를 차지하며, 그런 의미에서 신주神主를 밤나무로 만들기도 한다. 음식으로는 보름날의 오곡밥, 약밥, 삼계탕, 갈비찜, 송편의 '소' 로도 넣고, 율곡이 십만양병설을 주장할 때 식량으로 추천하기

김준근의 『기산풍속도첩』 중 제사 지내는 장면. 제상 뒤로 죽은 사람의 위패를 모셔놓은 신주가 보인다. 신주는 대개 밤나무로 만들었다.

도 했으니 '밥' 나무에서 밤나무가 되었다는 주장도 일견 설득력이 있다.

혼례식 때에는 자식과 부귀의 상징으로 사용하며 꽃은 밀원으로 또는 설사나 이질, 혈변 등의 증세에 약재로도 쓰인다. 또 질기고 탄성 있는 목재는 철도의 침목이나 건축, 교량, 조각 용도로, 밤 껍질은 염색에 사용되니 흔히 암갈색을 '밤색' 이라 부르는 것만 보아도 밤이 우리 생활에 얼마나 깊숙이 녹아 있는지 알 수 있다.

먹을 것이 넘쳐나는 21세기의 인간에게도 밤나무가 주는 낭만은 계속된다. 날이 채 밝기도 전에 덜 깬 눈을 부비며 나서던 어린 시절, 딴에는 절박했던 그 긴장과 만족에야 비할 바 아니지만, 고사리 손들의 '알밤 줍기 체험학습' 이나 장년이 지난 가슴들에 '추억의 밤 줍기 대회' 라는 다소 싱겁고 작위적인 타이틀을 내건 채…….

밤나무! 이 땅에 사는 중년을 넘긴 누군들 가슴에 묻어둔 사연 한 조각 없으랴.

내 누님 같은 꽃 들국화

한 송이의 국화꽃을 피우기 위해
봄부터 소쩍새는
그렇게 울었나 보다

한 송이의 국화꽃을 피우기 위해
천둥은 먹구름 속에서
또 그렇게 울었나 보다

그립고 아쉬움에 가슴 조이던
머언 먼 젊음의 뒤안길에서
이제는 돌아와 거울 앞에 선
내 누님같이 생긴 꽃이여
노오란 네 꽃잎이 피려고

간밤엔 무서리가 저리 내리고

내게는 잠도 오지 않았나 보다

- 서정주의 「국화 옆에서」

가을 들녘 여기저기 흐드러지게 피어난 국화를 보고는 학창 시절 암기했던 서정주의 「국화 옆에서」를 되뇌어본다. 『야생초편지』의 저자는 "국화 없는 가을은 없다!"고 단언했으니 국화가 가을 풍광에서 차지하는 비중은 참으로 크다. 모체의 겨울나기를 위해 퇴색해가는 가을 들녘의 잎새들 사이로 대비되는 산뜻한 꽃 색깔뿐 아니라 살랑살랑 일렁이는 바람 사이로 묻어나는 향기로 보는 이를 취하게 하는 들국화!

산국

양지의 가을 들판을 온통 노랑으로 물들이는 '산국'은 들국화 중 가장 흔하게 볼 수 있다. 오십 원짜리 동전 크기로, 꽃잎의 길이가 가운데 둥근 부분(통상화)의 직경보다 짧다. 강한 향기를 풍기며 무리지어 꼿꼿이 서 있는 것에서 당찬 야생의 생명력을 뻗어오며 서리가 하얗게 내린 들판에도 꽃향기를 풍기는, 스산한 가을바람에 가장 어울리는 꽃이다.

고즈넉한 가을 들녘의 꽃을 찍다가 그 향과 정취에 취해 제멋에 겨워 빙빙 돌다 털썩 누워 올려다본 하늘은 참 높기만 하다. "돌고 돌

산국(왼쪽)과 감국(오른쪽).

고 돌고 돌고……" 그룹 '들국화'의 노랫말이 빙빙 도는 하늘과 함께 귓전에 맴돈다.

감국

감국은 오백 원짜리 동전만 한 크기로 산국보다 꽃송이가 크며 통상화의 직경보다 꽃잎이 길다. 음지에 드문드문 반쯤 누워서 나며, 산국에 비해 개체수가 적고 쓴맛의 산국과 달리 단맛이 나 '국화차'의 원조이기도 하다. 긴 꽃잎이 부드럽게 하늘거리는 모습에서 어쩐지 산국보다는 여성스럽고 부르주아의 느낌을 풍겨낸다.

사군자의 하나로 선인들로부터 그림의 소재로 사랑받았을 뿐 아니라 한방에서는 두통과 고혈압의 치료제로 약용하니, 실속 면에서

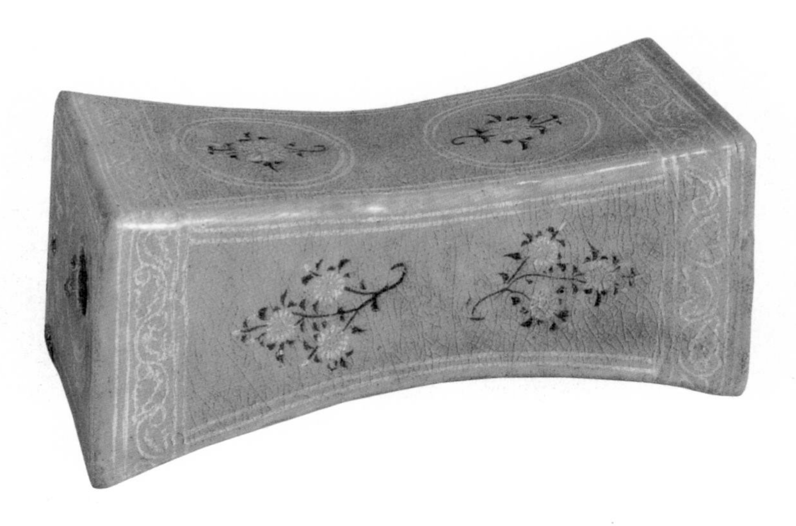

청자상감국화문베개, 높이 9.8, 길이 24.4cm, 13세기, 경기도박물관.

어느 꽃에도 뒤지지 않는다.

쑥부쟁이

노란 통상화에 살짝 보랏빛이 감도는 꽃잎, 우리 산야 어디에서나 야성미 넘치게 피어 있는 쑥부쟁이. 10종이 넘는 쑥부쟁이의 어릴 적 잎은 한결같이 쑥과 닮았으니 이름도 거기서 유래된 듯하다.

미국 쑥부쟁이

구절초도 아닌 것이 개망초도 아닌 것이, 쑥부쟁이처럼 보랏빛

쑥부쟁이.

도 없는 것이 구절초에 비해 어딘가 많이 엉성하고 나무처럼 뻗는 가지. 1970년에 처음 발견되었다는데 이제는 온 산야에 지천으로 퍼져 있으니 울며 겨자 먹기로 영주권을 줘야 할 놈이다.

구절초

원래는 '감국과 산국'에 국한되어 있던 '들국화'라는 범주가 언젠가부터 '같은 시기에 피는 초롱꽃목 국화과의 꽃들'로 확대된 뒤, 크기로나 순백의 기품으로나 들국화의 여왕을 뽑으라면 주저 없이 첫손에 꼽을 주객전도의 꽃이 되었다.

구절초.

참취.

치통과 부인병, 위장병 등에 효험이 있어 '구절초' 란 이름도 음력 9월 9일에 채취해서 약재로 사용하는 데서 유래했다고 한다. 노란 통상화 둘레에 시원스레 둘러난 순백의 꽃잎이 특징인데, 처음에는 붉은 계통의 빛깔을 띠는 것도 있으나 점차 없어져서 활짝 필 때면 흰 빛을 내보이는 우리 고유종이다. 꽃의 크기가 4~6센티미터이며 산구절초, 바위구절초 등의 유사종이 있다.

참취

봄철 잎나물의 제왕 '참취' 의 꽃도 가을 들녘을 수놓는 들국화 속에 끼워줘야 할 듯하다. 좁고 성기지만 단단해 보이는 흰 꽃잎이 조선조 정절녀의 저고리깃 같은 느낌을 준다. 봄철 밥상에 올라 입맛을 돋우고 일부는 묵나물로 삶아져 사시사철 밥상에 올라 인간에게 기여하다가, 가을이면 이토록 꽃으로 계절의 정취까지 거드니 그 이름에 영광스런 '참' 이 붙어 백 번 마땅한 꽃이다.

개미취, 벌개미취

핑크빛 모드로 피어난 개미취와 벌개미취 꽃 또한 안 끼워주면 토라질 가을 산야의 들국화 중 하나이다. 얼핏 비슷해 보이지만 한줄기에 여러 가지가 뻗어 키 높이만큼에서 꽃을 피우는 개미취와 무릎 아래에서 한줄기에 서너 개의 꽃을 피우는 벌개미취로 구분하면 쉬울 것이다.

「이노도狸奴圖」, 남계우, 종이에 수묵담채, 67.1×47.9㎝, 19세기 후반, 개인 소장.

개미취(왼쪽)과 벌개미취(오른쪽).

망초

확대된 들국화의 범주에서 가장 마지막으로 고민하게 되는 것이 망초이다. 6 · 25 동란 때 미군의 군수 물자에 묻어 들어와 온 산하를 점령해버린 풀. 왕성한 번식력에 비해 나물로도, 쇠풀로도, 약재로도 만고에 쓸모가 없어 망할 놈의 풀 '망초亡草' 라 하고도 분이 안 풀려 '개' 자까지 덤으로 붙여준 '개망초' 이다. 그렇다 해도 초롱꽃목 국화과로 산국, 감국이 필 때 쑥부쟁이류와 더불어 비슷한 모양으로 피니 다문화 가족도 끌어안는 시대 상황에 맞추어 "옛다! 너도 들국화 해라!"

가을꽃은 자체의 아름다움에 대비되는 주변 환경에서 풍겨오는

망초.

스산함을 동반한다. 마치 입영 전야 위로파티의 피날레처럼, 곧이어 몰아닥칠 삭풍한설에 대한 두려움에 더욱 아쉬운 들국화. 애인 없는 입영길 부대 앞에서 등을 토닥여주는 내 누님 같은 꽃이다.

청자상감진사채 국화문합, 높이 3, 지름 3.1㎝, 12세기, 샌프란시스코 아시아미술관.

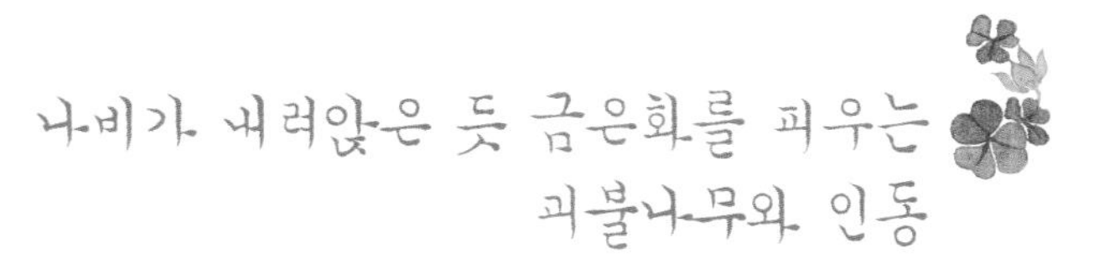

나비가 내려앉은 듯 금은화를 피우는 괴불나무와 인동

늦봄의 계곡에서 괴불나무를 만나면 누구나 세 번은 놀라게 된다. 나무 한가득 줄지어 내려앉은 흰 나비의 행렬에 놀라고, 자세히 보면 흰 나비가 아니라 쌍쌍이 무리지어 핀 꽃잎에 또 놀라고, 가까이 갈수록 향긋하게 풍겨오는 꽃향기에 잔잔한 마음에 일렁임까지 인다.

괴불나무는 꼭두서니목 인동과의 낙엽활엽관목으로 금은인동金銀忍冬・마씨인동馬氏忍冬・금은목金銀木・계골두鷄骨頭・절초나무라고도 하며, 산기슭이나 응달진 골짜기에서 자란다.

괴불나무도 뿌리를 학질약으로 쓴다는 기록 외에는 딱히 쓰임새가 없어 민초의 삶에서 그리 눈길을 끌던 나무는 아니다. 그렇지만 '금은인동'이라는 다른 이름처럼 흰색으로 피어 금색으로 변해가며 오래도록 향기를 발하는 꽃과, 겨울에까지 달려 있는 선홍색의 열매가 관상수라는 오늘날의 쓰임새에 가장 들어맞는 나무이기도 하다.

식물에 많이 쓰이는 '괴불'의 의미를 흔히 '개뿔-개불알' 등으

괴불나무의 꽃.

로 연관시키곤 한다. 하지만 우리말 어원에 관심을 가지고 살펴보니 '개뿔' 이란 '쥐뿔' 이 시대의 흐름에 따라 격하게 변화된 말이고, '쥐뿔' 은 숫쥐의 생식기를 완화한 표현인 듯하다.

"쥐가 둔갑하여 주인을 쫓아내고 그 안주인과 살았는데 얼마 후 스님의 도움으로 둔갑한 쥐를 물리치고 원래의 자리로 돌아온 주인이 아내를 힐난하며 '쥐X도 모르는 게……" 했다는 이야기에서 유래된 "쥐뿔"이고 보면, 괴불과 개뿔을 연관짓기에는 무리가 따를 수밖에 없다는 게 내 생각이다.

괴불은 오래된 연뿌리에 달리는 열매라고 하는데, 예로부터 귀신을 쫓는 효험이 있다고 믿어 조그만 주머니에 괴불 열매를 넣어 몸에 지니고 다녔다. 이후 괴불 열매를 넣는 주머니는 하나의 치장 용도로 발전해 비단옷을 짓고 난 자투리로 여러 가지 색과 모양의 노리개를 만들어 벽사辟邪의 의미와 함께 아녀자와 어린아이가 주로 패용했던 것으로 보인다.

괴불주머니라는 이름의 많은 식물의 꽃들은 하나같이 기다란 자루 모양의 통꽃임을 볼 때, 주머니가 빠진 괴불나무의 이름은 아마도 올망졸망 달린 열매가 괴불주머니에 넣었던 연뿌리의 열매와 유사한 데에서 비롯된 것으로 짐작해본다.

꼭두서니목 인동과의 반상록 덩굴식물인 인동덩굴은 나무라 하기에는 너무나 가냘프다. 반상록이란 프로필처럼 보기와 달리 잎을 다 떨어뜨리지 않은 채 겨울을 나는 생명력이 강한 나무다. 괴불나무와 같은 모양의 꽃을 피워 '금은화'라고도 불리며 가을에는 까만색의 열매를 맺는다.

인동덩굴의 꽃과 줄기는 강한 약효가 있다. 꽃은 '금은화'라 하여 열독과 염증 제거, 항균 작용에 쓰이며 줄기 말린 것은 '인동등'이라 하여 감기, 해열, 사지관절 염증에 주로 처방되는데, 한방의 항생제라고 일컬을 만큼 강력한 약효가 있으면서도 독성은 없다.

인동덩굴은 '인동초'라고도 불리며 활엽성 잎을 붙인 채 긴 겨울을 나기 때문에 모진 풍상을 이겨내는 존재의 상징으로 인용된다.

피나무, 끈에서 염주까지 안 되는 게 뭐니?

입 맞춘다 쪽나무 깔고 앉아 구기자나무
그렇다고 치자나무 칼로 베어 피나무

전래의 나무타령을 읊조릴 때마다 그 속에 깃들어 있는 해학과 익살에 웃음을 머금게 된다. 그중에 섬뜩한 대목 "칼로 베어 피나무"는, 칼로 베어 흐르는 수액 때문이 아니고 사실은 껍질[皮]의 넓은 쓰임새로 인해 붙여진 이름이다. 한자 '모피목毛皮木'이나 영어권의 '배스우드basswood' 또한 같은 맥락에서 붙여진 이름이니, 길게 벗겨지는 질긴 껍질이 이 나무의 가장 두드러진 특징이다.

잘생긴 놈이 공부까지 잘하면 주위의 부러움과 동시에 질시도 받게 마련이듯, 피나무야말로 껍질뿐 아니라 목재, 꽃, 열매까지 버릴 것 없이 애용되는 데다 미끈하고 쭉 뻗은 수형은 주변을 압도하니 이래저래 팔방미인이다. 하지만 가인박명이랄까 팔색조의 수난이랄까, 쓸모가 많은 나무이다보니 목구멍이 포도청인 민초의 손에 수시로 베여 지금은 아름드리를 보기 힘들 정도로 귀해졌다.

"먼저 사면에 방틀나무를 설치하고, 그 위에 기둥 네 개를 세우고, 대들보와 서까래를 걸고, 가는 나무를 피나무 줄로 엮어서 벽을 만들고, 갈대자를 그 안에 치고 대쪽을 대어 떨어지지 않게 못을 치고……"

궤경대, 자귀와 피나무, 20세기 초, 국립민속박물관.

『조선왕조실록』 세종 4년(1411) 5월 14일 장례 행사를 설명하는 중에 나오는 대목에서처럼, 피나무의 용도는 질기고 길게 벗겨지는 속껍질을 사용한 끈과 그것을 꼬아서 만든 줄로 시작된다.

피나무 껍질은 물에 강해 겉껍질은 지붕재로도 쓰였으며, 속껍질은 두드려서 가늘게 찢은 후 베를 짜서 술이나 간장을 거르는 자루를 만들었다. 또 밧줄, 어망, 노끈, 삿자리, 망태(줄막), 미투리, 소의 고삐나 지게의 동바 등 공산품으로 대체되기 직전까지 생활 속에 끈이 쓰여야 할 거의 모든 곳에 사용되었다.

피나무의 다음 용도는 조직이 치밀하면서도 가벼우며 넓게 쪼개기 쉬운 데다 가공이 쉽고 가공 후에도 쉽게 트지 않아, 농가의 어느

주로 피나무로 만들었던 이남박

집에나 있던 커다란 매함지(맷돌을 안치는 함지)에서 곡식을 씻어 돌을 거르는 자그마한 이남박에 이르기까지 그 중간 크기의 떡함지와 작은 함지박 등을 망라한 그릇으로서 오랜 세월 민초와 함께해왔다.

피나무는 소반 상판의 대명사이기도 하다. 개다리소반이네 사각반이네 소반의 명칭은 정작 다리나 전체의 모양을 일러 붙이지만, 밥상의 생명인 상판은 피나무를 제일로 쳤으니 예로부터 "소반은 피나무 상이 아니면 행자 상"이란 말이 있을 정도이다.

우리에게 친숙한 피나무의 또 하나의 용도는 밀가루 반죽을 올려놓고 홍두깨로 밀어 넓적하게 만들던 '안반'이다. 어릴 적 어머니가 칼국수를 하시려고 밀가루 반죽을 할 기미가 있으면 누이와 나는 늘 어머니 곁에 바짝 붙어 앉았다.

"엄마, 더 큰 거 내 거."

"아니야. 내 거야."

그러나 홍두깨에 의해 가마솥 뚜껑만큼 넓고 얇아진 밀가루 반죽은 어머니의 손놀림으로 마른 밀가루가 뿌려지며 접혀 "탁탁탁" 국수로 탄생하고 양끝의 자투리는 언제나 똑같은 크기로 나뉘었다. 그걸 받아든 누이와 나는 아궁이로 달려가 부지깽이로 알불을 꺼내 구워 먹었다. 속담에 "서투른 숙수가 피나무 안반 나무란다"는 말이 있으니, 피나무 안반을 탓할 필요가 없었던 어머니의 그 만능 요리 솜씨가 그립다. 피나무는 그 외에도 바둑판으로 가구재로 각종 목공예품의 재료로 널리 이용된다.

피나무의 꽃은 꿀이 많아 예부터 주요 밀원식물의 하나이지만, 끈적한 꽃은 약재로서 유용한 정유 성분을 많이 함유하고 있어 열을 내리고 염증을 삭이는 모든 질환에 쓰이며 열매나 잎까지 지혈제와 종기, 궤양 치료약으로 이용된다 하니 참으로 쓰임새가 큰 나무이다.

"성문 앞 우물 곁에 서 있는 보리수."

독일 시인 뮐러의 시에 곡을 붙인 슈베르트의 가곡 「겨울나그네」의 제목인 'Der Lindenbaum'이 바로 피나무라는 것을 알기까지 학창 시절 이 노래를 흥얼거리며 "나는 그 그늘 아래서 단꿈을 꾸었네"의 대목에서 늘 우리나라의 키 작은 떨기나무인 보리수나무를 생각하며 고개를 갸웃거렸던 기억이 있다. 부처님께서 깨달음을 얻은 인도의 보리수는 뽕나뭇과*Moraceae*의 상록수인 핍팔라Pippala 나무인데, 열대성 수종이므로 우리나라 사찰 주위에는 피나무의 한 종류인 염주나무를 심어놓고 보리수라 부르는 경우가 적지 않으니, 「겨울 나그네」의 번안 가사가 '보리수'가 된 이유이기도 할 터. 단단한 열매로 염주까지 만드는 피나무의 오지랖이 어디까지일지…….

피나무는 아욱목 피나뭇과의 낙엽활엽교목으로 중부 이북의 높은 산지에 직경 1미터, 높이 20미터까지 자라며 껍질에서 목재, 잎과 열매에 이르기까지 오랜 세월 인간의 생활에 요긴하게 내어주다보니 이제는 산중에서 마주하기도 쉽지 않다.

겨울에는 물에 불린 두부콩을 갈고, 여름에는 올창묵을 하기 위해 풋옥수수를 가느라 어머니와 마주 앉아 손을 바꿀 때마다 어처구

니의 아래위를 교대로 바꾸어 잡으며 맷돌질을 하던 늦둥이의 고사리손과 세 가달 '쳇다리'와 이따금씩 흔들리던 널따란 피나무 매함지! 그 위로 뚝뚝 떨어지던 반죽들.

그럴 때면 아버지는 잠시 후면 따끈한 두부나 후루룩 올창묵이 되어 차려질 별미 생각에 군침을 삼키시고는 그 기다림의 힘으로 덜 힘들어질 막간의 노동을 위해 우리말림(산을 돌보며 부산물을 취하는 주민 간의 묵시적 전담 구역)이었던 덧둔지 피나뭇골 초입에 쌓아둔 나뭇단을 지러 지게를 한쪽 밀삐만 걸치고는 나가신다. 늘 그렇듯 대비신 위로 드러난 앙상한 발목이 안쓰러운 뒷모습을 하시고서는.

어릴 적 '우리말림' 이란 것이 우리 산인 줄 알고 늘 자랑스러워했던 그 피나뭇골에 올라 아버지가 벌통을 놓던 바위그늘과 아름드리 피나무를 넘겨놓고 함지를 팠을 중턱 이곳저곳을 더듬다보니, 그래도 골짜기의 이름값은 해야지 싶었던지 중키의 피나무가 더러 눈에 띄는데, 아버지의 체취는 아득하기만 하다.

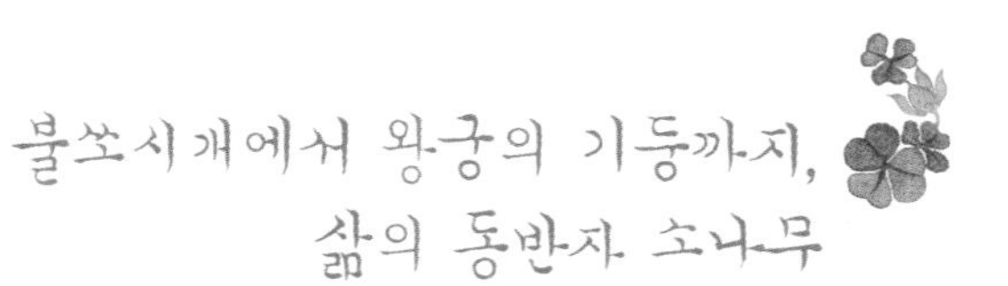

물쏘시개에서 왕궁의 기둥까지, 삶의 동반자 소나무

더우면 꽃 피고 추우면 잎 지거늘
솔아 너는 어찌 눈서리를 모르느냐
구천九泉에 뿌리 곧은 줄을 그로 하여 아노라

- 윤선도의 「오우가」 중 '소나무'

이 몸이 죽어가서 무엇이 될꼬 하니
봉래산 제일봉에 낙락장송 되었다가
백설이 만건곤할 제 독야청청하리라

- 성삼문의 「이 몸이 죽어가서」

소나무를 얘기하며 어찌 두 시조를 빼랴! 당대 문신들의 붓끝에서 독야청청 운치와 절개의 상징으로 회자하거나 십장생의 하나로 단원과 겸재의 산수화 속에서 삶의 배경으로 등장하며, 궁궐이나 권

「함흥본궁송」, 정선, 비단에 담채, 28.6×23.7cm, 국립중앙박물관.

문 세도가의 고대광실을 떠받치는 기둥으로 상량으로 서까래로뿐만 아니라 사후에 능 주변에 심겨져 권력의 영욕까지 함께해야 했던 소나무!

민초의 삶에서 소나무는 금기禁忌였다. 명산의 제일가는 소나무들은 황장금표黃腸禁標를 설치하여 벌채는 물론 주변의 경작까지도 금했고, 그 외의 산이라 하더라도 소나무는 벌목을 엄격하게 통제했으니, 일제 치하의 순사나 해방 후의 순경이 민초의 눈에 두려운 것도 벌목과 밀주密酒밖에는 딱히 죄지을 게 없는 삶의 방식 때문이었을 터.

"금강산 제일가는 소나무 경복궁 대들보로 다 나가네."

정선아라리의 가사에서 보듯, 백성에겐 금해놓고 그 요긴한 소나무를 베어가는 권력을 보는 민초의 눈은 그리 곱지 못했다. 그러나 아무리 금한다고 한들 소나무를 생활에 끌어들이지 않고 어찌 이 땅에서 목숨을 부지할까.

사철 푸르기 위해 묵은 잎을 떨어뜨려 아래쪽에 쌓인 마른 솔잎은 '솔개비'라 하여 불쏘시개로 쓰고, 저절로 말라 죽는 아랫가지는 '삭정이'라 하여 밥을 짓고 쇠죽을 끓였으며, 해마다 위로 크도록 잘라낸 아랫가지는 '청솔갑'이라 하여 지붕에 드문드문 얹어 이엉의 매무새를 잡아주고 지붕에 노래기가 끼는 것도 방지하고, 산모의 방이나 서낭당의 금줄에 끼워 신성 구역을 표시하는 데도 썼다. 어디 그뿐인가? 송편을 찔 때 아래쪽에 깔거나 막잠 잔 누에가 고개를 들어 휘두르면 잠박 위에 얹어주는 고치 섶으로 쓰고, 김치광 옆에 둘러 세워 바람을 막거나, 빗자루를 찾는 어머니의 눈에 먼저 띄면 부뚜막도 쓸고, 산불이라도 나면 재빨리 꺾어다 휘둘러 불을 끄는 데에도 소나무가 있었다. 집안에 장정이 없거나 미리 나무를 비축 못 한 게으른 농군 집의 한겨울에는 막바로 아궁이에서 태워져 그 연기에 눈물깨나 흘린 아낙 또한 적지 않았으니…….

5월에 피는 송홧가루는 다식을 만들 때 섞었고, 물이 오른 두터운 속껍질은 가루를 내어(송기) 춘궁기에 식량 대용품이 되었으니, 초근목피草根木皮로 목숨을 연명하던 시절 송기가루로 만든 음식만 먹다 보면 변비에 걸려 "똥구녕이 찢어질 정도의 가난"이란 말을 파생시키기도 하였다.

찍어낸 가지의 그루터기나 고자배기에 송진이 모여서 생기는 '관솔'은 호롱불이 등장하기 전 귀틀집의 모서리 '코클'에서 태워져 방 안을 밝히던가, 대보름날 망우리 불깡통 속에서 불살라지다가 하늘로 솟구치거나, 달 없는 날 밤중에 뒷간을 갈 때 횃불로도 쓰였다. 또 솔방울과 노송의 두꺼운 겉껍질은 산골 아이들의 만들기 방학숙제의 단골 재료이기도 했다.

소나무는 뿌리에서 다른 식물이 발아하는 것을 방해하는 물질을 분비해 자신의 그늘에 송이버섯을 키우기도 하며, 흘러내린 송진덩이가 지각변동으로 땅에 묻혀 보석 '호박'을 탄생하게도 하고, 죽은 지 3~4년차의 뿌리에서는 '복령'이라는 버섯류의 혹덩이를 키워 한

방의 중요 약재로 쓰인다.

소나무와 더불어 살며 주변부에서 얻어지는 게 이 정도이니 정작 목재는 어떨까? 소나무는 곧게 크고 가지가 적당히 있으며 심이 중심에 있고 뒤틀림이 적으며, 마르면 가볍고, 무엇보다도 적당한 내구성에 비해 끌과 톱 작업이 용이한 데다 쐐기 형태의 짜맞춤에도 세로로 쪼개지는 성질이 덜해 온갖 생활용구에서 집 짓는 용도까지 다양하게 쓰인다.

민초들의 집은 아름드리를 쓰지 않고 한 뼘의 실한 나무를 껍질만 벗겨 통기둥으로 세우거나, 그나마 정성 좀 들이려면 톱질로 한

면이 한 뼘쯤 되는 사각기둥을 만들어 윗부분에 열십자의 홈을 파고 세운 뒤 톱과 끌을 써 그 홈에 보를 짜맞춘다.

상량도 서까래도 모두 소나무에, 안채 툇마루와 사랑채 대문에 방방마다 있는 두세 개의 문짝까지 모두 소나무를 다듬고 켜서 사용한다. 그러니 그냥 '집' 이라기보다는 '소나무집' 이라 해야겠지만 정작 집을 부르는 명칭은 딸랑 지붕에 쓰인 재료만을 일컬어 '초가' 네 '재집(기와집)' 이네 하고 있으니…….

집이 완성되면 소나무로 개다리소반을 만들고 찬장을 짜서 부엌에 들여놓고 가지 잘 벌은 소나무를 골라 지게를 걸어(만들어) 민초의 영원한 바람인 배부르고 등 따실 준비를 마친다.

마지막 차례가 행랑채 한켠에 있는 외양간에 걸어야 할 소 여물통인데 그것은 가만데이(몰래)로 큰 소나무를 잘라야 하니, 사람 눈을 피해 산속 깊숙이 들어가 아름드리 하나를 베어넘겨 적당한 길이로 자른다. 그 자리에서 며칠을 두고 오르내리며 도끼와 자귀를 가지고 속을 파낸 뒤 완성되면 새벽 동이 트기 전 부리나케 올라가 지고 내려오던 삶이 어디 내 아버지뿐이었으랴!

한국전쟁 직후 전국에는 대대적인 산판 붐이 휩쓸고 지나갔는데 아마도 산림자원에 대해 엄격하던 일제강점기 이후 법과 제도와 관리 기강이 채 정비되지 못한 상태에서 관과 결탁한 벌채 허가가 남발되었던 듯하니, 1960~70년대 지방 재력가의 대부분은 제재소로부

목수인 아버지가 만드신 소나무 찬장.

경상, 소나무, 18세기, 서울역사박물관.

터 시작한 공통점이 있지 않던가?

성황림마을도 그 무렵(1950년대 후반) 대대적인 산판이 벌어졌는데, 그때 들어온 일꾼들이 산판이 끝나고 골짜기마다 화전을 부치며 눌러앉은 경우가 많았다. 대개는 혼기를 넘긴 총각들로 마을에서는 회의를 열고 추렴을 걷어 전라도로 색시를 모집하러 사람을 보냈고, "강원도에 가면 아무데나 불 지르고 농사지으면 내 땅이 된다"는 중매쟁이의 말에, 농토는 없고 입은 많아 곤궁했던 남녘의 색시들이 한 번에 열서너 명 따라와 즉석에서 짝 지어져 단출한 살림을 차린 경우가 많았다.

마을은 갑자기 불어난 세대수와 우후죽순처럼 태어나는 아이들로 활기가 넘쳤고 부랴부랴 초등학교까지 세워졌는데, 1970년대 초반 뒤늦게 '산림자원의 관리' 라는 명제에 눈뜬 정부가 '화전정리 시책' 을 세워 화전민을 '권고 이주' 시키기 직전에는 전교생이 300명에 육박할 정도였다.(등기된 농토 없이 화전을 부치던 가구가 도심으로 이주할 경우 당시로서는 전셋집을 얻을 만한 금액인 200만 원가량을 정부에서 무상 지원했다.)

소나무의 벌채로 전국의 산간지방에 늘어난 화전민을, 때마침 생겨나 대량의 인력을 필요로 하던 수출산업공단 지구로 권고 이주시킨 역사……. 육각으로 모난 돌 위의 소나무 기둥 아래서 부러진 칼을 찾아 부왕父王인 주몽이 세운 고구려로 가서 2대왕이 된 유리왕 설화의 기록으로 시작되어, 소나무집에서 연명하고 소나무 그늘에서 안식하며 소나무 관棺으로 생을 마친 우리 민족의 삶의 대서사시의 종결편이 아닐까 생각해본다.

1970년대의 나무 재벌은 집채만 한 인도네시아 산 나무를 들여다 합판을 제조하는 기업 형태로 진화하였고, 화전에서 쫓겨난 민초들에겐 조세희의 『난장이가 쏘아올린 작은 공』 속의 난쟁이 일가처럼 또 다른 삶의 애환이 기다리고 있었으니…….

'소나무.' 구과목 소나뭇과의 상록침엽교목. 지름은 2미터, 높이는 30미터까지 크며 한국이 원산지이나 일본인들이 학계에 먼저 소개해 영어 이름은 'Japanese Red Pine' 이다. 뾰족한 잎이 두 개

화전민 대가족.

씩 붙어 있는 우리의 소나무는 원래는 한 종種이나, 섭생하는 토질에 따라 모양과 목질의 차이를 보여 곧고 굵게 크는 것을 금강송이나 춘양목이라 하고, 서식 장소에 따라 육송·해송 등으로 불리며, '적송' 이란 말은 일본인들이 사용한다.

나무 이름의 어원에 대해서는 한결같이 솔나무에서 ㄹ이 탈락되어 소나무로 불리게 된 것이라 보나, 으뜸을 의미하는 "수리-술-솔"이라는 의견과, 바늘 모양으로 잎이 가늘어 "좁다[細狹]-솔다-솔"이라는 주장이 있는 듯한데, 혹시 그분들은 흔히 만나는 노송 숲 말고 신진대사가 한창인 소나무가 울창한 산속에 가보았을까?

솔~솔 나무 사이로 바람이 불어올 때마다 연중 내내 솔~솔 나부끼며 떨어져 내리는 소나무의 묵은 잎들.

아버지가 환갑이 다 되었을 때 늦둥이로 태어난 내겐, 나와 나이가 같은 조카를 아들로 둔 이복형님이 있었는데, 원주의 제재소 재벌 밑에서 산판과 인부 관리를 주도하는 '목상' 일을 하셨다. 성황림마을에 올 때면 검은색 지프를 타고 들어와 모두에게 선망의 대상이었던 그 형님은 선산을 돌아보는 길에 아들 연배의 동생인 나를 데리고 다니셨다. 봄에는 가끔 산길옆의 작은 소나무를 휘어 상순을 꺾곤 껍질을 벗겨 송기를 해주었다. 어린 나는 그 물오른 소나무 가지를 물고 하모니카를 치카치카 불며 따라다녔지만, 결국 그 형님이 선산의 나무를 벌채하고는 약속한 묘답을 사놓지 않아 친척 간 불화의 씨앗이 되었다. 그래도 제무시 산판차(바퀴가 6개 달린 것으로, 1970년대 광산이나 산판山坂의 작업용으로 이용됐던 차) 앞자리에 태워주기도 하고 화전민이 떠나간 화전에 낙엽송이나 잣나무를 조림하는 감독을 맡아 꼬맹이인 나는 맨 위에서 줄만 잡아줘도 한몫의 품값을 쳐주던 자랑스러운 형이기도 했다.

'소나무!'

어찌 그 많은 기억들을 몇 줄의 글로 다 쓰랴마는 하얀 사기주발에 싸주는 도시락이 창피해 학교에 안 가겠다고 떼를 쓰는 남매를 매일같이 회초리 들고 학교 교문에까지 몰아다놓고는, 물 빠진 국방색 야전잠바 위에 야전선과 싸리나무 껍질을 섞어 만든 두어 개의 복령 꼬챙이가 거꾸로 들어 있는 줄막을 지고 절뚝거리며 멀어져가던 화전민 용만이 아버지. 한국동란 직후 피난을 나갔다 오니 적군이고 아군이고 지나는 길에 모닥불을 피우느라 집이란 집의 문짝을 다 뜯어다 불 땐 것을 본 아버지가 재빨리 목수로 변신해 신림면 내의 문짝은 거의 다 짜주고 불탄 집은 새로 짓기도 하여, 돈 받으면 한 뙈기씩 땅을 사나갔다며 지난날을 대견하게 회상하시던 아버지를 떠올리게 하는 나무!

"그때 느 아부지는 도장 맡은 소나무 몇 개를 마당 한켠에 쌓아놓고 단속 나올 때마다 보여주곤 문을 짜기 위해 실제로 켜는 나무는 늘 새벽으로 해 나르셨단다. 그리고 마당에 그놈을 걸어놓고 몇 년을 마주앉아 톱질을 해주느라 그땐 나도 참 힘이 들었지."

돌아가시기 몇 해 전 그때까지 용케 남아 있던 집터를 형제에게 나란히 쪼개어 등기해주시며, 당신의 뼛심이 들어간 집터이니 혹여나 팔 수밖에 없는 상황이 되면 서로에게 팔 것을 당부하시던 어머니 생각에 목이 멘다.

민초인 아버지의 '가만데이' 문짝에서 경복궁 대들보까지, 나무라고만 부르기에는 너무나 넘치는 삶의 동반자였다.

① 표고 ② 능이 ③ 송이라는 말이 있다.

맛좋은 많은 버섯 중에서도 굳이 그 순위를 매긴다면 이런 순서라는 얘긴데, 표고가 인공 재배에 성공해 희귀성을 상실한 지금에는 다소 의아하게 들릴 수 있겠다. 하지만 인공 재배가 되지 않는 능이와 송이의 희귀성이며 강한 향과 맛은 지금도 고가로 거래되며 그 유명세를 톡톡히 치르는 중이고, 대량생산되는 표고는 국민 대표 버섯이 되어 연중 밥상에서 사랑받고 있으니 지금이라 해도 그 순위는 그리 틀린 것이 아닐 듯싶다.

그런 순위로 산나물을 매겨본다면 어떻게 될까? 산나물밖에는 지역특산품이라고 딱히 내세울 게 없는 성황림마을에서 자란 내게 꼽으라면 뿌리나물에서 하나, 순나물에서 하나, 전초나 잎나물에서 하나를 고를 텐데, ① 더덕 ② 두릅까지는 주저할 것이 없는데 나머지 고사리와 취나물에서 망설이게 된다. 뿌리, 순, 전초나 잎의 분류

고사릿과의 관중.

별로 열 가지는 쉬지도 않고 줄줄 나올 수 있는 나물의 다양함에 비추어보면 고사리와 취나물의 위상이 짐작이 갈까?

산판한 자리에 부쳐 먹던 화전이 대다수 성황림마을 민초들의 주 생계 수단이던 1960~70년대, 소나무를 베어낸 자리의 무성한 잡목에 불을 질러 그 재거름에 의한 지력으로 2~3년씩 돌아가며 콩, 팥, 조 등을 심어 먹곤 했다. 화전 주변의 산나물들도 그 지력을 받아 덩달아 성했으니 인간의 손에 남획되면서도 인간 행위의 결과로 지근거리에서 성하고 쇠하는 동식물의 아이러니한 섭생을 보면 진정 이 땅은 인간을 위해 창조된 것이 아닐까 하는 생각이 절로 든다. 당시 곡식 이외에 소소한 돈푼이라도 만질 수 있는 수단이라고는 남정네는 산약초요 아낙네는 산나물이 가장 손쉬웠으니, 시오 리 밖 면내에 서는 오일장에 가는 아낙네의 모습은 어느 집이고 비슷했다.

누렇게 색이 바랜 커다란 광목 보자기에 말려둔 묵나물 몇 뭉치와 잡곡 몇 되를 싸서 머리에 이고 양손에는 짚으로 엮어둔 달걀꾸러미나 다리를 묶은 닭 두어 마리 들고 나서다가, 따라간다고 울며불며 떼쓰는 아이들을 윽박지르고 달래기도 하던 한결같은 모습들.

제철에는 푸른 채로 삶아서 무치거나 끓여 먹기도 하고, 삶아서 말려두면 사철 반찬도 되고 돈도 되던 묵나물은 사계절이 뚜렷해 식용 식물의 채취 기간이 짧았던 우리 기후에서는 김치만큼이나 오랜 삶의 지혜가 배어 있는 식품 보관 방법이다.

묵나물의 대표 주자는 뭐니뭐니해도 고사리를 첫손에 꼽지 않을 수 없다. 고사리목 고사릿과에 속하는 다년생 식물로서 중생대에 등장한 양치식물의 살아 있는 화석이다. 고사리의 잎이 채 패이지 않았을 때 두툼한 줄기를 꺾어 채취하는 '고사리나물'. 꺾어도 꺾어도 자꾸만 올라오는 후손 번성의 상징성 때문인지 제사상에 반드시 올려야 하는 나물. 고사리나물은 맛도 좋아 돈이 아쉬워 팔아버린 민초들에겐 명절이나 잔칫날쯤 되어야 밥상에 오르는 고급 찬거리이기도 했다.

"서산에 올라 고사리를 캐련다. 포악함으로 포악함을 바꾸면서 그 잘못을 알지 못하네[登彼西山兮 采其薇矣 以暴易暴兮 不知其非矣]."

은나라를 쳐서 멸망시킨 주나라 무왕에 항거하고자 수양산에 들어가 고사리를 캐 먹다가 굶어 죽은 고대 중국의 전설적인 의인 형제 '백이' 와 '숙제' 가 부른 노래 속에도 고사리는 등장한다. 여기서 '캔다' 는 표현으로 보아 녹말을 많이 함유한 고사리의 뿌리를 먹은 듯하다.

'고사리, 은행잎, 중석.'

화석과 지층으로 지구의 역사를 배우고자 나열한 단어들이 아니다. 고사리는 1964년 수출 1억 달러를 달성한 시절의 3대 수출 품목이었다. 그러고 보면 사막과 극지를 제외한 전 세계에 분포하는 식물이니만큼 식용하는 나라도 우리만은 아닌 듯하다. 이어서 가발과 합판 그리고 섬유제품으로 바뀌어 1970년대의 100억 달러 달성이라는 한강의 기적에다 21세기에는 세계 10대 무역국으로 무에서 유를 이루어낸 수출입국의 시발이 고사리였다니.

'고사리손.'

구부린 듯 편 듯 앙증맞은 어린아이의 작은 손을 이르는 말에도 고사리는 등장한다. 잎이 펴지기 전 뽀오얀 솜털에 뒤덮인 두툼한 줄기와 세 가지 끝의 오므라진 잎을 보면 앙증스레 모아 쥔 어린아이의 손이 절로 생각날 수밖에 없는 형상이다. 그런지라 싹둑 꺾어 담기가 왠지 미안한 생각이 드는 놈.

1960~70년대의 성황림마을에는 화전을 하려고 불을 지르다가 그 불이 번져 산불이 되는 경우가 많았다. 산불이 나면 누군가에 의

해 냉면집 공터 망루에 설치된 핸들식 사이렌이 울리고 집집마다 괭이며 삽 등을 들고 불을 끄러 가는데, 산세가 험하고 골이 깊은 치악산 자락이니 불길은 쉽게 잡히지 않았다. 천우신조로 비가 와주거나 바람이 거꾸로 불기 전에는 불길을 잡지 못해 며칠 동안을 타오르기 일쑤였다. 더욱이 대개의 집 인근에는 땔나무를 하느라 드문드문 소나무 외에는 반질반질할 정도로 탈 것이 없었으니 불은 먼 곳으로만 번져갔다. 그런데 불끄기 부역에 동원되는 남정네의 긴 한숨 맞은편에는 불이 휩쓸고 지나간 자리에 내년이면 지천으로 올라올 손가락만 한 굵기의 고사리를 내심 기다리는 아낙의 마음이 교차되기도 했다.

「행려풍속도병」 중 '봄날에 경작하는 모습', 김홍도, 종이에 담채, 100.6×34.8㎝, 1795, 국립중앙박물관. 위쪽으로 소 끌고 밭가는 틈에 아래쪽 모퉁이에 한 아낙이 아이를 등에 업고 나물 캐는 모습이 엿보인다. 고사리 역시 성황당마을의 대표 나물이었고, 근대 한국의 대표 수출 품목이기도 했다.

"불난 산에 고사리 올라오듯"이란 말이 있을 정도로 불이 난 산에는 다음 해에 고사리가 굵고 실하게 올라와 고사리 철이면 멀리 불이 났던 산을 더듬어 나물산행을 다녀오시던 어머니의 모습이 생생하다.

고사리는 또 줄기에 커다란 비밀을 품고 있어, "새개이(억새)에는 안 끊어져도 고사리 줄기에는 손가락이 끊어진다"는 말이 있다. 억세진 고사리 줄기는 꺾거나 잡아당기면 둥근 모습에서는 상상할 수 없는 날카로운 결각을 지닌 채 세로로 갈라지는데, 그것을 세게 잡아당기면 깊은 뿌리와 억센 줄기는 뽑히거나 끊어지지 않고 손가락을 깊숙이 베이게 되니 밭을 매거나 쇠꼴을 하다가 쇤 고사리를 만나면 늘 조심하라는 부모님들의 신신당부가 있었다.

"임자! 나한테도 고사리 한 근만 팔게!"

어느 해인가 실한 고사리를 많이도 꺾어 들였는데 밥상에는 오르질 않으니 아버지가 하시던 말씀이라며 두고두고 미안해하시던 어머니. 지금 생각해보니 1960년대 후반 몇 안 되는 수출 품목이다보니 좋은 가격이 형성됐을 터, 그 돈 욕심에 팔기 바쁘셨던 어머니의 마음이 느껴진다.

육개장에, 비빔밥에, 명절이나 제사상에, 21세기에도 고사리에 대한 민초들의 사랑은 여전하다. 재래시장에서 정성스레 묶어 말린 고사리에 대부분 북한산이라는 딱지가 붙은 걸 보면 반세기 전의 우리 어머니가 그랬듯, 돈이 아쉬워 식구들의 밥상에 못 올리고 내다

팔았을 동족 어느 아낙의 손길이 느껴진다. 그러니 땔나무 남획으로 황폐화된 북녘의 민둥산 모습과 더불어 아직도 끝나지 않은 그 땅 민초들의 배고픈 고난의 삶에 가슴 한켠이 먹먹해오기도 하는 그런 산나물이다.

한여름에 꺾어 삶던 나물 뚝갈, 소녀의 양산 마타리

뚝갈과 마타리! 마치 동서양 합작의 첩보영화 제목 같은 이 두 이름은 꼭두서니목 마타릿과의 서로 사촌쯤 되는 식물의 순우리말 이름이다. 늦여름 양지 쪽 산야에 사람 키만큼의 높이로 여러 가지 끝에 작은 꽃들로 이루어진 접시 모양의 꽃차례를 펼치는데, 노란 꽃을 피운 것은 '마타리'이고 흰 꽃은 '뚝갈'이라 부르며 꽃 색깔 말고는 외관상 거의 차이가 없다.

젓갈류가 썩는 듯한 냄새가 나서 생약명 '패장근敗醬根'이라 불리는 이 식물의 뿌리에 대하여는 "여러 해 동안 계속된 어혈을 풀고 고름을 삭혀 물이 되게 하며, 또 해산한 뒤 산모의 여러 가지 병을 낫게 하고, 쉽게 출산하게 하며, 유산하게 한다"고 『동의보감』에 기록되어 있다. 또 최근에는 한방에서 전립선염이나 치질 등의 치료에 활발히 이용하고 있는 듯하다.

"보리이삭 팰 무렵"이라 하면 춘궁기 보릿고개 중에서도 가장

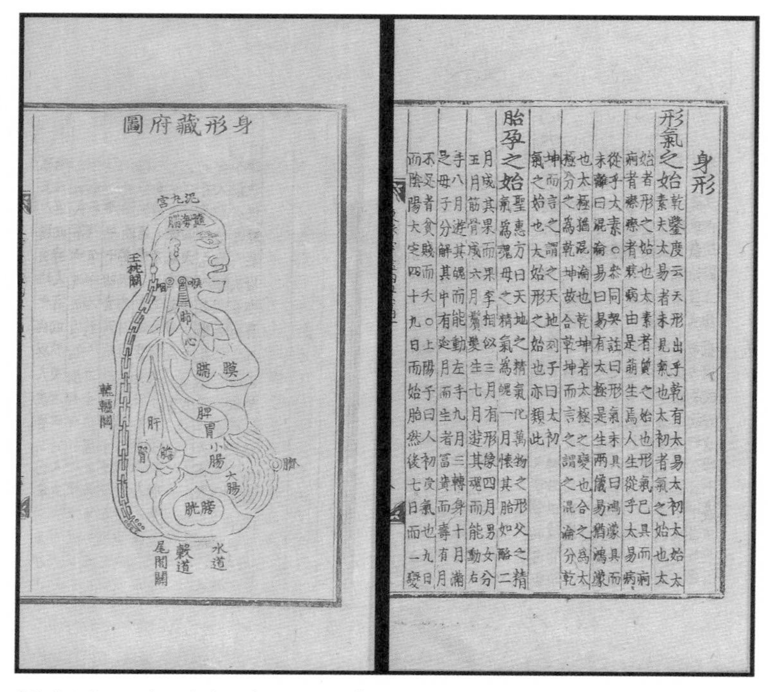

『동의보감』, 19세기 중엽의 필사본, 한국학중앙연구원 장서각. 패장근의 효용에 대해 기록되어 있다.

어려운 고비를 일컬으니, 동학혁명의 시초가 된 고부민란이나 이재수의 난 등 농민봉기 성격의 민란은 보리이삭이 팰 무렵에 “굶어 죽으나 싸우다 죽으나!”의 구호와 함께 한 끼 식량이 절박한 민초들의 가슴에 들불처럼 번진 특징이 있다.

“뚝갈나물 할 때쯤에!”

영서 산간지방에서 우리 어머니 시절의 이 말은 특정한 시기를 가리킨다. 풀때죽으로 보릿고개를 넘기고 일찍 수확한 보리로 그나마 낟알 구경을 하면 하지 무렵에 감자를 비롯해 강냉이를 수확하는 등 식량 형편은 조금 나아지지만, 봄철의 그 많던 나물이 나무막대처럼 쇠어버린 한여름이라 찬거리 걱정은 여전하다.

"시집온 새댁이 산나물 서른 가지를 모르면 굶어 죽는다"던 시절이었으니, 밭을 매다가 골라둔 비름나물 외에는 딱히 먹을 만한 나물이 없을 한여름에 야산 양지에서 쑥쑥 연한 가지를 뻗는 뚝갈을 꺾어다 나물을 하였다.

곤드레와 딱주만큼이나 '니 맛도 내 맛도 없는' 뚝갈나물은 또한 질리지도 않아 그 시절의 한여름에는 뚝갈을 꺾어다 삶아대는 풍경을 자주 볼 수 있었다. 하여 여름의 무더위가 가장 기승을 부리는 시기를 뜻하는 단어로도 쓰였다고 한다.

> "뚝갈나물 할 때쯤이었지! 신림 쇳골에 사시던 우리 어머이가 여덟 살 남짓한 나를 데리고 섬바위 친척집에 가끔씩 다닐 때였다. 웃버데이(윗버등) 고갯길 모퉁이에 있던 니 아버지 집에 물을 얻어 마시려고 들렀는데 땀이 비 오듯 한데도 수건을 안 쓴 어머이를 보고 왜포수건(일제강점기 개량식으로 짠 직물 수건)을 하나 내주더란다(당시의 여자들은 대개 수건을 머리에 쓰고 다녔다). 그 왜포수건 한 장이 몇 년 뒤에 내가 이 집으로 발을 들이도록 했던 셈이지."

고부민란을 일으킨 전봉준이 서울로 압송되어가는 장면. 당시 민란은 보리이삭 팰 무렵에 "굶어 죽으나 싸우다 죽으나"의 구호와 함께 민초들의 가슴에 들불처럼 번졌다.

가끔씩 이 대목을 이야기하실 때면 긴 회한의 한숨과 함께 외할머니를 그리워하시던 어머니.

마타리와 뚝갈은 뿌리를 약용하는 것에서는 구분하지 않는 것으로 보인다. 다만 마타리는 주로 봄철에 어린 싹을 나물로 채취한 반면 뚝갈은 한여름에 채취했던 것은, 들과 깊은 산에 나는 섭생의 차이로 인해 뚝갈이 늦게 올라오기 때문이리라. 요즘은 기후 변화로 인해 산골짜기에도 마타리와 뚝갈이 같이 서식하고 심지어 두 특징이 섞여 나타나는 종까지 생겨나 '뚝마타리'라 부르기도 하니, 앞으로 이 두 식물은 같이 언급되는 경우가 더 늘어날 것 같다.

"야아!"

소녀가 산을 향해 달려갔다. 이번은 소년이 뒤따라 달리지 않았다. 그러고도 곧 소녀보다 더 많은 꽃을 꺾었다.

"이게 들국화, 이게 싸리꽃, 이게 도라지꽃……."

"도라지꽃이 이렇게 예쁜 줄은 몰랐네. 난 보랏빛이 좋아! …… 그런데, 이 양산같이 생긴 노란 꽃이 뭐지?"

"마타리꽃."

소녀는 마타리꽃을 양산 받듯이 해 보인다. 약간 상기된 얼굴에 살포시 보조개를 떠올리며 다시 소년은 꽃 한 옴큼을 꺾어왔다. 싱싱한 꽃가지만 골라 소녀에게 건넨다.

황순원의 「소나기」에서 소녀가 받들어 본 양산 모양의 노란꽃으로도 마타리는 등장한다. 하늘을 향해 갈래갈래 머리를 풀어헤친 듯한 꽃을 피우는 덩굴식물 '하늘타리'와 집 둘레에 빙 둘러선 '울타리', 종아리의 알통처럼 볼록한 '알타리무' 등의 우리말 이름을 종합해보면, '타리'는 그 어원이 '다리'와 다르지 않은 듯하다. 게다가 '마타리'는 껑충하게 기다란 이 식물의 생김새답게 '말다리'에서 변

마타리(위)와 뚝갈의 꽃(아래).

한 듯하니, 위를 향한 종지 모양의 꽃송이를 아래로 엎어보면 영락없는 말발굽 형상이라 그 확신은 더해진다. 그런데 물 흐르듯 부드럽지는 않지만 무뚝뚝한 우리 전래의 산골 총각처럼 친근함이 느껴지는 뚝갈 이름은 어디서 유래했을까? 뚝! 뚝! 꺾어서? 아니면 다른 나물처럼 보드랍지 않고 뻣뻣한 줄기 때문에?(뚝심, 뚝고무)

"이게 뚝갈이라는 거야! 우리 어머니 시절에는 숨이 턱턱 막혀오는 무더위 속의 여름 산을 돌아다니며 꺾어다 삶던 여름철 유일의 묵나물이었지!"

"……"

"요즘은 나물보다 패장근이라는 약재로 더 요긴하게 쓰인대. 뿌리에서 장 썩은 냄새가 나서 붙은 이름이라니 한번 맡아봐."

"으, 썩은 냄새!"

그저 썩은 듯한 냄새일 뿐 뚝갈에 대한 장황한 설명에도 불구하고 따로 감흥이 있을 리 없어 고개를 끄덕일 뿐인 순이 앞에서, 왜포 수건을 얻어 쓰시고 기분이 좋아진 외할머니를 따라가는 아득한 시절 꼬맹이 어머니의 종종걸음을 떠올려본다.

엄하셨던 아버지의 문설주 엄나무

한 손에 막대 잡고 또 한 손에 가시 쥐고
늙는 길 가시로 막고 오는 백발 막대로 치렸더니
백발이 제 먼저 알고 지름길로 오더라.

- 우탁

고려 말의 문신 우탁禹倬선생(역동易東선생)의 이 시조를 떠올려보면, 한 손에 가시나무를 잡고 또다른 손에는 단단한 몽둥이를 부여잡고서라도 늙어가는 것을 막아보려는 인간의 절절함이 느껴진다. 가시나무로 늙어가는 길을 막을 수 있다면 우리나라에서 자생하는 나무 중에 가시가 가장 험상궂어 보이는 엄나무가 제격일 텐데, 한자 이름 '엄목嚴木'에서 보듯 이 이름에는 굵고 단단한 가시가 주는 경직된 느낌이 스며 있다.

크고 날카로운 가시의 위용은 잡귀를 쫓는다고 여겨져 문설주

위에 엄나무 가지를 걸쳐놓기도 하고, 이 나무로 육각형의 노리개를 만들어 어린아이에게 채우기도 했다. 이것은 '음'이라 불렀는데, '음을 만드는 나무'라는 의미로 음나무라고도 불렀다. 음나무는 학술적으로 표준 명칭이기도 하다. 일부에서는 '읍나무'라는 주장도 제기되는데, 전국적으로 수백 살 넘는 이 나무가 신목으로 추앙받는 곳이 적지 않은 것으로 보아—그중 서너 그루는 천연기념물로 지정됨—예로부터 벽사의 의미가 있는 이 나무를 마주하면 인사 예절의 하나인 읍揖을 행한 데서 생긴 이름일 수도 있겠다 싶다.

엄나무는 가시가 주는 위용에서 오는 쓰임새뿐 아니라 예로부터

'개두릅'이라 하여 봄철의 어린순을 나물로 먹었다. 단맛의 향이 느껴지는 참두릅에 비해 쌉싸래한 맛이 나니 참두릅만 못해 개두릅이라 불렀던 모양이다. 하지만 요즘은 대부분 재배한 참두릅의 향이 그 옛날 자연에서 채취한 것만 못하고 쌉싸래한 맛을 즐기는 경향이 있어 오히려 참두릅보다 더 인기 있는 나물이 되었다.

한방에서는 해동목海桐木·자추목刺秋木이라 부르며, 엄나무의 속껍질이 음기陰氣를 품고 있다 하여 음을 주관하는 장기인 간장의 각종 질환에 약재로 쓰기도 하고, *Kalopanax pictus*라는 학명에서 보듯 인삼과 유사한 약리적 효능을 가진다고 생각한다. 민간에서는 닭과 함께 삶아 담백한 고기 맛과 엄나무의 약효까지 기대하는 백숙 요리에 널리 이용되고 있으니, 엄나무의 인기는 웰빙 시대의 대표 아이콘으로도 손색이 없다.

산형화목 두릅나뭇과의 낙엽활엽교목 엄나무는 키가 작은 관목 형태를 띠는 두릅나무와 달리 아름드리까지 크며, 나무가 굵어지면서 가시도 없어지고 수피도 회백색에서 흑갈색으로 변해간다. 목재는 수분을 잘 흡수하지 않아 가구, 악기, 조각 등의 용도로 쓰이며, 특히 비가 올 때 신던 나막신의 주재료가 엄나무였다는 게 이채롭다.

엄나무는 응달진 산의 습한 계곡에서 잘 자라나, 선조들은 예로부터 집이나 농경지 주변에 한두 그루씩 가꾸어놓고 잡귀를 쫓았고, 순이나 잎을 나물로 먹고 약용으로도 썼기 때문에 시골에서는 흔히 볼 수 있는 나무이다. 내 어릴 적에도 집 돌담에 꽤 오래된 엄나무 한 그루가 있었는데, 봄철 새순이 돋을 무렵이면 몸이 가벼웠던 내가 지

붕으로 올라가 갈퀴로 엄나무 가지 끝을 잡아당겨 순을 땄던 기억이 있다. 누나는 아래에서 내가 던진 엄나무 순을 바구니에 주워 담았다. 또한 군 하사관 출신인 아버지를 둔 옆집 승삼이네 안방 문설주 위에는 늘 어른 팔뚝만 한 굵기에 가시가 유난히 험해 보이는 엄나무를 손잡이 부분까지 방망이 모양으로 잘 다듬어서 매달아놓았던 기억, 모내기철이면 으레 제비와 고집 씨름을 하시던 우리 아버지 모습도 떠오른다.

어릴 적 봄 농사철의 풍경이다. 모내기를 위해 논을 갈아엎은 뒤에는 물을 대고 써레질하기 전에 물이 새지 않도록 논바닥 흙을 떠올

려 논둑을 새로 바른다. 물 밴 논바닥 흙을 둑에 퍼올려놓으면 기다렸다는 듯이 제비들이 나뭇가지와 마른풀이 섞인 진흙을 물어가느라 부산을 떤다(그놈들 그거 안 해놨으면 어쩌려고 그랬는지).

우리 집에 집을 짓겠다는 제비는 늘 안방 문 위쪽에 흙을 붙이기 시작했다. 그놈의 제비 똥이 앞마루에 떨어지는 게 싫어서 저 한쪽 옆으로 판자를 매달아두고 (거기다 집 지으라고) 안방 문 위에 붙이는 흙을 삽으로 자꾸 긁어내도 또 물어다 붙였던 제비들……. 그놈 고집이 꼭 안방 문 위에다가 짓겠단다. 아버지 또한 한 고집 하시니 그놈들하고 며칠 동안 실랑이를 벌인다. 급기야는 붙인 흙 긁어내고 거기다 엄나무 가시를 걸쳐놨는데 그 제비들도 막무가내 그 가시에다 흙을 붙이고 있다.

"즈들 좋으라고 저쪽 한적한 데 지으라는 건데 원 사람이라 말귀나 알아들으면 조목조목 일러주기나 하지, 쯧쯧."

이러시다가 며칠 못 가 결국 엄나무 가지 치우시고 그 밑에 똥이 떨어지지 않도록 널빤지를 받쳐 못질을 해주셨다.

내가 어른이 되어 세 자식을 성글게 키우다보니 엄한 듯 하면서도 제비 고집에 슬그머니 엄나무 가지를 치워주시던 아버지 마음이 생각나 숙연해진다. 자식들에게도 번번이 그러셨으니 말이다.

한여름에 기다란 손잡이 모양의 상아색 통꽃잎을 땅을 향해 모으고 있다가 끝이 갈라져 말려 올라가며 샛노란 수술을 드러내는 신비로운 꽃을 피우는 나무. 도금양목 박쥐나뭇과의 낙엽활엽관목 '박쥐나무'는 누른대나무라고도 하며 3미터쯤 자라는 연한 성질을 갖고 있다.

변덕, 기회주의자, 흡혈귀. 뱀파이어 영화와 이솝우화가 만들어 낸 서양판 이미지가 박쥐에 대한 일반 상식을 지배하고 있는 요즘, 한자의 복福과 비슷하고 발음이 같아 '박쥐蝠'의 중화 한국문화권 이미지는 오복五福을 상징했다는 사실, 그래서 옛 장신구나 생활용품에 문양으로 즐겨 썼다는 사실을 아는 사람이 과연 얼마나 될까? 박쥐나무는 잎 끝에 있는 세 갈래의 결각이 마치 날개를 편 박쥐를 닮아 붙여진 이름인데, 높이 자라지 못해 다른 나무 그늘에서 살아남기 위해 잎을 발달시킨 나무이다.

연한 가지와 관목성 줄기에 그리 흔하지도 귀하지도 않은 개체수로 인해 농경문화에 딱히 용도가 없어 지나치던 나무였다. 하지만 시대의 변천에 따라 나무 용도에 '관상용'이니 '조경용'이니 하는 장르가 부각되면서, 신비한 색과 모양을 한 꽃과 깨끗한 수피, 시원스런 잎의 생김새로 눈길을 끄는 것이 이 나무다. 특히 꽃이 진 자리에 맺힌 연록의 열매가 앙증스런 코발트색으로 변해가는 모습은 마치 은둔의 어린왕자 같아 마니아들의 눈길을 잡아끈다.

남부지방에서는 박쥐나무 잎을 '남방잎'이라 하여 깻잎처럼 장아찌를 담가 반찬으로 먹었다는데 지금도 재래시장에서는 어렵지 않게 구할 수 있는 모양이다.

어머니가 내게 물려주신 '엉클한 캐빈' 옆에는 딱히 용도가 없는 박쥐나무 한 그루가 자라고 있어 계절에 따라 옷을 갈아입는 모습을 관찰할 수 있었는데, 이놈도 생강나무, 고광나무 등 산중턱에 사는 다른 수종들과 함께 어머니에 의해 선택되어 옮겨 심어진 관상수다. 당시로서는 딱히 용도가 없던 터라 무심코 보았던 것이 이제는 어머니의 혜안에 감탄하는 소재가 되고 있으니…….

박쥐나무! 상아색 꽃잎에서 코발트색 열매까지 들여다볼수록 정갈한 놈이다.

이른 봄, 채 겨울 모습을 벗지 못한 갈색 산을 배경으로 잎이 나기도 전에 노오란 솜뭉치 같은 꽃을 피우는 나무. 꽃자루도 없이 가

「박쥐선인도」, 유숙, 종이에 수묵담채, 108.2×34.2㎝, 19세기, 삼성미술관 리움.

박쥐나무의 꽃.

지에 붙어 듬성듬성 꽃을 피워, 황량함 속에 노오랗게 대비되는 희망 같은 여백의 미를 발산하는 '생강나무'는 목련목 녹나뭇과의 낙엽활엽수로 관목과 교목의 중간 형태를 띤다.

"닭 죽은 건 염려 마라. 내 안 이를 테니."

그리고 뭣에 떠다 밀렸는지 나의 어깨를 짚은 채 그대로 퍽 쓰러진다. 그 바람에 나의 몸뚱이도 겹쳐서 쓰러지며 한창 피어 퍼드러진 노란 동백꽃 속으로 폭 파묻혀버렸다. 알싸한 그리고 향긋한 그 냄새에 나는 땅이 꺼지는 듯이 온 정신이 고만 아찔하였다.

박쥐나무의 열매.

김유정의 단편 「동백꽃」의 일부이다. 동백나무가 자라지 않는 중부 이북지방에서는 생강나무를 '동백나무' 또는 '올동백' '동박나무'로 불렀다. 그 열매에서 짜낸 기름으로 밤에는 등잔을 밝혔고 여인네들의 머릿기름으로도 사용했으며, 연한 잎은 찹쌀가루 입혀 튀기는 '부각'을 만들어 먹는 데 제격이었다.

흔히 생강나무를 산수유나무와 비교하지만, 둘은 꽃 피는 시기와 꽃 모양만 비슷할 뿐 나무의 형태와 습성은 오히려 산중턱에 자라나는 낙엽활엽관목으로서의 성상이 박쥐나무와 닮았다. 특히 잎은

생강나무의 열매.

결각의 모양에 미세한 차이가 있을 뿐 크기나 형태가 비슷해 식용한다는 것과, 앙증맞은 색과 모양으로 변해가는 열매까지 공통점이 있어 같이 묶어보았다.

아우라지 뱃사공아 배 좀 건너주게
싸리골 올동백이 다 떨어진다
떨어진 동백은 낙엽에나 쌓이지만
잠시잠깐 임 그리워 난 못 살겠네

"님도 보고 뽕도 따고"에서 보듯 농촌에서 선남선녀의 만남은 대개 일을 빙자하여 주변의 눈을 멀리 벗어날 수 있는 상황이 최고였다. 그러니 등잔기름으로 머릿기름으로 동백 열매를 채취하던 시절 동백을 핑계로 님을 만나러 싸릿골로 가던 중 강을 앞에 두고 마음 급한 어느 청춘의 정선아라리 가사가 애잔하다.

내게 있어서 생강나무는, 이따금 쪽진 머리를 풀어 감은 뒤, 곱게 참빗질을 하신 후 동백기름을 발라 단장하시곤 귀퉁이가 깨져 벽에 도배해놓은 세경 앞에 앉아 낡은 양은비녀를 찔러넣던 어머니의 비교적 젊은 시절의 아득한 창窓이다. 환갑이 다 되도록 쪽진 머리를 고수하시다가 '고만이'(재물이나 벼슬이 더 오르지 못하도록 막는 존재) 막내아들의 학비를 조달할 길이 없자, 오래도록 서울에서 식모살이

박쥐나무 잎(왼쪽)과 생강나무 잎(오른쪽).

하던 병섭 어머니를 따라 나서던 길에 등 떠밀려 난생처음 들어선 신림미장원에서 그 어색했던 파마머리를 위해 잘린 눈물겨운 사연과 함께.

어머니는 뒤뜰에 생강나무 한 그루를 키워놓으셨다.

"이게 예전에는 아주 요긴하게 쓰던 동박나무란다!" 하시며.

신선놀음에 썩던 도끼자루 물푸레나무

"신선놀음에 도끼자루 썩는 줄 모른다"는 속담 속의 도끼자루는 바둑을 두고 있는 신선들의 주변 환경을 짐작해보건대 부패균의 분해작용이 진행돼 악취를 풍기며 '썩은' 것은 아니고, 세월과 공기와 볕에 의해 '삭아' 버렸다고 하는 것이 더 옳은 표현일 것이다. 더욱이 그 도끼자루인 물푸레나무의 견고함까지 아는 사람이라면 그 세월은 한층 더 아득하게 느껴지리라.

물푸레나무는 질기며 단단한 성질이 손에 잡기 좋을 만한 굵기에서 완성되는 데다 적당하게 거친 껍질이 목질부에 단단하게 들러붙어 있다. 요즘말로 '그립감' 까지 좋아 반복적인 피로가 특정 부분에 집중되는 도끼나 망치, 메(큰 망치) 자루의 용도로는 비교 대상이 없다. 그리하여 지방을 불문하고 오랜 세월을 평정해왔으며 괭이, 호미, 묵낫, 쟁기, 설피, 도리깨의 휘추리, 쇠코뚜레, 스키, 제기에서 작금의 야구 방망이에 이르기까지 다양한 생활 도구로 널리 사용되어왔다.

김준근의 『기산풍속도첩』 중 밭 가는 풍경. 물푸레나무는 단단하고 질긴 덕에 쇠코뚜레로 사용되었다.

수창목水蒼木, 수정목水精木, 수청목水青木, 목창목木倉木, 청피목青皮木, 진백목秦白木. 쌍떡잎식물 용담목에 물푸레나뭇과의 낙엽활엽교목인 물푸레나무를 이르는 한자 이름들이다.

이 나무에 관한 이름의 유래는 "껍질을 벗겨 물에 담그면 물이 푸르게 변해서" 붙은 것이라 하며, 조선후기에 쓰여진 유희의 『물명고』에서 '믈플예'로 빼꼼히 우리말 이름을 내민다.

식물의 이름은 일반적으로 그 식물이 다른 식물과 차별화되는 잎, 줄기, 꽃, 열매 등의 모양과 특징에서 기인한다. 이 나무의 한자 이름을 살펴보자면, 외관상 가장 큰 특징인 잿빛의 수피에 얼룩얼룩 나 있는 흰 띠나 반점으로 인해 진백목秦白木, 그 겉껍질을 조금만 벗기면 드러나는, 눈이 시릴 정도의 푸르른 속껍질이 있어 청피목青皮木이다. 수청목水青木, 수창목水蒼木, 수정목水精木 등은 물과의 섭생이나 현상을 나타낸 듯하다. 마지막 하나 목창목木倉木(창고 짓는 나무)이라는 이름이 나의 아버지를 비롯한 성황림마을의 어른들이 부르던 "문푸레나무"의 여운을 다 털어내지 못한 내 마음을 붙들어맨다.

이 나무의 속명 중 하나인 *praxirnus*의 라틴어가 '물푸레나무로 만든 창窓'이라는 점, 물푸레나무가 오랜 세월 표준어로 통용되었음에도 오대산 신배령의 '문푸레골'이나 경북 임하면의 '문푸레골' 등 전래의 지명이 고수된 곳 등을 볼 때, 쓰임새가 강조된 "문푸레나무(문을 만드는 푸른 나무)"라는 이름이 민초들 사이에서는 널리 불리고 있음에도 "물푸레나무"에 밀려 사라져가는 것이 아쉽다.

5월에 서릿발 같은 꽃이 피고, 꽃이 진 자리에 피나무를 깎아 만든 부침개 뒤집개 같은 모양의 열매가 달려 여름내 바람에 사그락거리다가 8월이면 갈색으로 익는 물푸레나무는 우리 산의 계곡이나 능선 등 조금 깊숙한 곳이면 어디에든 분포한다.

10미터 이상을 자라는 교목으로 더러는 마을 한켠에서 아름드리로 자라 정자목이 된 것도 있고, 농촌에서 각종 도구로 사용하기 위해 자주 자르다보니 그 주변에서 작은 가지들이 여럿 올라와 관목 형태를 띠는 경우도 있다.

벌판에 건설 공사의 쇠망치 소리가 한창이고 태백지역의 탄광이 문전성시를 이루던 1975년의 겨울방학, 고등학교 입학을 앞두고 있던 그해 성황림마을에 도끼자루 바람이 불었다. 물푸레나무에 곧고 굵기만 적당하면 한 개에 70원이라는 적지 않은 값에 사들이는 장사치들이 나타나, 나도 앞집의 '꼬봉' 기수를 대동하고 눈 덮인 횟골산에서 넘어지고 미끄러져가며 도끼자루를 해 날랐다. 애써서 지고 내려온 도끼자루가 장사꾼에 의해 "불합격"이라며 옆으로 던져질 때 흠칫 저리던 오금. 만 원 가까이 받은 그 돈으로 원주 중앙시장 난전에서 사 먹었던 순대국밥의 맛은 아직도 입 속을 맴돈다.

이 나무에 관한 공식 기록은 고려후기의 권문세족인 이인임, 임견미, 염홍방 등이 자신의 종을 시켜 남의 토지를 빼앗을 때 휘두른 몽둥이를 일컫는 '수정목공문水精木公文' 이라는 사건에서 처음 등장하는 듯하다. 이후 조선 예종 때 형조판서 강희맹이 올린 상소 중 "지금

사용하는 버드나무와 가죽나무 곤장은 죄인이 참으면서 자백을 하지 않으니 수정목만을 사용하게 하소서"라는 기록이 이어지는 걸로 보아 그 단단하고 질긴 성질이 인간을 고문하는 몽둥이로도 쓰여왔음에 씁쓸한 소회를 품게 한다.

목수일을 겸하시던 나의 아버지는 마당 한켠에 대장간을 지어놓고 연장을 직접 만들고 벼려 쓰셨다. 그리하여 각종 농기구 자루와 쇠똥과 진흙을 이겨 바른 풀무의 손잡이에서부터 맷돌의 어처구니(손잡이), 지게의 세장(가로대)에 이르기까지 대장간 한켠에는 늘 물푸레나무가 그득 쌓여 있었다.

겨울에 채취한 물푸레나무는 못이 들어가지 않을 정도로 단단하고 불에 쬐거나 물에 불려 휘어서 말리면 복원력이 뛰어난 성질을 갖기에 스프링이 보급되기 전의 쥐덫이나 새를 잡는 창우(창애의 방언, 짐승을 꾀어서 잡는 틀)와 활 재료로도 사용되었다.

겨울에 눈이 많이 오면 집 근처로 내려오던 콩새나 느릅지기를 잡으려고 조를 털어낸 섶에 물푸레나무를 휘어 새끼줄을 묶고 그 사이에 덫을 끼워 만든 '덥치기'와 지게 모양으로 만들었던 '지게 새창우'로 새를 잡았던 기억이 생생하다. 아마도 원시시대 사람들의 수렵 도구로서의 활도 이 나무를 사용했을 듯싶다.

물푸레나무는 밤늦게 들어오는 여식의 다리몽둥이를 분질러놓겠다고 추상같은 호령과 함께 아버지의 손아귀에 단단히 잡힌 지게 작대기이기도 하지만, 어느새 슬그머니 뒤꼍에 내려놓은 채 폭신한 싸

감옥의 창살로도 물푸레나무의 효용성은 남달랐다. 사진은 일제강점기의 감옥.

리 빗자루로 바꿔 드는 아버지의 마음이 배어 있는 나무이기도 하다.

"앞산 노을 질 때까지 호미자루 벗을 삼아"

태진아의 「어머니」라는 노래 가사에서처럼 오랜 세월 우리네 조상들의 농기구 자루로 그 손아귀에서 함께했던 나무. 껍질 말린 것을 한방에서는 '진피' 라 하여 안구출혈, 다래끼 등의 눈병과 이질, 대하 등의 증세에 약재로 쓰고, 목재는 가볍고 질겨 벼루, 목기, 가구재 등

「형정도」 중 종로에서 치도곤을 치는 김윤보의 그림. 죄인을 치는 방망이는 물푸레나무로도 많이 만들어졌다.

에도 매우 유용하게 쓴다.

물푸레나무!

아니, 산막의 문살로, 감옥의 창살로, 대장장이 내 아버지의 손에서 불꼬챙이가 박히고 철가락지를 둘리어 농기구 자루로서의 새로운 생명을 얻던 '문푸레나무!' 이것 또한 호미질과 도끼질에 넌더리난 민초의 기억 속에 푸욱 알박기를 하고 있는 나무다.

보릿고개의 풀때죽 곤드레 딱주기

"곤드레 맨드레 늘어진 골에 당신은 나물 뜯고 나는 꼴 비며 단둘이나 가자."

정선아라리에 몇 번씩이나 등장하는 '곤드레나물'은 깊은 골에서 많이 나기 때문에, 지역 특성상 쉽게 접할 수 있는 영서 산간지방에서는 나물을 넘어선 구황식품이었다. 지금은 웰빙 음식으로 각광받으며 지역의 소득원으로까지 자리매김한 '곤드레밥'은, 수수부침개 속에 팥소를 넣은 '수수부꾸미', 찰옥수수를 통째 능궈(절구에 찧어 살짝 껍질만 벗김) 팥 · 완두콩과 함께 삶아 먹는 '강냉이능갱이', 감자를 깎아 솥에 안치고 그 위에 강판에 간 감자를 떡처럼 얹어 찐 '감자붕세이', 메옥수수(찰기가 없는 옥수수) 풋것을 갈아 끓여서 만든 '올창묵'(나중에 외지인들이 올챙이국수라 함) 등과 함께 영서지방에만 있는 토속 음식이다. 그 면면이, 변변한 평야가 없어 쌀이 귀했던 산

간지역 민초들의 곤궁한 삶을 대변해준다.

초롱꽃목 국화과의 여러해살이풀로 우리나라에만 분포하는 정식 명칭 '고려 엉겅퀴'. 어릴 때는 참취와 비슷한 모양이나 잎의 둥글기가 완만하고 표면과 가지에 흰 잔털이 많다. 1미터까지 크며 7~8월 꽃 필 무렵이면 처음에 났던 아래쪽의 둥근 잎은 떨어지고, 꽃자루가 없고 가시 돋친 작은 잎이 돋아나 이름처럼 엉겅퀴 모양을 갖추고 보랏빛 꽃을 피운다.

"곤드레만드레 나는 취해버렸어."

흔히 '곤드레나물'의 어원을 두고 '골짜기에서 바람에 하늘거리는 모양이 술에 취한 듯하여' 유래되었다고 한다. 허나 그것 역시 견강부회된 말일 것이다. 고주망태는 '술에 취해 술 짜는 틀(고주)에 달린 엉성한 자루(망태)처럼 술에 절어 늘어진 상태'이고, 곤드레만드레는 '술에 취해 떨어져 코를 골거나 헛소리를 해대는 모양'으로 정의해볼 때 곤드레나물은 '곤들레'에서 온 것으로 보인다. 곤들레는 깊은 산골짜기에서 자라는 것으로 보아, 밋밋한 들에 지천인 민초의 풀 '민들레'와 상반된 섭생을 가진 풀일 터, 이는 연어과의 물고기 중 깊은 산골짜기에서만 사는 '곤들매기'나 설악산 깊은 골의 '곤들폭포'에서도 '곤들'과 '골'의 상관관계를 유추할 수 있다.

곤드레는 식량이 부족하던 시절 쌀이나 보리, 옥수수 등의 낟알에 섞어 양을 늘리려고 끓이던 풀때죽이나, 나물밥에 식량으로 쓰여 보릿고개를 넘기던 민초와 고락을 함께했던 풀이다.

2차 대전을 일으키고 전쟁을 위해 모든 물자를 공출해가던 일제강점기 말의 성황림마을도 온 동네가 극심한 식량난을 겪었다. 어머니 말씀에 따르면 이미 겨울에 식량은 바닥이 났고, 햇보리라도 수확해 그나마 낟알을 구경할 수 있는 6월 이전에는 거의 모든 집이 먹을 것이 없어 소나무껍질을 비롯한 각종 나물로 연명했다고 한다. 나물죽도 낟알을 적게 넣고 오래 먹으면 그 독성으로 인해 얼굴이 붓고 심하면 어린애들부터 병이 돌아 죽기 일쑤였다. 그때 나물죽에 쓰이

는 재료가 옥수수나 보리쌀 몇 알에 주로 시래기, 쑥, 취나물류였는데, 그중에 "오래 먹어도 얼굴이 붓지 않는 것은 곤드레밖에 없더라!"라고 말씀하시곤 했다. 그 회상의 끝에서 "그 당시 신림주재소에 가면 밀가루 배급을 한 푸대씩 주었는데 '고국고 신민노~'를 하기 싫어 니 아부지는 굶으면서도 그거 안 타다 먹었다" 하시던 어머니의 말씀이 귀에 쟁쟁하다. 아마도 배급을 주며 "귀국의 신민이 된 것을 영광으로" 어쩌고 하는 일본어를 외치게 했던 모양이다.

"한 치 뒷산에 곤드레 딱주기! 임의 맛만 같다면, 올 봄 내나 그것만 뜯어도 봄 살아내잖나……."

영서 산간지방 민초들의 삶이 고스란히 녹아 있어 성황림마을의 우리 부모 세대와 내 어릴 적 삶의 모습을 그려낼 때 자주 인용하게 되는 정선아라리 속의 또 다른 곤드레의 모습. "봄 동안 줄곧 '곤드레 딱주기' 만 먹고 지내는데 그 맛이 님의 맛 같으면 얼마나 좋을까" 라는 바람이 담겨 있다.

"곤드레 딱주기!"

거의 붙어서 쓰이는 이 단어에서 우리말의 묘미를 짚어본다. '딱주' 는 한방에서 사삼沙蔘이라 하고 우리말로 '잔대' 라고 하는, 나물 겸 약재로 이용되는 식물의 또 다른 이름이다. 독립적으로 쓰일 때에는 '딱주' 라 불리다가 곤드레 뒤에 붙으면 '딱주기' 가 되어, 향도 없고 독도 없지만 별 맛도 없는 나물의 총칭처럼 쓰인다. 마치 평범한 사람들을 일컬어 '장삼이사' 라 하듯이.

딱주가 딱주기로 늘어난 건 우리말의 묘미인 리드미컬한 운율감을 살리기 위한 것으로 보이는데, 이것이 한 단계 발전하면 의태어의 단조로움을 피하기 위해 반복음의 초성에 변화를 주어 '아리랑 스리랑' '얼씨구절씨구' '곤드레만드레' 등 어깨춤이 절로 나는 노랫가락이 되니, 우리 국민의 기발한 조어造語 능력은 그 뿌리가 참으로 깊은 셈이다.

초롱꽃목 초롱꽃과의 '잔대'. 더덕같이 생긴 뿌리는 진해, 거담, 강장에 약재로 쓰이고 잎은 나물로 쓰이며 한여름에, 뎅! 뎅! 뎅! 손

층층잔대의 꽃.

잡이가 달린 학교종 모양의 푸른색 꽃을 피운다. 최근에는 여성 질환에 좋다 하여 닭백숙에 많이 넣어 먹는다.

보릿고개를 넘던 어머니의 지긋지긋한 풀때죽 곤드레와 이른 봄 묘뚱가에서 나무꼬챙이로 캐어 먹던 꾸러기들의 간식 잔대를 합친 '곤드레 딱주기!' 이 또한 민초 중의 민초라 아니할 수 없다.

가지가 칭칭 층층나무

"아리 아리랑 스리 스리랑 아라리가 났네!" 우리나라의 대표적인 남도 민요인 진도아리랑에서의 아라리는 이미 나버렸는데, 경상도 지방의 전래 민요 「쾌지나칭칭나네」에서의 쾌지나칭칭은 이제 나는 중이다.

진도아리랑의 애절한 가락과 앞뒤의 가사 그리고 쾌지나칭칭나네의 흥이 고조될수록 빨라지는 선창과 후렴구의 화답 등으로 보아 '아라리'는 '상사병'이요 '쾌지나칭칭'은 '신명'쯤 되는 모양이니, 두 민요는 한恨과 어울림이라는 우리 민족의 두 줄기 정서를 대표하고 있다.

쾌지나칭칭의 어원과 의미에 대해서는 그동안 수많은 연구가 있었지만, "월야청청처럼 달이 밝은 상태"를 뜻한다거나, "꽹과리의 소리와 더불어 흥이 오른 모습"을 표현한 것이라거나, 심지어는 임진왜란 때 "가등청정이 나가네"에서 유래됐다는 다소 실소를 머금게

하는 주장까지 있는데, 딱히 무릎을 칠 만한 주석은 아닌 듯싶다.

'층層.' 한자어와 음이 같게 표기된 '층'의 민초식 발음은 지역을 불문하고 '칭'이었다. '층'이 모음역행동화에 의해 변화한 것인지 주석을 붙일 당시 식자층에서의 발음이 '층'이었는지는 알 길이 없다. 하지만 울릉도 서면의 '물칭칭', 울산시 어물동의 '물칭칭', 밀양 재약산의 '칭칭폭포' 등 층집을 짓지 않았던 우리 민족은 주로 계단식으로 흘러내리는 물이 있는 곳의 지명으로 칭칭을 쓰거나 신분이나 연배의 차이를 가리켜 '칭하'라 했고, 계단 또한 '칭계'라 했다.

층층나무는 산형화목 층층나뭇과의 낙엽활엽교목으로 꽃은 5~6월에 피고 가을에 팥알만 한 검붉은 열매를 맺으며 20미터까지 자란다.

가지가 같은 곳에서 빙 둘러 나 층을 이루며 자라는 모습에서 붙여진 이름인데, 일본 이름은 '구루마미즈기'로 층을 이룬 둥근 가지를 차바퀴에 비유한 것이고, 중국 이름은 '등대수燈臺樹'라 하여 역시 층을 이룬 모양을 등잔대에 비유했다. 그러고 보면 외관이 독특한 나무인 데다 꽃에는 꿀이 많아 중요한 밀원이 되고, 수피와 잎이 깨끗하고 꽃과 열매도 아름다우며 무성한 잎의 그늘이 좋아 정원수로 많이 심겨지는 것이 바로 이 나무다. 하지만 주변의 다른 수종에 비해 워낙 빨리 위로 옆으로 자라나기에 '숲의 무법자'라는 별명도 붙여졌다.

층층나무도 물푸레나무(문푸레나무)처럼 생활 속에서 겪은 사람은 지역에 구분 없이 '칭칭나무'라 부른다. 혹 '쾌지나칭칭'이 동네의 공터나 당숲 그리고 물가에서 널따란 그늘을 제공하며 서 있기 십상인 칭칭나무 그늘에서 풍물을 놀다가 시작된 후렴구는 아닐까?

층층이 둥글게 어우러져 꽃과 잎과 열매를 무성하게 피워내는 이 나무처럼 다산과 풍년의 기원을 담아 '가지가 칭칭'이라고 했던가, 아니면 '칭칭'은 "남녀노소의 '칭하'에 괘념치 말고 어울려 놀

'층'의 민초식 발음은 '칭'이었다. 나무가 층층이 나는 것을 '칭칭나무'라 했고, 사진 속처럼 신분의 차이를 가리켜서는 '칭하'라 했다. 사진은 말타고 나들이하는 양반과 노비(시종)의 모습을 찍은 일제강점기 때의 모습.

자"는 의미였는지도 모른다.

가난의 땟국물이 질질 흐르던 화전민촌 성황림마을의 초등학교 6학년 시절. 40여 명 중에 천오백 원이던 여비를 낼 수 있었던 열한 명에 끼어 기차를 타고 서울로 수학여행을 갔다. 당시 최고이자 시골에까지 명성이 자자했던 삼일빌딩 아래에서 산골 꼬맹이들은 "야! 진짜 높다! 당나무보다 더 높은 거 같아!" 하곤 누가 먼저랄 것도 없이 고개가 꺾어지도록 쳐들고는 일제히 시커먼 빌딩의 층수를 셌다.

"일칭, 이칭, 삼칭, 사칭" 하다간 다시 손가락 꼽기를 반복하던 모습들……. 가방이 몸집보다 크던 시오리 중학교 하교 길에 비가 구죽죽이 내리는 저녁 무렵 울창한 칭칭나무 그늘에 가려 빛 한줌 들어오지 않던 성황당 숲길을 걸음아 날 살려라 하고 올려뛰던 아득한 시절을 떠올려주는 나무!

빨리 크는 만큼 목질부의 재질도 연약해 농경문화에서는 그늘 이외에 딱히 쓸 용도가 없다보니 우리 산하에 적지 않은 개체수를 지켜온 훤칠한 미인나무 '층층나무!' 아니, 휘영청 드리운 그늘에 '가지가 칭칭나네' 가 절로 흥얼거려지는 '칭칭나무!'

쓰임새보다는 '보임새' 가 상위의 가치로 자리매김한 요즘에 물 만난 고기 같은 나무이다.

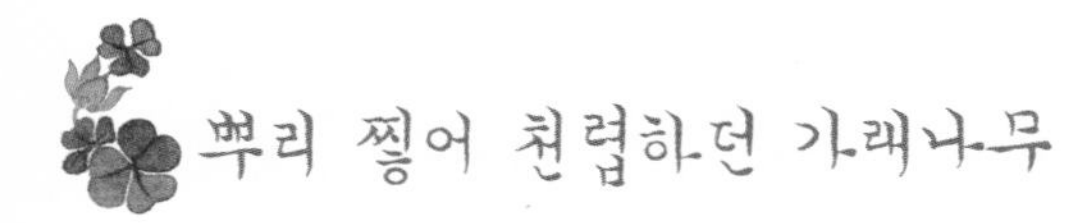

뿌리 찧어 천렵하던 가래나무

십 리 절반 오리나무 열아홉에 스무나무
가자가자 갑나무 오자마자 가래나무

호두나무가 의관을 정제한 사대부라면 가래나무는 호피를 두른 임꺽정이다. 동글동글하고 내용물이 많은 호두는 『논어』 『맹자』에 지친 양반 자제의 다과상에 오르거나 더러는 반들반들 피마자기름이 먹여져 달그락 달그락 규중아씨의 섬섬옥수에서 노리개로 사랑을 받았다. 반면 길쭉하고 껍질이 두꺼워 먹을 게 그다지 많지 않은 가래는, 뉘엿뉘엿 해거름에 도랑을 막 건너서 꼴지게를 받쳐놓고 가쁜 숨을 몰아쉬던 고단한 어린 농군의 눈에 띄어 바윗돌 위에서 으깨지거나 초겨울 소죽 불에 구워져 입맛만 버리는, 민초의 시답잖은 주전부리였다. 또한 노리개가 마땅치 않던 민초 소생들의 주머니 속에서 손때 묻은 장난감이 되었다.

어릴 적 두견새 울음소리와 함께 시작된 농사일이 그악스럽게 울어대는 뻐꾸기 소리를 고비로 밭갈이와 파종과 아이매기(초벌매기)까지의 봄 농사를 끝내면 본격적인 녹음 지절을 앞두고 망중한을 즐기는데, 그때가 단오 무렵이다. 그네뛰기와 풍악놀이에 더하여 단옷날 빠지지 않던 것이 천렵이었는데, 논에 물 대느라 개울의 보를 샅샅이 보수해 물이 줄어든 아래쪽 웅덩이에 동네 청년들이 가래나무 뿌리와 껍질을 찧어 풀고는 움직임이 느려진 물고기들을 잡던 풍경이 생생하다.

어린 우리들은 까막고무신을 벗어들고는 중타리(잉엇과의 민물고

기인 중고기의 방언)라도 잡는다며 첨벙거렸고, 그 후 얼마 지나지 않아 광산이나 공장에서 흘러나온 싸이나(청산가리)에 그 자리를 내주었다. 지금도 가래나무에서 살충제의 원료를 추출한다거나 친환경 농법에서 병충해 구제를 위해 사용한다니 그 독성은 입증된 셈이다.

늦봄에야 새순 아래로 한 뼘쯤 되는 수꽃을 치렁치렁 늘어뜨리는 가래나무는 가래나무목 가래나뭇과의 낙엽활엽교목이다. 추자목楸子木이라고도 하며 그 열매인 가래는 '추자'라 하는데, 최근에는 호두나무의 접붙이용으로 재배되기도 한다.

'가래나무'라는 이름은 이 나무의 열매가 우리 전래의 농기구인

'가래'와 흡사해서 붙여졌다는 것이 가장 유력해 보인다. '흙을 파 일군다'는 의미의 '갈다'에 도르래, 고무래 등에서처럼 기구를 지칭하는 접미사가 더해진 이 농기구는 불도저와 포크레인 등 기계문명이 쏟아져 들어오기 전인 1970년대 이전만 해도 민족 최대의 토목공사용 기구였다. 또 개개인이 사용하는 삽과 달리 3인 또는 5인이 한 팀이 되어 호흡에 의해 성과가 좌우되는 대단히 효율적인 기구이다.

큰 공사가 있기 전 빈 가래질을 하며 호흡을 맞추던 '헛가래질[謔犂]'의, 일제히 당겼다 놓았다 하는 행위에서 '헹가래'라는 오늘의 세리머니가 탄생하기도 했다. 그러니 출상 전날 빈 상여를 메고 인원과 역할 그리고 만가輓歌의 화답을 맞춰보았던 '대돋음' 풍속과 함께, 준비성과 어울림을 중시하며 고된 일도 즐기는 방법을 터득했던 우리네 선조들의 지혜를 새겨보게 되는 이름이다.

중국이 원산지라 과일나무로 도입되어

넉가래, 20세기 전기, 국립민속박물관.

인가나 농경지 근처에 심겨진 호두나무와 달리 가래나무는 중부 이북 산지의 물 가까운 계곡가에 자생한다. 목질이 가벼우면서도 치밀해 총대나 가구 만드는 데 쓰이며 열매는 호두보다 강한 야생의 향을 풍긴다.

내게 가래나무는 위태위태한 가지 끝의 때까치 집을 내리던 약초 집 소녀 상금이와, 소죽 불 앞에 나무등걸 하나씩 깔고 앉아 개울가에서 주워온 가래를 구워 식칼과 망치로 반을 쪼갠 뒤에 쇠젓가락으로 파먹던 누이와의 추억의 창이다.

어느 늦가을 아름드리가 된 개울가의 그 가래나무 아래에서 가래를 주워다 막내에게 내밀었다.

"참이야, 가래 줄게."

"가래가 뭔데?"

"응, 호두보다 더 맛있는 거."

하며 슬그머니 손 위에 올려주었다. 밤과 옥수수를 굽는 한켠에 올렸다가 옛적에 누이가 했던 것처럼 젓가락으로 파서 주었더니,

"에이, 이게 뭐야! 먹을 것두 없는 게."

이밥에 고깃국 먹고 자란 요즘 애들에게는 그리 달갑지 않은 모양이다.

가래나무. 그 이름에서부터 고향의 옛 추억이 물씬 묻어나는 나무다. "호미로 막을 것을 가래로도 못 막는" 아비규환, 이전투구, 일단 오리발, 너 죽고 나 살자의 아수라 세상 속에서 더욱 그리운.

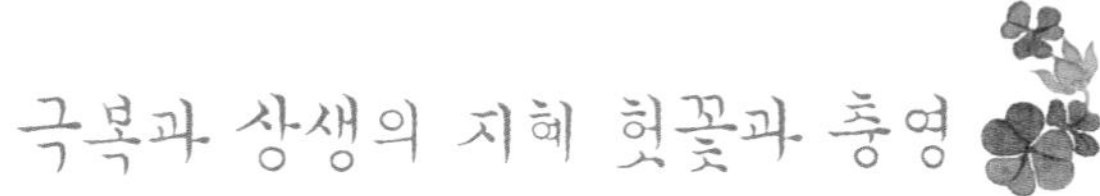

산속 적막을 지키는 헛꽃

바스락 바스락 떨고 있는 것이냐

이 겨울 너 왜 그렇게 슬퍼 보이는 것이냐

나 속고 속아서 헛헛한 반생을 살다가

누구에게 헛꽃처럼 살지 못하고

이제야 헛, 참, 헛꽃에게 겸손을 배운다

당신을 유혹한다 함부로 말하지 마세요

어머니, 아름다운 사랑이라고 말해주세요

너는 언제 중심을 위해 변방에서 베풀었더냐

누구를 위해 착한 거짓말로 죄 지은 적 있더냐

참을 위한 거짓으로 참사랑 맺어주고

욕심 없이 고개 숙인 헛꽃은 수행의 꽃이 아니더냐

꽃 없는 계절 그늘진 숲이 또, 쓸쓸할까봐

너는 마른 꽃잎도 떨구지 못하는 것이냐

- 이사랑의 「헛꽃」

자연현상에는 신기하다 못해 오묘하다고밖에 표현할 길 없는 일들이 많이 있다. 그중에서도 자기 종種의 취약점을 스스로 보완하거나 다른 종의 방어작용을 이용해 종족 보존을 이어가려는 헛꽃과 충영蟲瘿이야말로 지구상의 생명 다양성을 보존해온 눈물겨운 몸부림 중 하나이다.

장미목 범의귀과의 낙엽관목인 산수국은 향기도 모양도 부실한 자신의 꽃 둘레에 커다란 헛꽃을 피워내 벌과 나비를 유혹한다. 층층나뭇과의 산딸나무와 꼭두서니목 인동과의 백당나무꽃 둘레에 크고 화려한 모양으로 들러리를 선 놈들도 위의 시구처럼 '중심을 위해 변방에서의 베풂' 을 실천하고 있는 눈물겨운 헛꽃들이다.

신록이 짙어지는 초여름의 계곡을 지나다보면, 마치 초등학교 시절 깨진 거울 조각으로 고무줄놀이 하던 여자아이들의 얼굴에 햇빛을 반사시키는 장난을 하듯 언뜻언뜻 눈부시게 하는 나뭇잎이 있으니, 다래나뭇과의 개다래나무 잎이다. 가까이 가서 보면 드문드문 잎에 은분 코팅을 한 듯 백화 현상을 일으키는데, 바람에 살랑살랑 잎이 나부끼면 얼핏 꽃인 듯 번쩍번쩍 장관을 연출한다. 이 또한 넓은 잎 뒷면에 조그맣게 피어 있는 꽃이 부실해서 멀리에 있는 곤충들을 유인하려는 자구책인데, 덕분에 수정을 마친 꽃이 지고 나면 언제

산수국(위)과 개다래나무(아래).

이팝나무 잎(위), **까치수영** 잎(가운데), **참나무혹벌충영**(아래).

그랬냐는 듯 제 색깔로 돌아온다. 즉 부실한 진짜 꽃을 둘러선 헛꽃이 매장 앞의 나레이터 모델이라면, 이놈은 좋지 않은 목을 만회하려 큰길까지 손님을 꾀러 나온 극성스런 '삐끼아줌마' 에 견줄 수 있을까?

뒤뜰에 심은 지 3년차인 청매실나무 새순의 붉은 잎과, 이른 봄에 눈이 부시도록 희고 짙은 향을 풍기며 짧은 전성기를 구가한 뒤 꽃이 지고 나면 눈길을 끌지 못하는 이팝나무의 잎, 그리고 초여름의 야산을 평정하던 카리스마의 꽃 '까치수영' 의 가을 잎이 꽃인 듯 화려하게 치장하는 이유는 뭘까? 봄철의 화사한 꽃이 지고 난 후

에도 짙은 녹음으로, 탐스러운 열매로, 화려한 단풍으로 꾸준히 눈길을 끄는 다른 나무에 비해, 히트곡 딱 하나 있는 지난날의 인기 여가수처럼 왠지 안쓰러움이 묻어난다.

그래서일까? "날 좀 봐주오!" 하는 처절한 몸부림처럼 가끔 철 지난 잎을 꽃인 듯 물들인 이것들은 필경 나름의 이유가 있을 테지만, 사람이라 후다닥거려 자초지종을 물어볼 수도 없다. 그저 성 정체성에 혼란을 느껴 입술연지에 여장을 하고 다니는 외동아들을 바라보는 어미의 마음처럼 그 속내를 모르니 답답하기만 하다.

"아 느그들은 꽃이 아니란 말이여 이눔들아!"

지난여름 어머니 산소 옆 참나무 가지에 예쁜 꽃이 피었기에 사진으로 담아 집에 왔는데, 참나무는 이른 봄 잎이 채 무성하기도 전에 치렁치렁 송충이 같은 꽃을 피운다는 것이 생각났다. 그래서 이리저리 공부를 하다보니 영락없는 빨간 꽃 모양인 이것은 일종의 벌레집이라는 것을 알게 되었다.

충영: 식물의 뿌리, 줄기, 잎 등에 곤충이나 선충 등의 기생으로 인해 생기는 비정상적인 모양의 팽대부.

참나무 잎 뒷면에 조그만 구슬 알 같은 집을 만들어 겨울을 난 '참나무혹벌' 이 봄에 참나무 눈에 산란을 하면 나무에서 방어 물질을 분비해서 꽃 모양의 충영이 만들어진다고 한다. 그 속에서 참나무혹벌의 알은 보호받으며 성장한다.

옻나뭇과의 붉나무에 생기는 '오배자' . 이것도 진딧물과 붉나무의 합작품인데, 진딧물의 일종인 '오배자면충' 이 새순에 상처를 내면 붉나무는 방어 물질을 분비하고 그 특성을 이용해 진딧물은 보금자리를 마련한다. 사진에서 보듯 개다래는 면충류의 공격을 받으면 울퉁불퉁 충영으로 변한다. 둘 다 동식물 사이의 교묘한 반응으로 생긴 특수 성분 때문에 오배자는 염색과 혈전 치료에, 개다래의 충영은 '목천료' 라 하여 신장병과 통풍 치료에 쓰인다. 그러니 인간에게는 그리 얄미운 놈은 아니나, 부리가 닳도록 나뭇가지와 마른 풀을 물어다 집을 짓는 날짐승들이 나 먹을 것 입을 것 아껴서 '코딱지' 만 한 아파트라도 분양받아보려 했더니 집값이 훌쩍 뛰어버려 허탈한 만물의 영장 소시민이 알면 배 아파 죽을 일이다.

그 외에도 느티나무나 느릅나무를 비롯해 각종 활엽수의 잎이나 콩과식물의 뿌리혹박테리아 등 기기묘묘한 형태의 충영들이 있는데, 충영이 있는 나무는 다른 해충들의 공격을 덜 받거나 뿌리에서 질소 공급에 도움을 받는 등 상호 보완적인 관계로 그 역할을 이어간다.

수십억 년을 진화하고 퇴조해가며 이어온 자연은 어느 것 하나 허술한 구석

개다래와 느티나무 잎의 충영, 그리고 오배자 충영.

이 없다. 그러나 난폭자 인간이 접수한 이후 지구는 커다란 제로섬 게임장으로 변해왔다. 인간이 얻는 것만큼 잃어가는 수많은 존재가, 자연이, 환경이 부메랑 되어 숨통을 죄여옴은 당연한 귀결일진대, 자연과 환경뿐 아니라 이제는 스스로를 성하게 해온 '질서와 배려' 라는 보루마저도 위태로워 보이니……. '헛꽃과 충영' 에서 자신의 부족한 부분을 찾아 보완하고, 충돌하는 상대와는 한발씩 물러나 절충점에서 타협하는 상생의 미덕을 배우면 좋으련만.

백년손님의 등짐멜빵 사위질빵

사위질빵! 야산이나 계곡에 흔해빠진 데다 쇠풀이나 나물로도 별 쓸모가 없어 무심코 지나치다가도 나도 모르게 한 번 더 눈길을 주게 되는 것은 백년손님이란 뜻을 담고 있는 이름 때문인가?

그리 모나지 않은 잎과 미끈한 줄기로 바위건 나무건 옆에 있는 것을 타고 순식간에 뻗어나간다. 만산을 뒤덮던 봄꽃이 사그라진 한여름에 지천으로 피어 신록 틈새로 그나마 눈요깃거리를 주니, 남들 다 '예!' 할 때 '아니요' 하는 어깃장만으로도 그럭저럭 봐줄 만한 놈이다.

미나리아재빗과의 여러해살이 덩굴식물 '사위질빵'.

무심코 흘려보았던 이 꽃도 자세히 보니 절제와 어울림의 조화를 머금고 있다. 꽃잎도 꽃받침도 꽃술도 꽉 채워진 느낌이라고는 없이 무언가 부족한 듯 가늘게 늘어뜨린 줄기와 듬성듬성한 잎까지.

벌어도 벌어도 모자라기만 한 돈, 아무리 휘둘러도 부족한 권력,

즐기면 즐길수록 목마른 쾌락…… 지나침과 넘침을 절제한다는 것이 인간에게는 얼마나 어려운 일인가? 자연 파괴로 커져만 가는 재앙에다 생산 과잉과 유동성 정체에 빠진 작금의 글로벌 경제에 이르기까지, 탄력을 받아 부풀려만 가다가 그 한계를 목전에 두고서도 멈추지 못한다. 인간에게는 어렵기만 한 절제의 미학을 어스름녘 밭둑에 줄기도 꽃잎도 듬성듬성 펼친 사위질빵 꽃에서 느낀다.

여자들은 머리에 이고 남자들은 등에 지는 옛날 조상들의 운반 방법에서 보듯, 여자는 똬리 남자는 지게나 멜빵이 필요했다. 그런데 처갓집에 농사일 거들러 온 사위가 행여 너무 고된 등짐을 질까

노심초사하여 힘없이 툭! 툭! 끊어지는 요놈 질빵풀 줄기로 지게의 밀뻬나 등짐멜빵 끈을 해주고 싶은 장모님의 마음이 담긴 이름, "사위질빵".

질기디질긴 칡줄기가 사위질빵이 아님에 이 땅의 사위로서 감사할 따름이긴 한데.

울엄니 나를 잉태할 적 입덧나고
씨엄니 눈돌려 흰 쌀밥 한 숟갈 들통 나
살강 밑에 떨어진 밥알 두 알

혀끝에 감춘 밥알 두 알
몰래몰래 울음 훔쳐먹고 그 울음도 지쳐
추스림 끝에 피는 꽃
며느리밥풀꽃
햇빛 기진하면은 혀 빼물고
지금도 그 바위섬 그늘에 피었느니라.

송수권의 시 「며느리밥풀꽃」의 일부이다. 사위가 고된 등짐 질 세라 좌불안석하며 연한 풀 멜빵끈에 일 시키고는 씨암탉 잡아 몸보

며느리밑씻개꽃.

며느리밥풀꽃(왼쪽)과 며느리배꼽꽃(오른쪽).

신시켜 보낸 마음이 있는가 하면, 이쪽 며느리는 밥 뜸 들었나 몇 알 떠먹어보다 시어머니에게 맞아 죽고, 가시 돋친 풀은 며느리 밑이나 씻으라 하고, 푸르뎅뎅 튀어나와 갈라진 못생긴 열매는 며느리 배꼽이라 한다. 그 집 딸이 저 집 며느리이고 그 집 신랑이 이 집 사위일 터, 입장 차에서 오는 생각의 골은 깊기만 하다.

으아리속의 꽃들은 몇 가지가 더 있는데 나름의 개성으로 눈길을 끈다. 청빈한 선비의 조신하고 검소한 아낙을 연상케 하는, 더하지도 덜하지도 화려하지도 초라하지도 않은 듬성한 꽃잎과 수수한 자태가 오히려 고고한 여운을 주는 절제미의 극치 '으아리꽃'.

우리나라 야생의 초본류 중에서 가장 크고 우아한 꽃을 피워내지만, 대부분의 으아리속 식물에 꽃잎인 듯 커다랗게 둘러 난 것은 꽃받침이다. 그러니 이 꽃이야말로 이 없어도 잇몸으로 더욱 우아하게 사는 현실 적응의 표본이다.

큰꽃으아리!

구중심처 여인네의 노리개랄까, 제정러시아 대제의 털모자랄까, 보라색 종 모양의 꽃도 꽃받침이 발달한 것이다.

수줍은 주머니를 살짝 열어 보일 듯 말 듯한 씨방이 더욱 호기심을 자아내는 고산종 '자주종덩굴'!

넓고 넓은 바닷가에 오막살이 집 한 채
고기 잡는 아버지와 철모르는 딸 있네.
내 사랑아 내 사랑아 나의 사랑 클레멘타인
늙은 애비 혼자 두고 영영 어디 갔느냐.

19세기 중엽 일확천금의 꿈을 안고 서쪽으로 몰려들던 미국의 서부 개척 시절 골드러쉬 일행에 끼었다가 열악하고 곤궁한 환경에 사랑하는 외동딸을 잃은 한 광부의 슬픔을 자조적으로 노래한 「오 내 사랑 클레멘타인」. 위의 가사는 일제강점기에 전해진 이 노래를 소설가 최태원이 우리 정서에 맞게 개사한 것인데, 당시의 암울한 시대 상황과 나라 잃은 심정을 그려내 「울밑에선 봉선화」와 함께 국민의 사랑을 받았던 노래이다.

전 세계에 260여 종이나 분포하는 '으아리속'의 영문 표기가 *clematis*이고 보면, 서양의 여인네 이름에 심심치 않게 등장하는

'clementein' 을 우리식 정서로 바꾼다면 '민들레' 나 '꽃님이' 쯤 되지 않을까?

진한 원색에, 크기에, 빼곡함으로 넘쳐나는 많은 개량 원예종에서 모양에 색깔까지 화려함의 극치를 주는 숨 막히는 완벽함은 있지만, 개량을 거듭하다보니 그 뿌리조차 찾기 힘든 정체성에 의구심과 거부감을 가졌던 때문일까? 으아리속의 꽃들은 들녘 어디에나 있지만 넘치지 않고 요란하지 않은 단아함과 화려하지 않은 은은함에 듬성듬성 여유로운 여백의 미까지 겸비한, 백의민족의 정서에 가장 들어맞는 꽃 같다.

꽃이 지고 난 후의 사위질빵은 씨앗의 비상을 위한 솜털이 뾰족나올 무렵 붉어진 씨방과 어우러져 얼핏 꽃처럼 보인다. 사람의 일생으로 치면 불혹을 넘어선 나이라 할 수 있다. 산들바람에 청운의 꿈나래를 펴던 봄과는 달리 왠지 모르게 스산하고 갈 길이 바빠진 듯하다.

가을바람에 온 산이 붉게 물들 무렵 사위질빵의 열매도 바람을 타고 어디론가 흩날려간다. 씨앗마다 새로운 탄생을 꿈꾸겠지만 대개는 자연 속에 풍화되어 사라지고 억세게 운이 좋아 낙하 지점과 발아 여건이 딱 맞는 놈은 다시 사위질빵으로 태어날 것이다. 곧 솜털 같은 바람받이가 돋아나 앞날을 예측할 수 없는 긴 비행에 나설 종덩굴과 큰꽃으아리의 열매도 따가운 가을볕에 짧은 일생을 재촉한다.

스산한 바람에 사위질빵의 솜털씨앗 흩날리니 어린 시절 꼬치를

으아리꽃(위), 큰꽃으아리(가운데), 종덩굴(아래).

부여잡고 텀벙거리던 성황림마을 보 악소에도 가을이 내려앉았다. 어스름 무렵 성황림 숲 그림자가 물에 드리워오면 그제야 물에서 기어나와 시퍼런 주둥이 속의 이빨을 따닥거리며 반바지 하나 달랑 주워 입곤 했다. 까막고무신 두 짝을 한 손에 쥐곤 몇 차례 물수제비를 뜨다가, 한 놈이 "물귀신이다!" 하면 혼비백산하며 마을을 향해 올려뛰던 그 산천은 의구하건만.

야생의 유혹 산딸기

식물의 이름으로 언급하고 지나치려 해도 뒤에 남는 에로틱한 잔상을 떨칠 수 없는 것은 아마도 1980년대를 풍미한 국산 에로영화 붐과 함께, 내용을 압도하는 감각적인 제목이 쏟아졌던 시대를 기억하는 세대의 공통점일 듯싶다. '먹다 버린 능금' 등을 비롯하여 정체불명의 자극적인 문구들 속에 당시로서는 파격적인 글래머 안소영의 살색 걸개그림에 '온몸으로 익었다!'는 선전 문구가 선정적이었을까? 16편이 출시된 애마부인 시리즈에 이은 은메달로 장장 6편까지 이어진 '산딸기' 영화!

탐스런 열매에 야생의 싱그러움, 그리고 때맞추어 푸르른 신록 속에 홍일점으로 어우러지는 산딸기는 소문난 잔치처럼 백화가 만발한 봄의 제전 속에 눈요기만으로는 헛헛했던 꾸러기들의 굽굽한 입맛에도, 밭갈이에 김매기에 갈증으로 잠시 물가를 찾은 농부의 망중한 손길에도 가뭄 끝 단비 같은 존재였으니, 이래저래 '유혹'이란 콘셉

줄딸기와 그 꽃.

트는 타고난 모양이다.

줄딸기: 장미목 장미과의 낙엽활엽덩굴로 5월에 꽃이 피며 6월에 열매를 맺는다. 초본을 제외한 국내에 자생하는 7~8종의 딸기 중에 유일하게 덩굴성으로 분류되어 '덤불딸기' 라 불리기도 한다. 계곡 주변이나 산, 밭가의 돌담 등에 널리 분포하며, 농사일이 한창인 늦봄에 가장 먼저 익는다. 입 안에 오래 남는 강한 맛으로 산딸기의 대표라 하기에 손색이 없다.

지역에 따라 야생하는 산딸기의 주력 개체군이 다를 수 있으니, 일차적으로 '산딸기' 라는 이름은 '초롱꽃목 국화과의 가을꽃' 쯤으로 의미가 확대된 '들국화' 처럼 '야생하는 목본류 딸기의 총칭' 으로

산딸기.

보아야 한다.

영서 산간지방에서는 단연 이 줄딸기가 다른 종을 압도해 성황림마을의 꾸러기들은 이놈 앞에는 다른 수식어를 붙이지 않고 그냥 '딸' 또는 '딸구'라 불렀다.

뽕나무의 오디와 같은 시기에 익으니 아예 집에서 주전자나 양은 벤또(도시락)를 가지고 가서 마음먹고 따는 수도 있지만, 대개는 쇠꼴을 베거나 야산에 소를 매러 갔다가 느닷없이 기별이 오는 '뒷동네 송사'로 인해 풀섶으로 한발 들어섰다가 발견하기 십상이다. 실컷 따 먹고 욕심에 러닝셔츠 앞자락에 넘치도록 따오던 놈들.

소담스런 줄딸기가 가장 많이 열리는 개울가나 밭머리의 돌담은 달콤한 딸기의 수액을 좋아하는 노린재를 비롯한 각종 곤충류와, 때맞추어 번식과 생존을 위해 활발한 먹이활동이 절실한 새, 도마뱀, 개구리와 또 그것을 노리는 뱀 등의 상위 포식자가 어우러진 공간이다. 그러니 무심코 들어섰다가는 긴 혀 날름거리는 뱀에 가슴이 덜컥 떨어지기도 십상이다.

딸기는 일반적으로 씨방이 발달하여 씨앗을 속에 감추고 있는 여느 과일과는 달리 꽃 턱이 발달하여 과육을 이루고 바깥 부분에 조그만 씨앗을 붙이고 있는 형상이다. 그 어원도 '씨'의 뜻을 갖는 '달'에서 유래했다 하니 인삼의 열매를 '딸'이라 하는 것과도 무관하지 않은 이름이다.

산딸기: 장미목 장미과의 낙엽관목. 6월에 꽃이 피고 7월에 열매가 익으며 키는 1~2미터 된다. 전국의 야산과 들에 분포하며 관목으로 분류되지만 약간의 덩굴성을 띠는 다른 종류들에 비해 유일하게 곧게 서기 때문에 '나무딸기'로도 불린다.

덩굴딸기가 지고 나면, 한 달쯤 지나 야산이나 들녘에서 빨갛게 익어가는 이것은 들과 농경지 주변 그리고 야산 초입에 주로 분포한다. 그러니 깊은 산 계곡을 더 좋아하는 곰딸기나 줄딸기에 비해 엄밀히 말하면 덜 '산딸기스러운' 섭생을 지녀 흔히 부르는 '나무딸기' 쯤이 적당하다. 그러나 임자 없을 때 이름 붙여 깃발 꽂아놓은 무주공산처럼 공통되게 부르는 이름이 없을 때, 나름 고뇌하며 앞서갔던 이 땅의 식물 선구자들의 노고 또한 적지 않을 듯해 "나 죽었소! 산딸기 맞소!" 하고 싶지만, 맛까지 싱거운 게 줄딸기에 비할 바가 못 돼 이래저래 버거운 이름이 되어버린 산딸기.

모든 자연이 그렇지만 이들 사이에도 존재감의 극대화를 위한 시차의 규칙이 있으니, 6월에 줄딸기가 지고 나야 7월쯤에 나무딸기가 익고, 이것들이 스러져야 곰딸기와 고무딸기가 한층 커다란 몸집과 휘영청 소담스러운 자태로 주변 풍광을 압도하며 등장한다. 줄딸기와 나무딸기가 척박한 우리의 산야 어디에나 뿌리를 내린 민초라면, 곰딸기와 고무딸기는 적당한 습기와 그늘 그리고 비옥한 토양을 갖춘 곳을 가려 자리잡은 사대부쯤 될까?

관목으로 분류되나 4~5미터 뻗는 가지는 곧추서지 못하고 끝이 수그러져 둥그스름한 아치 모양을 이룬다. 붉은 잔가시가 줄기에서부터 잎자루까지 촘촘히 나 있어 '붉은가시딸기' 라고도 불리는 '곰딸기' 는 주로 고산계곡 주변에 독립된 개체로 자라기 때문에 위엄 있어 보인다. 콩과식물 같은 모양의 흰 꽃이 피어 연붉은색으로 익는 열매는 탐스럽기가 다른 종을 압도하여 '야생 산딸기의 제왕' 이라 주저 없이 부를 곰딸기.

생활 속의 풀과 나무를 언급해가다보니 이름과 현실 사이의 괴리를 지적하게 되는데, 가장 불만스러운 이름이 바로 '복분자딸기'

곰딸기.

이다. 곰딸기, 멍석딸기, 줄딸기, 산딸기 등 10종이 넘는 딸기에 모두 우리말 이름이 붙어 있는데, 유독 상업재배가 활성화된 이것만 '한약재로 쓰기 위해 덜 익은 딸기를 말려놓은 상태'를 이르는 생약명인 '복분자'로 이름이 굳어가고 있다. 단지 꽃받침에서 분리해 움푹 팬 삭과蒴果의 모양이 화분을 엎어놓은 모양이라 붙여진 이 생약명에 견강부회하여 하나같이 '요강이 엎질러질 정도의 정력'으로 비약시키고 있다. 그것 또한 감각적 · 통설적인 표현에 귀뜨름한(솔깃한) 국민성을 파고드는 상술이다.

길가에 밭 언저리에 나무딸기나 멍석딸기가 지고, 고야(강원도

고무딸기.

토종 자두)나 자두 등 일찍 익는 과일들이 하나둘씩 익어가는 늦여름에 여름내 빨갛던 열매가 까맣게 익어가니 그 까만 색깔이 까막고무신을 닮아서일까? 우리는 복분자딸기를 고무딸기라 불렀다. 헌데 사전에 검색해보니 고무딸기가 '복분자딸기의 다른 이름'이라고 나오는 것을 보면, 다른 지방에서도 그렇게 불려 그것이 본래 이름이 맞는 듯하다. 이제라도 그 앙증맞은 이름을 되찾을 수 없을까?

어릴 적 애향단 활동으로 길옆에 코스모스 심기를 마친 뒤 당집 앞에 오징어가이상을 그리고 뛰어놀다가 허기 지면 달려가서 입 언저리가 시커멓게 되도록 따 먹던 '고무딸기!

산딸기에도 아득한 어머니의 체취가 묻어난다. 농토깨나 있었음에도 팥을 자급자족해야 한다는 아버지의 고집에 재터골 안쪽의 화전을 부쳤는데, 아침 일찍 일하러 가신 부모님의 새참을 이고 가는 누이를 따라 그 가파른 골짜기를 올라가면 어머니는 늘 칡잎 고깔에 한가득 따두었던 딸기를 건네주시고는 머리에 둘러쓴 수건을 벗어 땀을 닦아주셨다.

"순이! 이거 먹어봐. 우리 어머니가 이렇게 주시던 산딸기야."

슬픈 전봇대나무 낙엽송

전봇대처럼 짧은 시간 안에 인간의 삶을 뒤바꾼 상징물도 없을 것이다. 통신과 전기의 혁명으로 인류에게 수만 년의 역사보다 더 많은 변화를 가져온 지난 1세기. 그러나 통탄스럽게도 반만년 역사 가운데 가장 깨어 있어야 할 격동기에 우리 민족의 위정자들은 문을 걸어 닫고 눈을 질끈 감고는 당리당략과 이전투구 공방으로 집안싸움에 수 세기를 보냈다. 하여 정작 우리 땅의 전봇대는 일본인 손에 세워지기 시작했으니, 이것이 '낙엽송' 이라 불리는 '일본잎갈나무' 가 그 주인공이 된 사연의 시발인 셈이다.

애초에 우리 선택으로 전봇대가 세워졌다면 둥근 초가지붕과 짚세기 신고 휘돌아 넘어가는 고갯마루 길에 어울리는, 세계 어디에도 없는 구부정한 소나무전봇대로 또 한 분야 '곡선의 미학' 이 탄생했을지도 모른다는 가정은 억지일까?

잎갈나무는 잎이 뾰족한 침엽수이면서도 가을이 되면 낙엽이 진다. 이름도 '잎을 간다' 고 해서 붙여진 것인데, 우리나라에 자생하는 종류는 중부 이북의 고산지대에서만 자라는 섭생을 지녔다. 그리하여 '한일의정서' 를 맺는 등 일본에 의한 국권 침탈이 계획대로 진행될 무렵인 1904년 일본 중부 지방에서 자라는 속성수인 일본잎갈나무를 들여왔다고 한다.

그러나 정작 낙엽송이 필요 이상으로 우리 국토를 뒤덮은 것은 전란과 산판과 화전과 땔감 채취로 황폐화된 산림의 심각성을 느낀 제3공화국 시절이다. '화전정리시책' 으로 화전민을 권고 이주시킨 뒤 그 화전에 속성수에다 곧게 커서 용도 또한 다양한 낙엽송을 식재했기 때문이다. 그런 연유로 소설가 성석제의 글에서는 '박정희 나무' 라는 표현도 등장한다.

낙엽송은 구과목 소나뭇과의 낙엽침엽교목으로 키는 40미터, 지름은 1미터까지 자라며 아랫부분은 가지가 거의 없고 곧게 크는 나무이다.

대나무가 없는 영서지방에서 낙엽송의 용도는 단연 장대였다. 한 움큼이 채 안 되는 굵기의 두어 길 되는 것으로는 매미채나 낚싯대를 만들었고, 손목 굵기에 세 키쯤 되는 것으로는 밤과 대추를 털거나 망태를 매달아 높은 곳에 달린 배를 따기도 했고, 종아리 굵기에 대여섯 길 되는 것은 갓 지은 산골 분교나 새벽종이 울리던 시절의 마을회관 앞, '이승복 사건' 이후 이념 교육으로 집집마다 세워야 했던 '국기장대' 로도 쓰였다. 그 외에도 수해로 떠내려간 다리 대신

1910년 일본이 조선에 침략한 후, 일본 정부의 육군 대신 자격으로 통감에 부임하는 데라우찌의 행렬. 행렬 가운데에 근대 접어들어 세워진 전봇대가 눈에 띈다.

임시로 두세 개를 건너지른 뒤 소나무 가지를 깔고 흙을 져다 부어 섶다리로 쓴다거나, 불이 나거나 예비군 소집 때 사용하는 핸들식 사이렌을 설치할 높다란 망루를 만드는 데 썼다. 그뿐인가? 건설 현장의 거푸집 지주목으로 쓰이는 등 전국 방방곡곡에 찻길 따라 철길 따라 늘어선 전봇대 말고도 많은 곳에서 요긴하게 쓰였다.

이렇듯 다양한 쓰임새에도 불구하고 낙엽송이 밉상인 것은, 아무리 반듯하게 깎고 다듬어도 매끈한 듯한 목질부가 가시처럼 날카롭게 일어나 피부에 박히니 배고프던 시절의 잣대와는 달라진 요즈음에는 그 쓰임새가 제한적일 수밖에 없는 탓이다.

통신 가설병으로 전방에서 군생활을 했던 나는 십중팔구 낙엽송이었던 이놈의 나무전봇대만 보면 치가 떨린다. 드넓은 철원 평야에 여기저기 세워진 목전주木電柱 위로 가설된 야전선은 낙뢰 설비를 하지 않아 한여름에 번개를 맞으면 수십 미터씩 비닐피복 안쪽의 금속 내용물이 녹아버렸고, 그 전주를 오르내리느라 전투복 앞섶과 손바닥에는 늘 나무에서 묻은 방부제 기름 찌꺼기와 가시가 박혀 있었다. ATT(대대 주특기 훈련) 경연대회 때는 군화 위에 착용하고 목전주를 찍으며 올라가는 '가우' 라는 장비를 연습하다가 미끄러져 날카로운 목전주 가시에 찔려 팔이 성한 적이 드물었다. 남들은 군대생활 했던 방향으로는 오줌도 안 눈다지만, 나는 취객은 물론 동네 개까지도 오줌을 지려대는 나무전봇대만 봐도 마렵던 오줌이 쏙 들어가버릴 정도이니…….

1974년 화전민을 대거 권고 이주시킨 성황림마을 골짜기의 화전들은 마을 주민들이 동원되어 낙엽송이 심겨졌는데, 그 후 그 나무가 키만큼 자라는 2~3년까지는 산림청 주도로 한여름에 묘목 주위의 키를 넘는 풀들을 제거해주는 작업을 벌였다. 집집마다 한 명으로 제한되는 이 풀 깎기 작업은 지금의 취로사업처럼 품값을 쳐주었는데, 대개 아버지나 형 같은 장정은 집 농사일을 하느라 못 나왔기에 부녀자들 몫으로 돌아갔다. 중학교 시절 여름방학 때라 나도 가끔 그 속에서 한몫의 일꾼으로 참여하곤 했다.

키를 넘는 뺑대(쑥)가 대부분인 화전 묵밭에 나무 한 골씩을 맡아 올라가며 풀 깎기를 하다보면 뱀이 나타나기 일쑤였다. 그때마다 아주머니들은 나보다 두 살 위인 동네 뱀장사 아들인 기태 형을 불러댔다. 그러면 자기 줄 앞의 풀을 깎다 말고 재빨리 달려가 양말도 신지 않은 까막고무신 발로 뱀을 밟아 잡던, 아니 숫제 주워들던 기태 형! 돌담에 반쯤 들어간 살모사도 맨손으로 꼬리를 잡아당기던 그 형에게 풀 깎기는 여벌 일인 듯했으니, 내려올 때면 늘 묵직해 보이던 그 손에 들려 있던 누런 광목자루의 기억이 새롭다.

그 시절 그렇게 살려놓은 화전의 낙엽송 군락이 40년이 지나 거의 아름드리가 되는 동안 세상은 변했고, 그 요긴했던 전봇대로서의 용도도 상실했다. 질 좋은 수입 목재에 밀려 이처럼 하루아침에 애물단지로 전락할 줄 누가 알았을까.

어쨌거나 '조용한 아침의 나라' '은자隱者의 나라' 등 조선의 개화기에 현대 문물과 함께 등장해 새로운 시대를 열어준 낙엽송의 공로는 결코 적지 않다. 군사 우편을 배달하고 돌아가던 1970년대 우편배달부의 자전거 길 너머로도, 미루나무 길 신작로 옆이나 아득한 철길 따라서도 끝없이 이어지던 나무전봇대의 행렬. 그 길 끝에 이어질 미지의 세계를 동경하던 시절 그 때 묻지 않은 마음들.

"남이야 전봇대로 이빨을 쑤시든, 요강으로 꽈리를 불든."

직접적인 피해를 주지 않으면 상관하지 말아야 하는 개인주의가 팽배해가는 시대! 한때 방 두 개 사이를 뚫어 백열전구 하나를 켜고 동네 약국집의 전화가 온 동네의 연락 수단이며, 만화가게의 텔레비

전이 김일의 박치기 경기를 십 원 받고 보여주던 시절…… 그 새로운 세상의 경이로움을 배달해주던 낙엽송은 시멘트전주와 지중 케이블에 밀려 막중했던 시대적 소임을 마감한 채 훈장도 공로패도 없이, 언제 그런 시절이 있었냐는 듯 천덕꾸러기가 되어 산하를 뒤덮고 있다. 들을수록 밉상인 "일본잎갈나무"란 이름 때문에 세월 속에, 국민의식 속에 슬그머니 귀화하지도 못한 채.

그 나무전봇대가 그리웠을까? 무미건조한 느낌의 쇠전봇대가 너무 황량한 느낌을 주어서일까? 나뭇가지 모형을 둘러 꽂아놓은 21세기의 신식 전봇대에서 슬픈 낙엽송을 떠올리게 된다.

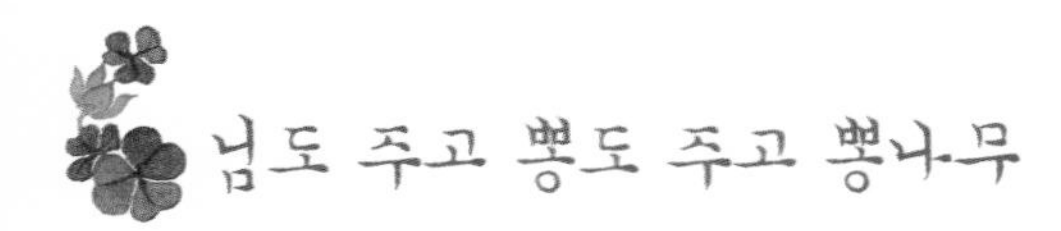

님도 주고 뽕도 주고 뽕나무

뽕나무 잎은 누에나방의 애벌레인 누에의 먹이였기에 일찍이 누에고치에서 실을 얻어 비단 짜는 기술을 발명했던 중국은 기원전 2500년경부터 뽕나무를 재배했다. 더욱이 이것으로 실크로드로 대표되는 동서 무역과 문화 교류의 역사를 열었으니, 이 나무 또한 인류 역사에서 한 역할 톡톡히 해낸 셈이다.

뽕나무는 뽕나뭇과 뽕나무속의 낙엽활엽교목으로, 키는 10미터 이상 자라며 넓은 잎은 계란 모양으로 가장자리에 톱니가 있고 원산지는 중국이다.

"헝! 참 그 뽕은 좋더라마는 똑 되기를 미천 조각같이 된 놈이 기름이 지르르 흐르는데 그놈을 먹이기만 하면 고치가 차돌같이 여물 거야!"

나도향 원작의 영화 「뽕」에서 고치 지을 때가 거지반 되어가는 누에를 두고 뽕이 모자라게 되자 주인 노파가 동업자 안협댁에게 넌지시 던지는 말이다. 결국 안협댁은 호시탐탐 자신을 탐하려는 삼돌이와 짝이 되어 남의 뽕을 훔치러 가고 뽕지기에게 들켜 정조를 팔아 뽕값을 대신한다.

엉덩이를 흔들며 걸어가는 이미숙의 뒤태와 이대근의 실감나는 헛물켜기 연기로 원작을 능가해 에로영화의 전설이 되어버린 영화 「뽕」이나, "칠보단장에 뽕 따러 가세!" "님도 보고 뽕도 따고" 등의 전래 민요나 속담을 보더라도 우리 민초의 일상에서 뽕은 가족관계와 고된 농사일에서의 일탈을 꿈꾸는 청춘들의 해방구였다.

『시경詩經』에서 연유한 고사성어 '상중지회桑中之會'는 남녀의 밀회를 일컬으니, 뽕나무에서 뽕 이외의 것을 추구하기는 나라와 고금古今을 통틀어 크게 다르지 않은 모양이다.

뽕나무라는 이름의 기원을 더듬어보자면 '나무의 잎을 딴다'는 의미의 한자어 뽕나무 상桑은 그럴듯한데, 우리말 '뽕'은 언제부터 불렸는지, 그 어원이 어디에서 왔는지 도무지 알 길이 없다. 대개 뽕나무의 열매인 오디를 먹으면 방귀가 잘 나와 그 방귀 소리를 딴 이름이라 적고 있으나, 방귀라는 발상 자체가 '뽕'이 주는 이미지에서 출발한 것인 만큼 그다지 신통한 해석은 아닌 듯하다.

성황림마을의 꾸러기 시절 밭가에 있는 뽕나무 오디가 까맣게 익으면 네 살 위의 누이와, 원래는 노란색이었지만 모래와 짚수세미로 하도 문질러 아예 하얗게 되어버린 양은 벤또를 들고 나무에 올라가 입 주위가 시커멓게 되도록 따 먹었다. 그렇게 먹다가 가득 따 담고 내려와서는, "야! 니 문데이다!" "니는 깜데이다!" 하며 서로의 얼굴을 보고 웃다가, 드러난 시커먼 이빨을 보고는 또 허리가 부러져라 웃어젖혔다.

봄볕 따사로운 툇마루에 앉아 벤또에 한가득 따온 오디를 숟가락으로 눌러 국물을 홀짝일 때 누이는 마당에 쪼그리고 앉아 혼자 공기놀이를 하며 콧노래를 흥얼거렸다. 오디가 큰 개량종은 '왜뽕' 이라 불렀는데 뽕잎은 크고 실하지만 오디가 밍밍하니 맛이 없고, 어른들이 '조선뽕' 이라 하는 놈이 오디는 작지만 달고 맛있었다.

오디뿐 아니라 영서지방에서 '글코' 라고 부르는 '뽕나무버섯' 은 맛난 먹거리이고, 기생하는 겨우살이는 '상기생桑寄生' 이라 하여 '상황버섯' 과 함께 한방의 주요 약재다. 그 잎을 먹고 자란 누에는 고치를 지어 비단을 제공하고, 고치를 빼고 난 애벌레는 각종 질병에 탁월한 치료 효과를 보인다는 동충하초의 숙주로 이용되거나 도심에서 자란 어린이들에게는 고물장수의 리어카 위 연탄 화덕에서 끓던 "데게데기 뻔!"과 함께 고깔에 담아주던 쫍쪼롬한 국물의 추억을 제공한다. 최근에는 누에 자체를 가공하여 '쓰러져 있는 남성의 자존심' 까지 일으켜 세운다는 "누워 있지 말그라!"인지 "일라 보그라"인지까지 만들어낸다고 하니, 그 대단한 인간 군상을 대표해 큰절이라도 올려야 하는 건지…….

남녀의 사랑을 표현한 중국의 그림에서는 두 사람의 애정 표현과 함께 아름다운 비단옷이 나타나 있어 뽕나무를 연상케 한다. 손에 부채를 든 여인은 아마 건물 건너편의 풍경을 보고 있었던 것 같고, 남자는 몰래 다가가 여인의 발을 잡아 당기면서 놀라게 하는 것 같다.

'상전벽해桑田碧海'는 뽕나무밭이 푸른 바다로 변할 정도의 산천 지형의 변화를 뜻하니, 뽕나무밭이었던 잠실벌이 아파트 숲으로 변하고 자고 일어나면 벌판에 신도시가 지어지는 개발 광풍의 시대에 딱 어울리는 말이다. 몇 년 전에 상하이를 시찰했던 북쪽의 김정일 위원장이 그 놀라운 감회를 '상전벽해'라 하지 않고 '천지개벽'이라 한 것이 상식의 폭인지, 놀라움의 강도인지 아리송하게 했던 일도 있었다.

뽕나무는 내게는 어릴 적 어머니의 '창窓'이다. 매번 한 장씩 치던 누에를 어머니의 욕심으로 반 장을 늘려 한 장 반을 치던 어느 해

참나무에 열린 뽕나무 버섯.

뽕나무 잎을 먹고 자란 누에고치에서 실을 뽑아내는 장면을 묘사한 일본의 그림.

였다. 석잠 잘 때쯤 며칠 동안 계속 비가 와서 할 수 없이 비 맞은 뽕을 먹였더니 누에가 그만 병이 들어버렸다. 구들장이 꺼져라 쉬던 한숨과, 그리고 어찌어찌 회복이 되어 막잠 잘 때쯤에는 집뽕이 바닥나 산으로 뽕 따러 가실 걱정으로 지새우던 밤.

고치가 '수등秀等'을 맞으면 사준다고 약속한 신발에, 족대에 들떠 온 식구가 모여 앉아 장기판 위에 철사를 설치해 돌리며 다듬던 누에고치. 그러고는 해가 중천에 걸렸을 때부터 당숲 어귀에 나가 멀리 미루나무 길 신작로를 응시하던 눈동자만 하얀 꼬맹이. 꼬맹이가 기다리던 고치를 팔러 가신 어머니 생각에 목이 멘다.

다시 돌아갈 수 없고 느껴볼 수 없는 어머니의 숨결. 무심한 세월은 그 자리에 뽕나무 버섯을 따는 철녀들을 데려다주었지만. 뽕나무, 오디, 누에고치…… 참 그리운 말들이다.

오만의 극치 참나리꽃

오만傲慢의 극치로다.

는개 오는 신 새벽

가시덤불 위에서

나신裸身으로 춤을 추는

유월의 여왕.

샛바람만 불어도

청산이 엎드리네.

- 이현우, 「참나리꽃」

이현우의 이 시처럼 참나리꽃을 잘 그려준 표현이 또 있을까?

진달래로 시작되어 복숭아꽃, 살구꽃, 생강나무, 산수유 등 온 산과 들을 연분홍과 노랑의 꽃대궐로 치장했다가, 배꽃이며 이팝꽃, 귀룽나무, 야광나무가 한바탕 흰 꽃의 향연을 펼치고는 슬그머니 봄

의 제전이 막을 내리면, 백화百花의 경연장 속에서 무더기 꽃의 하나로 묻히고 싶지 않았던 여름 꽃들이 참았던 꽃망울을 터뜨린다.

여름 꽃은 생명력을 축적한 자신의 몸체에서 힘차게 피워올리는 데다 독불장군의 개체를 이루는 것이 많아 대개 카리스마가 넘친다.

'샛바람만 불어도 청산이 숨을 죽이는 오만의 극치.' 참나리는 꽃잎을 떨어뜨리고 온통 푸른 잎으로 갈아입은 신록을 배경으로 야산에, 개울가에, 가시덤불에 홍일점으로 핀다. 키를 훌쩍 넘기는 위용과 주변을 압도하는 커다란 붉은 꽃에 걸맞게 늘 제비나비나 호랑나비 한두 마리를 거느려 여름 꽃의 여왕이라는 칭호를 붙이기에 손색이 없다.

백합목 백합과 백합속의 우리말 이름인 '나리'는 언제부터인가 일반인의 의식 속에 백합=개량종, 나리=야생종 또는 백합=흰색, 나리=붉은색의 이미지가 고착화되고 있다. 하지만 얼핏 흰 백白이 연상되는 백합이라는 이름은 정작 양파 같은 알뿌리의 여러 겹 조각에서 기인한 일백 백百의 '백합百合'이다. 전 세계적으로 가장 많이 유통되는 꽃 중의 하나인 이놈이 태양빛이 작렬해 눈부시는 듯 예쁜 이름 '나리'로 불리지 못하는 것이 참 아쉽다.

머리, 다리, 허리, 거리, 소리, 보리, 자리, 누리, 우리……. 받침 없는 초성에 '리'로 끝나는 우리말은 대개 생활 속에서 비중이 큰 말들이라 한낱 꽃의 이름이기에는 너무 예쁜 '나리' 또한 궁금증을 못 이겨 어느새 사이비 어원 연구가로 변신해본다.

나리를 나름대로 거슬러 오르다 날—낮—햇볕에 이르러서는 그 작렬하는 한여름의 태양에 이글거리는 붉은 꽃잎을 말아올려 주변을 압도하는 그 풍광에 절로 고개를 끄덕여도 보고. '날이 저물다'는 표현 속에 아직도 쓰이고 있는 '날'과 태양의 관계는 언어의 뿌리를 함께하는 몽골어의 '나라nara(태양)',

일본어의 '나츠natsu(여름)' 에서도 찾을 수 있다. 화관의 제왕 장미rose도 어원을 거슬러 오르다보면 붉다red의 본질인 태양에 이르게 될 테니……. 박사 아니고 사이비라고 미리 말해두니 참 좋다. 아님 말고.

꽃으로 누린 영광이 너무 과분해서일까? 짧은 시대를 풍미하다 후사 없이 사라져간 신라의 여왕들처럼 참나리는 정작 꽃에서는 열매를 맺지 못하고 잎과 줄기 사이에 맺힌 '주아' 라는 구슬 눈으로 다음 생을 기약하니 참으로 오묘하고도 다양한 생명 윤회의 모습들이다.

한방에서는 비늘줄기를 진해, 강장, 백혈구 감소증에 약재로 쓰기도 한다.

들과 산 초입의 양지녘에 주변의 초목들 사이로 훌쩍 고개를 내밀어 피어난 참나리가 작렬하는 한여름의 태양에 살포시 고개를 숙인 믿음직한 맏이라면, 숲그늘에 허리께쯤 자라 하늘을 향해 바짝 고개를 치켜든 당돌한 막내 같은 녀석은 꽃잎이 하늘을 향해 펼쳐졌다 해서 '하늘나리', 그리고 잎이 어긋나지 않고 우산처럼 한군데 빙 둘러 난 놈은 '하늘말나리' 이다.

푸르르기에 여념 없는 삭막한 여름 산의 그늘에 듬성듬성 피어나 경이로움을 주는 하늘 말나리의 자태는 그야말로 예술이다. 덩치에 비해 저토록 크고 붉은 꽃을 피우려니 햇볕 한 줌이라도 더 받아들이려고 온몸을 하늘로 열고 있는 것이 아닐까? 생각이 여기까지 이르니 형제들을 턱밑에서 치받는 되바라진 막내 같은 당돌함은 불

헌듯 사라지고, 열악한 조건에서도 제 본분을 다하려는 성실한 민초의 느낌으로 다가온다.

이 밖에도 솔나리, 뻐꾹나리, 털중나리 등 8종 정도가 우리나라에 자생하고 있다. 특히 울릉도 성인봉 주변의 분화구에서는 '섬말나리'가 장관을 이루어 '나리분지'라는 지명이 붙기도 했다.

꽃을 좋아하셔서 겨울을 빼고는 계절별로 피어나는 꽃을 온 오랍뜰에 가꾸셨던 어머니의 꽃대궐 마당가에서, 정자 옆에서 여름 풍광을 압도하던 꽃! 뒷산에서 쇠꼴을 베다가 마주쳐도 그 검붉은 위용에 차마 베지 못하고 낫질을 피하게 되던 나리. 산중에서 마주친 소녀의 이름 같은 꽃!

눈이 시릴 듯 푸르른 산야의 신록 사이로 붉게 피어난 홍일점 너를 어찌 '여름 꽃의 여왕'이라 하지 않으리.

하늘말나리.

손대면 톡! 봉황을 닮은 여인의 자태 봉선화

봉선화는 문헌상으로 850년 전 고려의 문신 이규보의 시집 『동국이상국집』에 '봉상화鳳翔花' 라는 이름으로 처음 등장하는데, 동남아시아와 인도가 원산지인 이 꽃이 전래된 오랜 역사를 짐작할 수 있다. 조선시대에는 '봉선화鳳仙花' 또는 '봉숭아' 로 명칭이 바뀌어 규방 여인이 손톱에 물들이는 심정을 담은 허난설헌의 「봉선화歌」 등이 전한다.

울밑에선 봉선화야! 네 모양이 처량하다.

3 · 1운동 직후 일제의 총칼에 짓밟힌 민족의 운명을 울타리 밑에 피어 있는 봉선화에 빗대어 노래한 홍난파의 가곡으로 더욱 유명한 봉선화는 1912년 『매일신보』에 연재된 이해조의 신소설 제목이기도 한데, 한결같이 연약하고 구박받는 가련한 여인의 모습으로 그려지고 있다. 어이구, 이놈은 씩씩하면 안 되는겨?

1919년 3·1운동을 벌이며 광화문 기념비각에 몰려든 시민들. 봉선화는 3·1운동 직후 총칼에 짓밟힌 민족의 운명을 빗댄 노래로 유명하다.

봉선화는 오래전부터 손톱에 연분홍 꽃물을 들이던 우리 여인네들의 고운 마음이 담겨 있는 꽃이다. 나는 네 살 위의 누나가 손톱물을 들일 때 떼를 쓰면 더불어 싸매주던 광목천과 칭칭 동여맨 무명실의 감촉을 아직도 잊지 못한다. 그 정성에도 불구하고 조급증을 이기지 못해 늘 손톱에 물은 누르뎅뎅하게 들다 말았지만.

무환자나무목 봉선화과의 한해살이풀 봉선화. 오랜 세월 관상용으로 사람의 손에 가꾸어진 '울밑에 선 봉선화'가 침탈받아온 우리 민족과 가련한 여인네의 표상이라면, 갯가에 흐드러진 '물봉선'은 질긴 생명력과 손 타지 않은 야생의 섭생이 돋보이는 우리나라 원산의 민초이다. 이름처럼 꽃 모양이 봉황을 닮기도 했지만 꿀샘까지는 긴 대롱으로 말려 있어 주둥이가 여간 긴 것이 아니고는 물봉선의 꿀을 먹을 수 없으니, 아무에게나 제 몸을 허락하지 않는 격조가 있다고 해야 하나?

물봉선 꽃을 따서 입에 물고 높은음자리처럼 말린 끝을 펴며 쪽 빨아당기면 달콤한 꿀물이 입으로 쏙, 들어온다. 어렸을 적 그 달콤함에 매료되어 입술이 푸르뎅뎅해지도록 빨아댔다. 신록들의 푸르러짐도 그 정점을 찍고 이제는 안간힘을 끌어올려 열매에 온힘을 쏟을 무렵, 계곡 가장자리와 야산 습지에 지천으로 피어난 물봉선은 가을꽃이라 그런지 마냥 부푼 가슴으로 바라보던 봄꽃과는 달리 스산한 느낌이다.

대부분의 통꽃은 소박한 느낌을 준다. 형광색 종 모양의 꽃 사이

로 '뎅~뎅~뎅~' 학교 종을 울리던 수줍은 여자 교생 선생님의 손끝에 잡힌 손잡이 추처럼, 꽃술이 빠꼼히 고개를 내민 층층잔대의 꽃, 조신한 정경부인의 가마 끝에 매달려 설레는 친정나들이의 앞길을 희끄무레 밝히는 연등 모양의 모시대꽃, 십수 년을 쟁기를 끌고 새끼를 낳아 윗버등 논 닷 마지기에 덧둔지 밭 두 뙈기를 장만하는 등 함께 살림을 늘려온 우리 누렁소 목덜미에 매달려 딸랑딸랑 기척을 전하던 워낭 모양의 더덕꽃에 이르기까지.

그러나 마치 황혼에 더욱 붉게 타는 노을처럼 저무는 생명들의 가을 자락을 그냥 놓기가 아쉬워서일까? 통꽃에 이어진 세 장의 꽃

더덕꽃.

잎 하며 갈수록 좁아지다 길게 대롱지어 말린 꿀주머니에 이르는 그 오묘한 자태와 강렬한 색깔의 물봉선은 화려하다.

노랑물봉선은 분홍물봉선과는 또 다른 토종이다. 노랑은 새색시의 부끄럼을 떠올리게 한다. 살짝 흩뿌려진 분홍의 점들은 수줍은 듯하면서도 유혹의 몸짓언어를 흘리는 처녀의 볼우물처럼 진노랑과 더하지도 덜하지도 않게 잘 어울린다. 대부분의 홀씨들이 바람에 날리거나 사람과 짐승의 몸에 붙어서 씨앗을 퍼뜨리지만, 이놈은 남의 신세 지지 않고 때가 되면 껍질의 팽창력으로 씨앗을 멀리까지 튕겨 낸다.

'손대면 톡!' 꺼질세라 터질세라 조바심 내는 놈은 정작 꽃이 지고 난 후에 잘 영근 씨방이니,

> 손대면 톡! 하고 터질 것만 같은 그대
> 꽃이 지고 난 후에 맺힌
> 잘 영근 봉선화씨방이라 부르리

이렇게 고쳐 부르라고 하면 그러지 않아도 한 해 한 해가 전 같지 않음에 인생무상을 느끼던 '철이 행님', 숨차 죽는다며 몽둥이 들고 쫓아올까?

성황림마을의 어느 가을날 계곡가로 내려서서 잘 영근 물봉선의 씨앗에 살짝 손을 댔더니, 그야말로 울고 싶

백제금동대향로, 국보 제287호, 국립부여박물관. 금동대향로 뚜껑 정상 구슬 위에 봉황이 턱 밑에 구슬을 끼고 서 있다. 봉선화는 봉황을 닮았다 하여 붙여진 이름이라 한다.

던 차 뺨 맞은 것처럼, 칼 대기를 기다렸다는 듯 벌어지는 수박처럼, 어쩌면 손에 들어올 듯 잡히지 않는 짝사랑 그녀처럼 '톡' 튕기며 씨앗들이 흩어진다.

물봉선 씨앗.

고향에서 부르는 청산별곡 다래

살어리 살어리랏다 청산에 살어리랏다
머루랑 다래랑 먹고 청산에 살어리랏다
얄리 얄리 얄라셩 얄라리 얄라~

고려판 안빈낙도를 노래한 작자미상의 고려가요 「청산별곡」이 교과서에 실려 도시에서 자란 이들에게도 이름은 낯설지 않은 나무. 측막태좌목 다래나뭇과의 덩굴성 관목인 '다래'는 근처에 있는 바위나 나무를 타고 수십 미터씩 뻗어간다. 낮은 야산에서 높은 봉우리 근처까지 우리나라 산 어디에든 지천으로 분포해 머루와 함께 야생 과일의 대표라 하기에 손색없다.

다래는 5월경에 예쁜 꽃을 피워내는데, 만산백화 흐드러진 계절에 나무의 덩치에 비해 비교적 작은 꽃을 피우는 터에 그리 눈에 띄지 않지만, 자세히 들여다보면 암꽃과 수꽃이 따로 핀 상아색의 앙증

스런 모습이 아름답기 그지없다.

계곡 주변이나 야산 등 우리 산하 어디에나 집채만 한 덤불을 이루고 있는 다래나무의 용도는 봄철에 햇순을 따서 삶아 말려뒀다가 비축해두는 묵나물로 시작된다. 연하고 보드라운 다래순나물은 삶아 말리는 나물 중에 최고로 쳐줄 만큼 맛이 좋다.

그다음 용도는 아이들의 장난감이다. 어릴 적 장난감이라고는 자연에서 얻어진 것뿐이던 시절, 다래나무로는 주로 딱총을 만들었다. 속이 빈 나무의 특징을 이용해 어리고 곧은 가지를 한 뼘만 하게 잘라 총통을 만들고, 손잡이 쪽은 총통에 들어가는 굵기의 가늘고도 단단한 싸리나무를 꽂아 고정시킨다. 총알은 종이를 질겅질겅 씹어 위쪽을 막고 아래쪽에 또 다른 종이를 끼워 싸리나무 손잡이 쪽 끝을 들이밀면 공기 압축에 의해 뻥! 소리가 나며 앞쪽의 종이가 튕겨나간다.

그 위력이 만만치 않아서 파리를 잡는다거나 학교에서 여자아이들 뒤통수를 쏘는 재미도 쏠쏠했지만, 다래나무 딱총의 묘미는 무엇보다 총알을 만드느라 새마을신문에서부터 방학 책, 사전 등 종류마다 맛이 다른 짭조름한 종이맛을 실컷 보는 데 있었다. 그중에 변소에 한 달쯤 놓여 있던 새농민 잡지의 씹을수록 짭조름한 맛은 아직도 잊히지 않는다. 종이가 흔치 않던 시절이라 집집마다 풍년초 궐련을 말아 피우시던 할아버지와 종이 확보 신경전을 벌이던 시절이었으니.

농촌에서 새끼 소가 중송아지쯤 되면 일을 시킬 때 순종하게끔 코뚜레를 하는데, 그때 주로 사용되던 나무 또한 다래나무이다. 다래나무는 불을 이용하여 휘면 둥그렇게 휘게 하며 무엇보다 마디가 없다. 또 껍질을 벗겨내면 매끄럽고 질기기 때문에 단단한 싸리나무를 뾰족하게 깎아 송아지 코의 생살을 뚫은 뒤 미리 둥글게 휘어놓았던 다래나무를 꿰어 외넘기 새끼를 꼬아 주인만이 알 수 있는 코뚜레와 고삐매듭을 만든다. 농가 헛간 어디나 두어 개는 둥글게 휘어서 걸어놓았던 코뚜레의 기억이 새롭다.

옛날 아주 흉악한 놈을 가리켜 소도둑놈 같다 했는데, 농경사회

우시장. 다래나무는 쇠코뚜레 만드는 데 쓰였는데, 이른바 소도둑들은 표식인 코뚜레를 바꾸어 '소 세탁'을 해서 우시장에 나갔다.

에서 소는 재산의 가장 큰 부분이었고 소를 훔친 자들은 소마다의 표식인 코뚜레와 외넘기매듭을 바꾸어 이른바 '소 세탁'을 해서 우시장에 끌고 나갔다고 한다. 이처럼 내 어릴 적인 1960년대 후반만 하더라도 성황림마을의 생활 풍경은 조선시대와 그리 다를 것이 없었고, 이따금 소를 도난당해 점쟁이를 동원하고 굿을 하던 풍경이 그리 낯설지 않았다.

성황림마을에도 계곡을 지나 산등성이로 올라서려면 어디나 울창하게 우거져 밀림을 방불케 하는 다래나무덩굴을 지나야 한다. 늘어뜨려진 가지 하나 붙잡고 매달려 "아으~ 아으~" 소리라도 질러대면 타잔이 따로 없던 터였다.

다래나무의 백미는 뭐니뭐니해도 손가락 한 마디만 하게 말랑말랑하게 익는 열매에 있다. 달다는 뜻에서 유래한 듯한 '다래'이고 보면 그 열매의 달콤함은 짐작대로인데, 덜 익은 것은 약간 떫지만 따다가 며칠 두면 절로 익으니 인간에게는 참 순종적이다.

우리나라의 대표 야생과일이라 하기에 주저함이 없는 머루와 다래! 그런데 요즘 어찌된 영문인지 산머루는 점차 사라져가고 다래만 흔하다. 산성비와 관련이 있을까?

우리 민족은 맛의 최고봉을 단 것, 꿀맛으로 표현했다. 진달래와 달래 역시 '달다'에서 온 것일 테고, 머루는 사내아이, 다래는 계집아이의 이름으로 즐겨 쓴 것을 보면 '다래' 이놈도 우리 민초의 생활사에서 예사로 넘길 존재가 아니다.

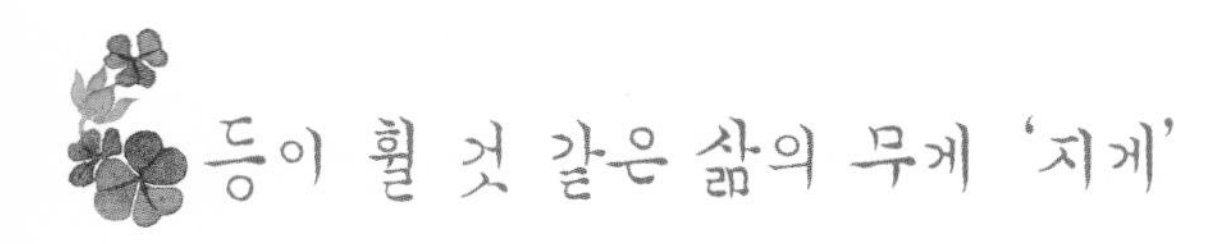

등이 휠 것 같은 삶의 무게 '지게'

"등이 휠 것 같은 삶의 무게여."

1970년대에 굵은 음색으로 가슴을 후벼 파던 임희숙의 「내 하나의 사랑은 가고」의 이 대목을 듣노라면 정말 육신을 짓눌러오는 고달픈 삶의 무게가 온 몸으로 느껴진다.

'삶의 무게!'

오랜 세월 민초들의 어깨 위에 걸머져 온몸을 짓눌러온 지게처럼 일상 속에 깊숙이 파고든 생활 수단이 또 있을까?

마른나무목 가달나뭇과의 무엽사목無葉死木!

쌍둥이 지게 가달(가랑이의 사투리. 여기서는 지게의 다리)은 마르면 가벼운 소나무가 제격이다. 두 개의 지게 가달에 끌로 구멍을 내어 가로지르는 네 개의 세장(지게의 두 다리 사이에 가로 박아 맞추어놓은 나무)은 질긴 참나무나 물푸레나무를 넓적하게 깎아서 끼운다. 그

구한 말 물지게꾼들의 모습.

런 다음 칡줄기나 6 · 25 동란으로 전국 산야에 널려 있던 야전선으로 탕갯줄을 하고는 탕개를 끼워 삐걱거리지 않도록 단단하게 조인다. 그러고는 짚으로 등태와 밀삐를 만들어 달면 완성되는 지게는, '디딜방아'와 함께 비록 잘리고 깎였지만 '민초의 삶에 깃든' 나무에서 빼놓을 수 없는 존재다.

이른 봄 비탈밭 감자 파종에 종일토록 거름과 씨감자를 져 나르시던 아버지의 지게에 올라앉아 집으로 돌아오던 길에 보았던 그 세상을 나는 아직 잊지 못한다. 점심으로 날라온 빈 그릇들을 담은 함지박을 이고 뒤따르는 어머니와 맥쩍게 허공에 빈 호미질을 하며 지게에 올라앉은 나를 시샘해 눈을 흘기며 따라오던 갈래머리 누나. 그리고 푸념인 듯 흥얼거리는 아버지의 노랫가락에 맞춰 간간히 지게 목발을 두드리면 나던 지게 작대기의 둔탁한 음. 거름 냄새 나는 싸리 바소쿠리(짐을 싣기 위하여 지게에 얹는 소쿠리 모양의 물건인 '발채'의 방언)의 듬성듬성한 틈새로 내려다보면 여기저기 어스름녘 연기가 피어오르던 동화 같은 마을 풍경.

지게는 양다리 디딜방아, 발무자위(발로 돌리는 수차水車)와 함께 우리 민족의 3대 발명품으로 꼽힌다. 기록상으로는 서기 310년 신라 흘해 이사금 때 최초로 등장하여 당시 교류가 많던 일본에 전해져 대마도에서는 지금도 '지카이'로 불리고 있는 지게. 세계의 수많은 인력 운반 수단을 통틀어도 지게처럼 효율적인 전천후의 수단은 없다. 구한말 상투 튼 옹기장수의 어깨에 지어진 고달픈 삶의 무게도 지게요, 식량이 절대적으로 부족하던 시절의 일본을 그린 이마무라 쇼헤이 감독의 명화 「나라야마 부시코」에서 다시는 돌아오지 못할 산으로 어머니를 버리러 가는 주인공 등 뒤에 걸머진 것도 우리에 의해 전해진 지게이며, 생소한 산악지형에 운송 수단이 없어 쩔쩔매던 한국전쟁 참전 유엔군의 무기를 날라줘 양코배기들에게 "원더풀"을 연발케 하던 것도 지게였다.

지게는 근대문학의 단편에도 곧잘 등장한다. 순이가 준비해온 조반을 맛나게 먹고 행복에 겨워 산속으로 들어가는 현보의 등에 걸린 지게는 정비석의 「성황당」에서, 병들어 배부른 아내를 지고 대학

병원을 찾아가는 주인공의 등에 지어진 지게는 김유정의 「땡볕」에서, 흥부의 집에서 화초장을 얻어 지고 나오는 놀부의 등에 걸린 지게는 「놀부전」에서, 꾀병을 부리느라 마당에 드러누운 주인공 옆구리를 찌르고 어깻죽지를 내려치는 장인 손에 들린 지게 작대기는 김유정의 「봄봄」에서…….

어렸을 적부터 제 크기에 맞는 지게가 맞춰져 한몫의 일꾼 역할을 해야 했던 내 동년배 승삼이에게 지게는 유년에 이어 청춘에까지 멍에가 되었다. 그 친구의 모습은 늘 지게와 함께였고 소원은 늘 한 가지, 비가 오는 것이었다. 새둔지 둔덕에 지게를 받치곤 멀리 신작로에 교복을 입고 자전거를 타고 가는 친구를 부러운 눈으로 내려다보거나, 친척집에 놀러 왔던 서울 소녀와 데이트 약속을 하고도 비가 오지 않아 거름을 져 올려야 했던 승삼이. 방학이 되면 가끔 그 녀석을 따라 먼 산중턱까지 안들미(기름새의 방언)를 베러 갔고 날은 저무는데 꼴지게를 채울 일은 아득하기만 하던 기억들. 머지않아 승삼이는 청춘을 옭죄던 지게를 벗어던지고 청량리 행 열차를 타고 말았지만.

너는
천년 고향의 풋풋한 사내의
등짝에 척 들러붙어
두엄도 져 나르고
똥장군도 져 나르고

1900년 지게에 잔뜩 옹기를 쌓아 시장으로 팔러 나가는 옹기장수의 모습.

나뭇짐도 한 짐, 아니면

장에 갔다 돌아오는 뒷집 가시내

냇가 건너올 때 태워 준

지게, 지게의 짝이 되어

당당히 고향을 받치고 있어야 해

시멘트 바닥에

뾰쪽한 너의 다리 뭉그러지기 전에

어서 고향 지게 앞에 돌아가

맨 땅에 너의 발을

힘 있게 디뎌 봐

육자배기 한 장단

너의 발끝에 걸쳐 봐

– 박상률, 「지게 작대기」

도심에 낯설기만 한 촌부의 심정을 향수와 귀향 의지를 곁들여 지게 작대기에 비유한 진도 출신의 시인 박상률의 시이다. 지게 작대기는 키만 한 길이에 끝부분이 갈라져 받침 턱이 있는 막대에 불과하지만, 농부의 손에 늘 들려 있는 물건이라 그 쓰임새도 다양했다.

우선 꽉 차게 꾸린 지게짐을 지고 일어설 때에 버팀개로 없어서는 안 되고, 짓누르는 무게에 가쁜 숨 몰아쉬며 옮기던 걸음이 인고

물지게, 국립민속박물관.

의 한계에 이르러 쉬어갈 때 지게를 괴어주는 역할을 하며, 풀섶으로 사라지는 뱀을 눌러 잡기도 하지만, 때로는 닭장을 넘보는 이웃집 개를 쫓을 때나 야밤의 의심스런 인기척이 일 때도 우선 잡고 나서는 놈이다. 때로는 과년한 딸년의 늦은 귀가나 노름에 정신 팔린 아들놈의 '다리몽댕이'를 분질러버린다고 엄포를 놓는 데 등장하기도 한다.

그래서 가볍기는 개옻나무가 제격이지만 단단하기로는 물푸레나무가 제일이었던 지게 작대기. 그놈이건 저놈이건 막걸리 두어 사발 흥이 오르면 한쪽 밀삐만 걸머져 비스듬해진 빈 지게 목발을 두드리며 "석탄~ 백탄 타는 데는 연기나 펄~펄 나지요!" 사발가에 실은 신세타령을 주절거리는 농부에게는 북채나 장구채로 둔갑하기엔 마찬가지였으니.

이것은 '동바'라 부르는 꼬리도 있다. 기적의 끄나풀 나일론이 등장하기 전에는 피나무 껍질이나 삼으로 꼬아져 '물거리 나뭇단'(어린 잡목을 낫으로 쳐내서 만든 나뭇단)이나 꼴짐 등을 한 지게 단단히 꾸릴 때 없어서는 안 됐지만 생활고에, 노름빚에, 부부싸움 홧김에, 못 이룰 사랑에, 뒤란의 늘어진 뽕나무 가지에 슬그머니 이놈으로 목을 맨 인생 또한 적지 않으니, 농약병과 함께 격변기 농촌의 생목숨깨나 앗아갔던 존재이기도 하다.

1970년대의 새마을 운동과 새벽종 소리에 이은 문명의 이기利機 리어카에 경운기에 트랙터에 그 역할은 많이 내줬지만, 아직도 농가의 창고 한 귀퉁이를 차지하며 곧잘 삶의 수단이 된다. 허나 그렇다 해도 수천 년 연식에 상관없이 더 개량할 곳이 없는 한결같은 모양이니, 출고 후 3년쯤 지나면 모양도 성능도 바뀌어 구식이 되고 마는 작금의 자동차에 비하면 굿 디자인상을 받는다고 해서 될 일이 아니다.

"이게 지게라는 거야! 아빠가 어릴 적에는 이걸 지고 쇠꼴과 땔나무를 해 날랐지!"

"아빠도 했어?"

"그럼! 그것 때문에 이렇게 키가 안 큰 거야."

막내를 향해 지게를 져 보이고는 소싯적 얘기를 과장해서 너스레를 떨어도 보지만, 요즘 아이들은 도저히 느낄 수 없는 삶의 무게와 잿빛 추억! 아득한 그리움으로 다가오는 지게를 보며 고1 때 돌아가신 노인아버지의, 대비신 위로 걷어붙인 중우 아래로 드러난 앙상

한 다리가 떠올라 왈칵 눈물이 난다.

어머니는 돌아가시기 몇 해 전 지게를 잘 걸으시는(만드시는) 마을의 노인에게 부탁해 상원사에 지게 세 벌을 맞춰 불사하시곤 참 흡족해하셨다.

"거기는 아직 지게처럼 요긴한 게 없지" 하시곤 "저런 노인이 다 죽으면 지게 만들 사람도 없어. 내 죽기 전에 지게불사를 하니 마음이 흡족하다" 하셨다.

등이 휠 듯한 삶의 무게이기도 하지만 삶을 위한 요긴한 운반 수단이기도 했던 지게. 너를 빼고 어찌 민초의 삶을 말하랴?

죽어서도 주는 참나무

참나무는 나무와 잎, 열매 그리고 그루터기에 기생하는 버섯류에 이르기까지 하나도 버릴 것 없이 농경문화 속 삶에 기여해왔다. 오죽하면 이름조차 '진짜 나무' 인 참나무일까.

뭐니뭐니해도 참나무의 가장 요긴한 용도는 땔감에서 시작된다. 농가의 사랑채 처마 안쪽에 지붕에 닿도록 가지런히 장작으로 쌓여 배부르고 등 따신 것이 소원이던 민초들의 아랫목 구들장을 덥혀주고, 도시에서부터 연탄 시대가 본격적으로 도래한 1960년대 이전까지 수천 년 동안 우리네 삶 곁에서 불씨로 화원火源으로 같이해왔던 나무.

참나무, 참나뭇과 참나무속의 낙엽활엽교목이다. 잎과 수피의 성상에 따라 갈참나무, 신갈나무, 떡갈나무, 졸참나무, 상수리나무, 굴참나무 등으로 구분되며, 팽이 모양의 열매는 '도토리' 라 하여 묵을 만들어 먹는다. 또 다람쥐, 고라니, 노루, 오소리, 멧돼지 등 현재

굴참나무의 수피.

우리나라의 야생 생태계를 구성하고 있는 잡식성 산짐승들의 주 먹이원이기도 하다.

참나무의 변신은 불태우다가 산소 공급을 중단시켜 얻은 '참숯'에서 그 절정을 이룬다. 삼국시대부터 근대에 이르기까지 행세깨나 하는 집안에서는 숯을 피워 밥을 지었고, 탕약을 데우고 다리미를 달구며 화로에 피워져 긴 겨울밤 문풍지 사이로 새들어온 외풍을 잠재웠다. 더러는 왼 새끼줄 틈에 끼워 해산한 산모의 방문 앞에 둘러져 신성 구역을 표하기도 했고, 간장항아리 속에 띄워지거나 사대부 서가의 서랍 귀퉁이에서 습기로 인한 서책의 훼손을 막는 데도 쓰였다.

수요가 무궁하니 목구멍이 포도청이던 땅뙈기 없는 민초들의 생계 수단으로서의 유혹 또한 없을 리 없을 터. 정비석의 단편 「성황당」에서의 현보처럼 산중에 몰래 숯가마를 짓고 주변의 참나무를 베어다 숯을 구워 일본 순사와 산림감시원에 쫓기다 쇠고랑을 찬 인생 또한 적지 않았다. 그런 가만데이(몰래하는) 숯가마는 1960년대까지도 성황림마을의 골짜기마다 하나씩 자리잡고 있을 정도였다.

질기고 물과 습기에 의한 변형이 적은 참나무 목재는 콘크리트로 대치되기 전에 철도 침목과 탄광 갱도의 받침목으로 사용되었으며, 배를 만들거나 써레, 쟁기 등의 재료로도 쓰였다. 서양에서의 쓰임새 중 대표적인 것이 술을 넣어 오랜 기간 숙성시키는 데 쓰이는 술통이니 목재로서의 기여도 또한 적지 않다.

무독성의 넓은 잎은 떡을 찌고 싸는 데 쓰여 '떡갈나무', 짚신의 깔창으로 쓰여 '신갈나무' 였다. 또 산 초입의 참나무들은 손목 굵기가 채 안 되어서 땔감으로 베어다 쓰기 때문에 이듬해에는 새 가지가 관목 형태로

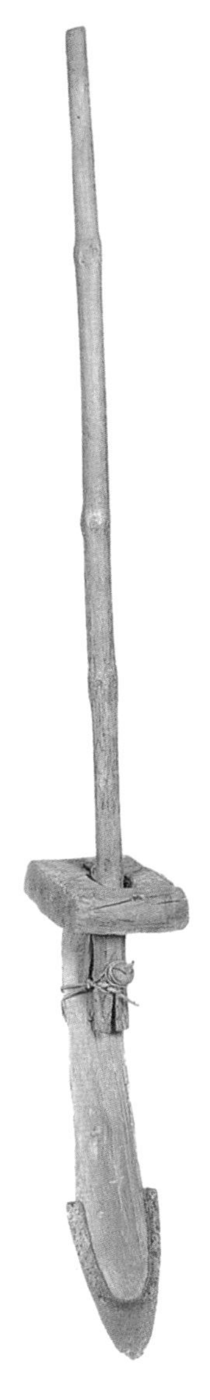

참나무로 만든 따비.

올라와 낮은 키에 넓은 잎들을 드리우는데, 그 새순의 잎을 '갈' 이라 하여 꺾어다가 논에 넣어 퇴비로 썼다.

모를 내기 전 써레질을 한 후 으레 논농사 일의 한 과정으로 행하던 '갈꺾기' 와 '갈넣기' 가 화학비료에 밀려 사라져버렸다고는 하나, 유구하게 이어 내려온 역사에 비하면 그리 오랜 세월이 지난 것도 아닌데 국어사전 한 귀퉁이에서조차 찾을 수 없다.

참나무 잎은 또 자연이 놀이터이던 시절 꾸러기들의 병정놀이에 단골로 등장했는데, 잎이 넓은 신갈나무나 갈참나무의 잎을 여러 장 따서 마른 나뭇가지로 비껴 꽂아 모자를 만든 뒤, 졸참나무나 밤나무의 작은 잎으로 갈매기 계급장을 만들어 붙였다. 본부 앞에 가지 몇 개 둘러 세우고도 모자라 어떤 녀석은 허리춤에까지 둘러 꽂고 이따금씩 성황림마을을 지나 행군하던 군인들을 흉내내기도 했다.

비록 모양과 크기에 차이는 있지만, 참나무라면 다람쥐에서 멧돼지에 이르기까지 자연 상태의 잡식동물들이 주식으로 삼고 있는 도토리를 맺는다는 것이 특징이다. 나무를 땔감으로 사용하지 않은 최근 30~40년 사이 소나무와 참나무가 박빙의 균형을 이루던 우리나라의 산은 솔잎혹파리나 지구온난화까지 거들어 급속히 참나무가 점령해가고 있는 실정이다. 이에 따라 야생동물의 개체군도 도토리를 주식으로 삼는 종 위주로 번성해가는 이상 징후를 보이니, 불행 중 다행이라 할지 다행 속에 불행이라 할지 모르겠다.

코르크층이 두꺼워 병마개나 흡음벽재로서 애용되는 굴참나무

껍질은 산간지방에서는 지붕재로 써 이른바 '굴피집'을 짓기도 했고, 갈참나무나 신갈나무는 밥상에 빠질 수 없는 표고버섯의 숙주로 이용되어왔다. 또 산 나무에 기생하는 겨우살이나 노루궁뎅이버섯 외에도, 죽은 그루터기에서까지 영지버섯이나 뽕나무버섯 등 인간에 요긴하게 쓰이는 약용·식용 부산물을 제공하는 참나무!

아직도 그대가 나를 사랑한다면
우리가 살던 레던호프의 큰 떡갈나무에 노란 손수건을 매달아주세요.

만약 손수건이 보이지 않는다면 나는 그곳을 그냥 지나치리니

교도소에서 출소하는 길, 옛 여인에게 지금의 마음을 떡갈나무에 리본을 달아 표시해달라는 심각한 가사 내용과는 달리 경쾌한 리듬과 특유의 음색으로 1970~80년대 전 세계를 풍미했던 토니 올랜도의 노래 'Tie A Yellow Ribbon Round The Ole Oak Tree' 에도 떡갈나무가 등장하는 것을 보면 참나무에서 느끼는 친근함은 동서가 크게 다르지 않은 모양이다.

땔감을 석유나 전기로 대체한 21세기의 문명인들도 참나무 신세를 진다. 불가마찜질방, 숯가마 원적외선, 참숯 목초액, 생고기 숯불구이, 건강 베개, 습기 제거제 등 다소 사치스런 뉘앙스의 수식어를 붙이고선…….

잎에서부터 껍질, 열매, 그루터기에 이르기까지 주변부의 삶을 위해 모두 내어주는 참나무의 삶. 진정한 '참살이' 는 베푸는 것에서 온다고 넌지시 말해주는 듯한 나무. 인간에게는 참으로 진실한 나무이다.

조국 근대화의 공신 앵두나무

앵두나무 우물가에 동네 처녀 바람났네
물동이 호미자루 나도 몰라 내던지고
말만 들은 서울로 누굴 찾아서
이쁜이도 금순이도 단봇짐을 쌌다네.

석유등잔 사랑방에 동네총각 맥 풀렸네
올가을 풍년가에 장가들려 하였건만
신붓감이 서울로 도망갔으니
복돌이도 삼돌이도 단봇짐을 쌌다네.

서울이라 요술쟁이 찾아갈 곳 못 되더라
새빨간 그 입술에 웃음 파는 에레나야
헛고생을 말고서 고향에 가자

달래주던 복돌이에 이쁜이는 울었네

천봉 작사, 한복남 작곡, 김정애의 노래로 1957년에 발표된 '앵두나무처녀' 라는 제목의 대중가요. 이 가사야말로 개국 이래 수천 년 이어져온 농업국이 전란 이후의 복구와 건설 과정에서 '서울공화국' 으로 변해가던 우리나라의 대표적인 모더니즘 열풍을 4음 4열의 3절 가사 속에 압축시킨 수작이다.

2차 세계대전 때 수탈에 혈안이 되었던 일제가 쫓겨가고, 준비도 없이 밀어닥친 정치와 경제의 급격한 자유화로 인한 혼란 속에 동족상잔의 전쟁으로 재차 초토화된 우리 국토였다. 얼마간의 공산 치하를 경험했던 많은 북한 사람들이 고향을 버리고 남쪽에 잔류함으로써 휴전과 함께 이미 거대 도시가 되어버린 서울. 외국의 원조나 경제개발을 표방한 혁명정부의 역량은 이곳에 집중될 수밖에 없었다. 서울은 명절의 민족 대이동 풍습과 막 보급되기 시작한 라디오 매체의 영향으로 평등과 기회가 보장된 이상향으로 온 국민의 마음 속에 자리하기 시작했다.

한편 농촌지역 마을의 공동 우물은 부엌일에 소 바라지에 들일까지, 해도 해도 끝이 없는 노동과 희망이 보이지 않는 미래에 절망하던 이팔청춘 동네 처자들의 푸념과 정보 교환의 장이었다.

"누구네 집 누구네 언니는 양복 매무새가 말쑥한 신랑감을 데리고 인사를 왔네. 누구는 편지에서 전차를 타고 창경원 밤 벚꽃놀이를

갔다더라."

풍문으로 들려오는 이야기를 입방아 찧는데 우물 가장자리에 십중팔구는 있게 마련인 키 작은 앵두나무까지 눈높이에서 연분홍의 꽃잎을 펼쳐내면, 그렇잖아도 진달래에 복숭아꽃, 살구꽃 휘황찬란한 봄꽃들의 향연에 울렁울렁 흔들리던 처녀 가슴에 불을 지른다. 물동이와 호미자루를 내던지고 야반도주하여, 지난 설에 왔던 동네 언니 주소 하나 달랑 들고 서울행 기차를 타게 했으니, 그저 제 소임을 위해 작은 가지에 띄엄띄엄 수수한 꽃을 피워냈을 뿐인 앵두나무로서는 울고 싶던 차 빰을 쳐준 격이 되어 억울한 누명만 쓰게 되었다.

처녀들이 떠난 후 의욕을 잃어버린 농촌의 총각들까지 지게를 벗어던지고 상경하여 눈 감으면 코 베어간다는 요지경 세상 서울에서 찾아낸 이뿐이의 현실은 그들이 상경할 때 꿈꾸었던 이상향의 도시만은 아니었다. 그러니 이 노랫말은 참으로 쉬운 언어만을 이어놓은 한 편의 서사시이다. 전문가의 해석조차 논란을 일으킨다는 난해한 단어들로 쓰여져 서구 모더니즘의 대표작으로 일컬어지는 T.S. 엘리엇의 「황무지The Waste Land」를 비웃기라도 하듯 쉽게 그려낸 한

시대의 현상과 그늘.

"믿어도 되나요 당신의 마음을
……
철없이 믿어버린 당신의 그 입술
떨어지는 앵두는 아니겠지요"

한번 덤탱이 쓴 누명조차 억울하기 그지없는데, 1978년에 미남 가수 최헌이 부른 「앵두」라는 노래에서는 한껏 유혹해놓고는 흔적도 없이 떨어져버리는 사랑의 변절자로 비유되고 있다. 그러니 그저 수수하고 보잘것없는 떨기나무로서 크지도, 그다지 맛있지도 않은 열매를 맺었을 뿐인 앵두나무로서는 로펌에 의뢰해 '명예훼손 청구소송' 이라도 내야 할 판이다.

"내가 뭘 어쨌는데요?"

'앵두나무.' 장미목 장미과의 낙엽활엽관목. 중국 원산으로 키는 1~3미터 자라며, 4월에 꽃이 피고 6월에 지름 1센티미터 정도의 작은 열매가 붉게 익는다.

조선전기의 학자인 성현成俔의 수필집 『용재총화』에 문종이 아버지 세종에게 손수 가꾼 앵두를 따드렸다는 기록이 있는 것으로 미루어, 조선전기 이전에 우리나라에 전해진 것으로 보인다.

아가야 나오너라 달맞이 가자
앵두 따다 실에 꿰어 목에다 걸고
검둥개야 너도 가자 냇가로 가자

한편 1954년에 발표된 윤석중의 「달맞이」에서도 보듯, 앵두는 먹는 과실로서의 용도보다는 투명한 듯 붉은색을 띠며 손대면 터질 듯 탱글탱글한 앙증스런 열매의 관상성이 강조되는 때가 더 많다. 한자의 앵櫻도 구슬이 빙 둘러 나무에 열린 형상을 뜻하며, 특히나 작고 도톰하며 붉은 여인네의 입술을 가리켜 '앵두 같은 입술'이라 하니, 명색이 과일은 과일인데 빛깔과 모양에 집중되는 찬사를 고마워라도 해야 하는 건지.

슈베르트의 가곡 「겨울 나그네」 속의 성문 앞 우물 곁에는 '보리수나무'가 있었지만, 우리네 마을 어귀의 공동 우물 곁에는 봄바람에 울렁이는 처녀 가슴에 물동이를 내던지도록 부채질한 '앵두나무'가 있었다. 그러니 1950~60년대에는 남의 집 살이나 화류계로 떠돌던 상경 인력이 1970년대에는 정부의 수출공단 육성 정책에 힘입어 가발, 가방, 봉제공장의 산업 역군으로 흡수되어 근대화의 숨은 공신으로서 한 역할 톡톡히 한 셈이 되었다.

그러고 보면 후발공업국의 성공 모델로, 선진국 문턱을 기웃거리는 이 풍요의 시대를 열어준 공로로 '우물가 앵두나무 공적비'라도 세워줘야 하는 건데…….

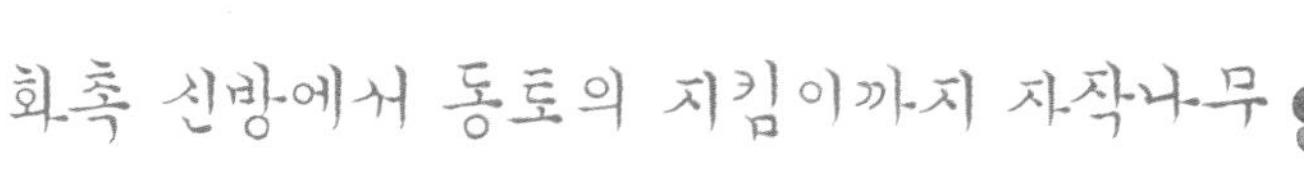

화촉 신방에서 동토의 지킴이까지 자작나무

산골집은 대들보도 기둥도 문살도 자작나무다
밤이면 캥캥 여우가 우는 산山도 자작나무다
그 맛있는 메밀국수를 삶는 장작도 자작나무다
그리고 감로甘露 같이 단샘이 솟는 박우물도 자작나무다
산山 너머는 평안도平安道 땅도 뵈인다는
이 산山골은 온통 자작나무다

– 백석의 「백화白華」

평안도 태생의 시인 백석의 시에서 그의 산골집을 온통 뒤덮은 '자작나무' 처럼 우리나라의 북쪽 지방을 고향으로 둔 이들에게 자작나무는 또 다른 고향의 상징이다.

흰 수피가 넓고 얇게 벗겨져 가녀린 여인의 살결을 연상하게도 하는 자작나무는 오히려 지구상에서 추위에 가장 강한 교목으로, 북

유럽에서 러시아 북부에 이르기까지 수목이 생존할 수 있는 극지와의 경계를 이루는 수종이다. 여러 겹으로 일어나며 벗겨지는 얇은 겉껍질은 기름기를 머금고 있어 불에 태울 때 자작자작 소리를 내기 때문에 자작나무라는 이름이 붙었다 한다. 또 등불이 없던 시절에는 자작나무에 불을 붙여 밤을 밝혔으므로 오늘날의 결혼식을 일컫는 '화촉華燭을 밝히다'의 어원이 되기도 한다.

자작나무의 얇고 흰 껍질은 예로부터 종이의 용도로 쓰여 여기에 불경을 새겨 넣거나 그림을 그리기도 했다. 경주 천마총의 말안장 장식에 그린 「천마도」 그림도 자작나무 종류의 껍질에 그린 것이고, 아시아 각지에서는 자작나무 껍질에 새긴 불경이 많이 발견되고 있다.

> 비로봉 동쪽은 아낙네의 살결보다도 흰 자작나무의 수해樹海였다. 설 자리를 삼가 구중심처九重深處가 아니면 살지 않는 자작나무는 무슨 수중공주樹中公主이던가!

소설가 정비석의 『산정무한山情無限』에 등장하는 금강산 자작나무의 자태이다. 차이코프스키의 음악이 깔리며 두 연인을 태운 수레가 달리던 「닥터 지바고」의 하얀 숲길도 자작나무숲이고, 대륙횡단열차 뒤로 끝없이 펼쳐지던 「러브 오브 시베리아」 속의 눈 덮인 하얀 나무들도 자작나무이며, 온통 눈으로 뒤덮인 툰드라의 살을 에는 혹한 속에 굶주린 늑대의 포효가 길게 새어나오는 곳도 자작나무숲이고, 이 나무껍질에서 자일리톨 껌을 만들어낸 핀란드의 산타마을을 이루는 것도 자작나무이다. 러시아의 국목國木이자 그들의 술 보드카를 거르는 숯

자작나무로 만든 괭이.

도, 슬라브족의 우주수도 자작나무이다.

참나무목 자작나뭇과의 낙엽활엽교목인 자작나무는 20미터까지 크는 큰키나무로 우리나라에서는 중부 이북지방의 고산지대에 분포하는 수종이다. 남한에서 볼 수 있는 자작나무는 1980년대 이후 인공 식재에 의한 수종으로 강원도 대관령 부근에 많고, 최근에는 공원수, 가로수 등으로도 심겨져 어렵지 않게 볼 수 있다.

자작나뭇과의 물박달, 거제수나무, 사스레나무 등이 자작나무와 비슷한 성상을 보여 구분하기 쉽지 않은데, 강원도에서는 통틀어 자작나무라 불렀으니 정작 진짜는 빠졌던 셈이다.

이 나무들은 표고 차에 따라 분포지가 구분되는데 해발 400~500미터에서 시작하여 물박달, 박달, 거제수, 자작나무, 사스레나무 순으로 분포한다. 백두산의 경우 자작나무보다 키가 작은 사스레나무는 2000미터 부근의 수목한계선에 밀집하여 흰 숲의 장관을 이룬다.

자작나무는 군락을 이루어야 제격이다. 홀로 초라해 뵈던 깡마른 나무가 군락을 이루면 금세 늠름해지며 혁명의 냄새를 피운다.

송호근 서울대 교수의 「나타샤와 자작나무」라는 글에서처럼 깊은 산속에서 하늘로 치솟아 무리를 이룬 자작나무에선 강력한 집단의 힘 같은 것이 느껴진다. 그러고 보면 환웅이 신시神市를 차린 태백산의 신단수神壇樹는 굵고 커다란 하나의 신목보다는 제단을 둘러싸고 하늘을 찌를 듯 울창하게 솟아 있는 백두산정의 자작나무숲이 더 어울릴 것 같다.

사례집요 목판, 자작나무, 19세기, 온양민속박물관. 관혼상제 관련 내용을 함께 담은 목판으로, 자작나무가 사용되었다.

북풍한설 속의 모진 풍상을 마다 않고 인간을 위한 지구의 북쪽 울타리가 되어준 자작나무. 그 모진 환경에 걸맞지 않은 희고 고운 자태로 경외감까지 주니, 자작 아니라 백작에 공작으로 격상시켜 동토冬土의 영주嶺主로 봉한다. 또한 그 땅을 영구히 식읍食邑으로 하사하노니!

봄과 동심의 랩소디 버드나무

버드나무 정원에서 내 사랑과 나는 만났습니다.

그녀는 눈처럼 흰 귀여운 발로 정원을 지나갔습니다.

나뭇잎 자라듯

쉽게 사랑하라고 그녀는 나에게 말했지만,

나는 젊고 어리석어 곧이듣지 않았습니다.

들녘 강가에 내 사랑과 나는 서 있었고,

내 기운 어깨 위에 그녀는 눈처럼 흰 손을 얹었습니다.

둑 위에 풀 자라듯

쉽게 살라고 그녀는 나에게 말했지만

나는 젊고 어리석었던 탓 지금은 눈물이 넘칩니다.

- 예이츠, 「버드나무 정원에서」

천제의 꽃미남 아들 해모수의 집요한 구애에 덜커덕 처녀의 몸을 버준 탓에 아버지인 물의 신 하백에게 쫓겨나 우발수에서 울고 있던 중, 금와왕에 의해 궁궐로 들어와 사생알(?)을 낳은 주몽의 어머니 버들꽃[柳花] 부인.

- 『삼국유사』

전혀 관계없을 것 같은 동서양의 두 남녀에게서 환경에 쉽게 적응하는 버들의 유연성에 대한 개똥철학을 발견한다.

"뭐 그리 어렵냐고, 그냥 몸 내키는 대로 맘 내키는 대로 사랑하면 되는 거지"라고 말하는 그녀 앞에 "아니야! 사랑은 이보다 더한 뭔가가 있어야 돼!" 하면서 멈칫거렸던 예이츠의 젊은 날에 대한 회한. 반면 "사랑하는데 어떻게 박절하게 내 몸만을 지킬 수 있느냐"며 아버지 하백에게 항의하다 쫓겨난 유화의 생각이, 약한 물결에도 바람에도 쉽게 동요되어 일렁이지만 아무리 강한 파도와 바람에도 결코 부러지지 않는 버드나무의 교훈을 품고 있던 것이다.

버드나무는 버드나무목 버드나뭇과의 낙엽활엽관목 또는 교목으로 물가에서 잘 자라며 뚝버들, 능수버들, 수양버들, 산버들, 갯버들 등의 종으로 나뉜다. 우수가 지나고 얼음장 아래로 졸졸 물이 흐르기 시작할 무렵 가장 먼저 뾰족뾰족 고개를 내미는 놈이 버들강아

「섬농」, 정선, 비단에 담채, 27.8×25.2㎝, 1749, 국립중앙박물관. 아리따운 여인이 버드나무에 기대어 글을 쓰고 있다. 나무 주변에는 복숭아꽃이 피어 봄날의 정취를 더하고 있다.

청자 물가풍경 무늬 주전자, 12세기, 국립중앙박물관. 수양버들 한 그루가 있는 물가에서 오리 두 마리가 노닐고 있다. 이것이 부러웠는지, 푸른 청자빛 하늘에서 한 마리 새가 내려오고 있다.

지이다. 물가에 사니 생육도 빨라 쭉쭉 벋(뻗)어 버드나무인 데다 툭! 꺾어 꽂아도 또 뿌리를 내리는 붙임성이 그만이다. 무취, 무독의 심성까지 갖춰 여로에 지쳐 물을 청하는 건장한 나그네에게 수줍게 내밀던 우물가 처녀의 물바가지 속에 하늘하늘 띄워진 잎으로 등장하고, 역사적 인물의 탄생에 종종 등장하는 '버들잎 화소話素' 로도 참 친숙한 나무다.

화류계花柳界란 말도 알고 보면 바람 부는 대로 물결 이는 대로 그 순간 자신을 지배하는 뭇 남정네들을 향해 서슴없이 꽃이 되어주는 버드나무의 유연성에서 생겨난 듯하니, 요놈 가만 보면 지 세상만 세상이라고 제 팔 흔들고 다니는 경직된 군상들 맘을 풀어주고 섞어주는 사바세계 중생들의 계면활성제의 본보기이다.

버드나무는 고려사회의 생활 백태를 엮은 송나라의 백과서『계림유사』에 기록된 '양지楊支질' 의 나무이기도 하며, 이는 오늘날의 양치질의 어원이 되었다고 한다. 식사 후에 무독성인 버드나무 가지로 이를 소제하는 데서 유래되었다는 양지질은 일본으로 전해져 이쑤시개로 변화하기도 했다.

버드나무 목재는 무르고 가벼워 성군聖君을 지향하는 임금에 의해 곤장의 재료로 지정되어 법을 집행하는 형조의 관리 사이에 훨씬 단단한 물푸레나무로 바꾸어줄 것을 상소하여 공방한 기록이 있을 정도다.

갯버들은 뭐니뭐니해도 아지랑이 피어오르던 봄 언덕에 만물의 꿈틀거림을 부채질이라도 하듯 몰려다니며 불던 동심의 호둑이 소리로 깊이 각인되어 있다.

어느 해 봄 신의 숲 마을 갯가의 버드나무에 파릇하게 물이 오를 무렵 이골이 난 꼬마대장 솜씨로 나는 마침 개울가에서 놀고 있던 아이들을 불러 모았다.

"야! 느그들 내가 누군지 알어?"

끄떡 끄덕(별볼일없다는 투).

"내가 동네 비니루(유지)여 이눔들아! 호둑이가 뭔지 아는 사람?"

"……"

"어라? 요 촌놈들 봐라? 그럼 버들피리는?"

"아! 버들피리 알아요!"

"만들 줄 아는 사람?"

"……"

이리하여 호기심과 의구심으로 멀뚱거리는 아이들을 향해 일장 강의를 해댄다.

"호둑이는 말이야! 떨판 쪽을 너무 길거나 얇게 하면 '호둑 호둑' 하곤 소리가 끊기기 때문에 호둑이라 하는 거여."

놈들 제법 호기심 어린 태도로 듣는 듯하다.

"호둑이를 만들 때는 말이야…… 물이 잘 오르고 곧은 가지를 골라 우선 껍질을 약간씩 벗긴 후 속나무와 껍질이 겉돌도록 비트는

지장함, 충현박물관. 버드나무 가지를 깎아서 만든 상자 버들고리. 오리 이원익의 친필 유물이 여기에 보관되었다.

데, 너무 많이 비틀면 찢어지니 조심하고."

"……"

"줄 서 인마. 말 잘 듣는 녀석부터 큰 놈으로 만들어줄 테니."

그날 꼬마대장 노릇을 하며 아이들과 어울려 신의 숲 마을이 떠나가라 쌍호둑이를 불어젖혔다. 돌아가지 못할 유년 시절에 대한 아쉬움을 한꺼번에 보상이라도 받겠다는 듯.

껍질이 잘 벗겨지고 독성이 없어 젓가락이나 꼬치구이 막대로도 쓰고, 마디가 없고 매끄러워 개구리나 물고기를 잡아서 꿰는 '꿈지'로 쓰거나, 끊어지지 않고 길게 벗겨지는 껍질은 개구리를 산 채로 막대에 동여맨 후 돌로 찧어 바위 밑에 넣어 가재나 뱀을 잡을 때 올

집안 행사가 있을 때 떡이나 엿 같은 것을 담아두는 고리버들.

가미로 쓰며, 쇠꼴 베러 멀리 가기 싫으면 개울가로 내려서서 어린 순을 베어 갈대 속에 섞어 가고, 칡잎 따러 가기 귀찮을 때 꺾어다 토끼장에 넣어주던, 요즘 말로 만능 엔터테인먼트인 버드나무.

어떤 날은 송구(물오른 소나무 가지), 어떤 날은 개불알꽃, 어떤 날은 물오른 산버들가지…… 나물 철이면 아침에 나가 해가 저물어서야 돌아오던 어머니. 그 어머니의 머리 위에 얹힌 몸집보다 큰 나물 보따리 한 귀퉁이에 꽂혀 있던, 늦둥이에게 주었던 선물이 기억나 눈시울이 뜨거워진다. 버드나무, 참 추억도 많은 나무다.

향수와 동심의 풋순 찔레나무 

찔레꽃 붉게 피는 남쪽 나라 내 고향
언덕 위에 초가삼간 그립습니다
자주고름 입에 물고 눈물 젖어
이별가를 불러주던 못 잊을 동무야

달 뜨는 저녁이면 노래하던 세 동무
천리객창 북두성이 서럽습니다
삼 년 전에 모여앉아 백인 사진
하염없이 바라보니 즐거운 시절아

연분홍 봄바람이 돌아드는 북간도
아름다운 찔레꽃이 피었습니다
꾀꼬리는 중천에 떠 슬피 울고

호랑나비 춤을 춘다 그리운 고향아

1950년대에 부른 백난아의 「찔레꽃」은 일제강점기 만주 이북으로 쫓겨가서 타향살이를 하던 설움에 고향을 그리는 애절한 바람이 담겨 있다.

사실 붉게 피는 찔레꽃은 없다. 원예종이나 남부 지방의 일부 종에서 약간 붉은 기운을 띠는 것이 없지 않으나, 시적 이미지로 등장시키기에는 무리가 있다. 논란은 차치하고 우리 산하 어디에나 흔한 찔레꽃은 곧 고향이고, 찔레순은 어린 시절 뛰놀던 동무를 생각나게

한다.

찔레꽃. 장미목 장미과의 낙엽관목으로 키는 2미터쯤 자라며 야산 습지에 분포하고 꽃은 5월에 피며 9월에 열매가 붉게 영근다.

케케묵은 프로필을 주워다 붙이려니 찔레보다는 뒤에 꽃이 들어가는 것이 한결 익숙하고 자연스런 이유를 알겠다. 화관의 제왕 장미의 원조가 찔레였지? 물려 들어가 '물레', 벌벌 기어서 '벌레', 굴러다녀서 '굴레'. 사물 또는 행위를 일컫는 접미사 '레' 앞에 접근하는 사람을 '찔' 러대는 가시가 있어 붙은 이름 '찔레' 이고 보면 이름은 밉상이다.

시골에서의 유년 시절 만산 들녘에 온통 꽃잎 흩날리고 뻐꾸기 그악스레 울어대던 늦봄. 소풀을 뜯다가(이 무렵은 캐기도 베기도 어중간한 풀들이 많아 애기똥풀, 지청구, 괴불주머니 등 줄기와 잎은 크고 뿌리는 약한 풀을 잡아 뜯는다) 개울가 찔레숲에 손가락만 한 찔렁(찔레순)에 이끌려 가시에 긁히고 찔려가며 꺾어 들던 여리고 매초롬한 찔레순. 이파리 떼어내고 한입 베어 물면 입 안 가득 퍼지던 달콤함에 이은 풋순 내음…….

껍질에 붉은 빛이 도는 놈은 쓴맛이 나니 "퉤퉤 개찔렁!"

"새집 보러 가자!"

도랑가 가래나무 위 때까치 집에는 새끼 네 마리가 솜털이 성성한 채 붉은 입을 쩍쩍 벌려대고 있었다. 그놈들 매꼬자에 옮겨 담으니 위에서 때까치 어미들이 빙빙 돌고 짹짹거리며 난리를 친다. 언제 왔는지 용식이 여동생 상금이가 허리에 찬 다래끼에서 굵은 찔렁 한 줌을 수줍게 내민다.

"내가 복령 캐는 거 보여줄까?"

때까치 내려다 평상 아래에 놓고 용식이 녀석 길다란 복령꼬챙이 들고 앞선다. 얼마 후 몇 년 전 산판한 화전에 들어서더니 소나무 둥치 옆을 쇠꼬챙이로 찔러대기 시작한다.

"……"

"맞았다!"

쇠꼬챙이 끝에 하얀 복령 가루가 선명하게 묻어 나왔다.

"상금아! 여기 파!"

상금이가 괭이로 두 뼘쯤 흙을 파내니 고구마만 한 복령들이 서너 개나 나왔다.

"이거 너 줄게!"

팥이 막 씨앗을 맺어가는 화전 주위를 돌면서 치카치카 송기도 해 먹고, 시금치 풀을 씹다가는 "우와! 너무 시다!" 하면서 저만치 던져버린다. 녀석은 도랑가에서 때까치 새끼 먹일 개구리 몇 마리 잡아들고, 용식이와 상금이는 매끄자 속에 때까치 새끼 받쳐들고, 복령덩이 들고…….

－주명의 「성황림 요람기」 중 '용식이 편'

성황림 옷샘 가에서 찔레 한 줌 꺾어 막내에게 쥐여주니

"이거 먹는 거야?"

"그럼! 얼마나 맛있다구!"

그 말에 한 입 베어 물더니 퉤! 뱉어버린다. 요즘 애들 입맛에는 영 아닌가?

배꽃과 함께 봄밤의 휘영청한 달빛을 눈부시게 반사하며 봄바람에 안달이 난 처녀와 과수댁 여인네의 심금깨나 후벼 파던 이 꽃도, 지고 나면 잊힌다. 뜨거운 햇살에, 비바람에 제 몸집 불려가며 빠알간 열매로 온갖 새들을 유혹하는 가을의 부활을 꿈꾸며.

자연을 들여다보노라면 그 생김에, 생리에, 섭생에, 다양함에, 그 순환의 오묘함에 놀라는 경우가 많다. 이른 봄 온갖 꽃을 좇아 식물의 수정에 기여하며 에너지를 축적한 곤충들…… 요놈들 또한 변태니 우화니 거듭나는 과정을 거쳐 즈그들 종족 보존의 생산활동에 여념 없는 여름을 맞는다.

주여!

여름은 참으로 길었습니다.

해시계 위에 당신의 그림자를. 하루만 더 남국의 햇볕을.

가을이 되면 찔레는 봄과는 또 다른 의미로 화려한 치장에 나선다. 화려한 주변 색으로 동화되어 몸을 보호하는 박각시의 애벌레뿐만 아니라 빨갛게 익어가는 찔레의 열매도 모두 종족 보존의 처절한 몸부림이다. 찬바람 돌아 스러져가기 전에 짝을 찾아야 한다는 생각에 마음 다급해진 곤충들은 더 화려한 색으로 파트너의 눈에 띄어야 하고, 찔레 열매는 새들에게 먹히기 위해 마지막 안간힘을 내 더욱 요염하게 붉은 화장을 해야 한다.

개울가 돌무더기에, 야산 습지에 무더기지어 피는 휘영청 흰 꽃과 달콤 향긋한 새순과 가을이 되면 빨갛게 영그는 열매. 찔레를 보면, 새 삶의 터에 대한 기대와 정든 산병풍마을에 대한 아쉬움이 범벅이 된 채 단출한 가재도구를 실은 신진 트럭의 적재함에서 어색하게 손 흔들며 멀어져가던 새마을운동과 화전 정리 시절의 상금이 생각이 난다.

머리에 돌을 이고 찧던 어머니의 디딜방아

이 방아는 뉘 방안가
강태공에 조작 방아

방아살은 무슨 낭구
대추낭구 쌍살 가지

방아채는 무슨 낭구
가달지기 박달 낭구

방앗괭이는 무슨 낭구
백 년 묵은 낙랑 장송

방아를 만들면서 동티(땅, 돌, 나무를 잘못 건드려 지신을 화나게 해

받는 재앙)를 막기 위해 써붙인 '방아상량'의 문구와 방아의 부위별 형태와 재질을 자세하게도 묘사한 영서지방에서 구전되는 노래이다.

'지게'가 남정네들의 등이 휠 듯한 삶의 무게라면 '방아'야말로 이 땅 여인네들의 허리가 끊어질 듯 고달픈 시집살이의 상징일 터. 가난으로 곡식이 없어 굶주리는 것보다야 호사라지만 곡식이 그득 쌓여 있어도 그것을 찧고 까불러 매 끼니를 밥상에 올려야 하는 것은 며느리 몫이다. 그래서 구전되는 노래 중에 가장 많은 것이 시집살이의 애환을 담은 것이고, 그중에 빠지지 않는 것이 고된 방아찧기 대목이다.

> 시어머니 죽어지니 안방 널러(넓어) 좋더니
> 보리방아 물주고 나니 또 생각나네.

정선아라리에서 물을 부어 불린 뒤 휘저어 뒤집어가며 찧어야 하는 보리방아에 거들어줄 손이 얼마나 아쉬우면 고된 시집살이를 시켰던 죽은 시어머니조차 생각날까.

죽은나무목 가달나뭇과의 잎이 없는 무엽 사목死木 디딜방아! 몸체는 무거운 박달나무가 제격이고 받침은 단단한 대추나무나 돌을 쓰며 공이는 부드러운 소나무로 만들어져 무릎 높이쯤에 옆으로 엎어져 있으며, 가달진 쪽을 디뎠다 놓으면 머리 쪽에 박힌 공이가 한 자쯤 패여 땅에 묻힌 돌확에서 들어올려졌다가 제 무게에 의해 내리

절구에 고추를 빻고 있는 여인들.

박힌다. 민초의 생활 속에 깃든 나무를 얘기하며 비록 잘려 깎인 놈이지만 어찌 '디딜방아'를 빼리오?

곡식의 껍질을 벗기거나 가루를 내는 도구로 다양한 형태가 등장하지만 우리 민족만이 사용한 양다리 디딜방아야말로 어울림과 상부상조의 민족 정서를 담고 있는 독특한 발명품이다.

혼자서 찧는 외다리 디딜방아는 일본을 비롯해 아시아 거의 전역에 걸쳐 발견된다. 두 명 이상이 어울려 노래도 부르고 수다를 주고받으며 고된 일의 시름을 잠시라도 잊을 수 있는 양다리 디딜방아는 기계 동력을 이용하는 정미소가 생기기 전 전국 없는 곳이 없었고, 최근까지도 시골에서는 소규모 방아에 사용되어왔다.

방아는 아낙에게는 일탈이기도 했다. 절구질을 하다가 이따금 허리를 펴고 넘겨다보던 내 집 울안을 벗어나 몇 가지 방앗거리를 챙겨 동네에 있는 몇 집의 방아를 기웃거려보다가, 선점해 방아를 찧고 있는 이웃 중에 맘이 가는 곳에 방앗거리를 내려놓고 어울려 수다를 떨며 신세한탄을 했다. 이따금씩 드나드는 방아 걸린 집 주인 남정네의 걷어붙인 중우적삼 사이의 어깨를 흘끗 훔쳐보기도 하고, 주인 남정네 또한 이웃 아낙의 모습이나 어쩌다 앞태 뒤태가 곱기로 소문난 새댁이라도 올라치면 맥쩍게 빈 지게 바람으로 한 번 더 얼씬거려봤다. 그러다가 방아 확을 쓸어 젖느라 머리가 땅에 닿도록 몸을 숙인 남의 아낙의 허리춤 맨살이라도 보게 되면 나무 하러 가는 지게 작대기 장단에 괜하게 힘이 들어가기도 하는 그것으로 내 집 방아 사용료

는 되었다.

"이 방아 저 방아 다 버리고 철야 삼경 깊은 밤에 우리 님은 가죽 방아만 찧고 있네"라는 경기민요 「방아타령」의 가사처럼 방아는 남녀의 교접 행위에 비유되었고, 「물레방아」나 「메밀꽃 필 무렵」 등의 단편에서는 방아가 암시하는 행위를 수반하는 장소로서, 에로티시즘으로 등장하기도 한다.

오십여 호가 옹기종기 모여 있던 성황림마을의 본동에도 대여섯 집에 디딜방아가 있었다. 다른 집 대부분의 아이들처럼 어린 나이에도 소바라지에 한몫해야 했던 나는 겨울에는 행랑채의 디딜방아와 마주해 있는 소죽가마에 불을 때느라 늘 방아 찧는 이웃 아낙들의 수다를 등 뒤로 들어 꾸러기들의 소식통이기도 했다. 가령 누구네 엄마가 돌아오는 신림오일장에 갈 것인지 등의 정보를 미리 알려주기도 했고, 마을부녀회가 운영하는 생필품 가게인 '생계'가 다음번에는 누구네 집으로 넘어가는지도 남보다 먼저 알 수 있었다.

"내가 열두 살 먹어 이 집에 와 몇 해 동안은 저 방아가 올라가질 않아 넓적한 돌을 머리에 이고 찧었단다."

어릴 적 가끔 어머니를 조르면 쌀을 불려 빻아 시루떡을 해주셨는데, 그때 방아를 같이 밟아주던 내게 하시던 말씀이 아득하다.

"쿵! 더꿍~ 쿵! 더꿍~"

방아와 공이, 20세기 중반, 국립민속박물관.

발로 디뎌 곡식을 찧고 있는 모습.

디딜방아의 소리는 세 음절씩 반복된다. "쿵" 하고 찧어진 방아를 다시 질끈 밟으면 받침돌과의 삐걱거리는 마찰음과 함께 방아머리가 솟아오르는 모양을 합쳐 운율을 맞춘 소리다. 이때 세 명이 한 개 조로 구색이 맞추어지면 "더꿍~" 하고 방앗공이가 올라간 사이 방아머리 쪽에 있는 사람이 몽당 빗자루로 튀어나온 내용물을 쓸어 넣음과 동시에 재빨리 확에 손을 넣어 내용물을 뒤집어주는 "슥삭~" 하는 소리까지 어우러져 가히 예술의 경지를 이룬다.

그러나 큰 방앗거리가 아니면 대개는 양다리방아라도 혼자 찧는데, 그때 등에 업힌 아기는 모르는 새에 한몫하게 되니 이 땅의 민초

들은 '아기방앗꾼' 으로 그 고달픈 삶의 노동을 시작하는 셈인가?

그 흔들림에 익숙해져서인지 "앞바퀴 뒷바퀴 자동차바퀴" 하며 고무줄놀이 하는 누나의 등에 업혀 덜렁덜렁 머리통이 흔들리면서도 잠만 잘 자던 아기들이었다.

어머니의 땀과 한숨과 내 과거의 흑백영화 같은 아스라한 추억이 밴 방아채는 사라졌지만 땅에 박혔던 돌확은 의구한데, 그 앞에 앉아 무심하게 생선을 굽는 두 딸은 그 돌확을 보는 아비의 마음을 알 리 없으니.

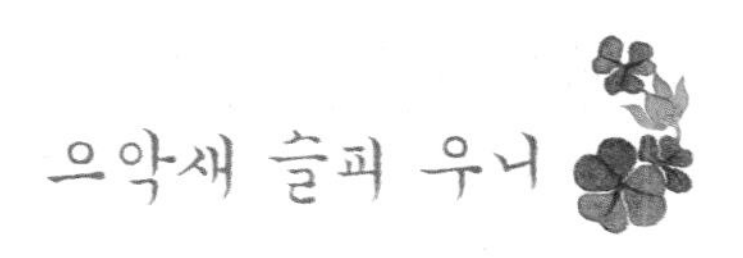

아아 으악새 슬피 우니 가을인가요

박영호의 가사에 손목인이 곡을 붙이고 고복수가 부른 「짝사랑」에서처럼, 억새풀 사이를 스치는 스산한 가을바람이 내는 소리는 나그네의 옷깃을 여미게 하고 가던 발길까지 재촉해 바쁜 마음에 무언가 마무리를 서둘러야 할 것 같은 조급함과 쓸쓸함을 준다.

이 노래 가사를 두고 '으악새'는 '억새'의 방언이네, '왁새'라고도 하는 백로를 지칭한 것이네 하며 논쟁을 벌이는데, 오래전에 흙에 누우신 박영호 선생이 벌떡 일어나 말해주기 전에는 끝날 것 같지 않다. 그래도 '뜸북새(뜸부기) 슬피 우니'와 '단풍이 휘날리니 가을인가요' 하는 2, 3절의 가사에서 가을을 대표하는 여러 자연의 소리로 오간 것을 보아 이 노래에서의 으악새는 '억새'라는 데에 줄을 댄다.

억새는 산형목 벼과의 여러해살이풀로 최근에는 단풍과 함께 가

을 산을 대표하는 풍광을 자랑하지만, 잎 가장자리에 날카로운 톱니가 있어 살갗을 스치면 베기 십상이라 농경사회의 우리 조상들에게는 그리 대접받지 못하던 놈이다. 내게도 쇠꼴을 베다가 안들미(기름새) 사이에 가끔씩 섞여 있는 이 풀에 손가락을 베여 선혈이 뚝뚝 흐르던 기억이 부지기수라 생각만 해도 몸서리가 쳐진다.

그런저런 이유로 딱히 용도가 없어 연록의 잎과 보랏빛 꽃을 피워낼 때는 주목받지 못하다가 수명을 다한 몸체만이 덩그러니 스산한 바람에 씨방을 흩날리며 휘잉~ 휭~ 새애~새애~ 서글픈 '사의 찬미'를 읊조릴 때에야 '가을 풍광이 어쩌네' 하며 열광받는 처지가 되었으니, 억새 입장에서는 이래저래 억울한 노릇이다.

억새에서 '새'는 지상의 초목부가 단단하여 죽은 후에도 스러지지 않고 늦가을과 겨울바람을 맞으며 '새애~' 소리를 내는 데서 기인한 것으로 보인다. 앞에 붙은 '억'은 벼과의 풀 중 가장 억센 줄기에서 왔거나 잎의 결각이 날카로워 살갗을 스치면 '억!' 소리가 절로 나며 선홍색의 피가 흐르기 십상인 데서 왔겠지 싶지만, 그리 신통한 생각은 아닌 것 같다.

생명 윤회의 메커니즘은 참으로 정교하면서도 다양하다. 억새와 비슷하지만 잎이 부드러워 손을 베지 않으며 잎 뒷면에 솜털이 많아 야산에 은빛으로 일렁이던 풀. '소한테는 이놈이 쌀밥이여!' 하고 어른들이 말씀하시던 이 풀은 영서지방에서는 '쇠꼴' 의 보통명사로 통하기도 했다. '안들미' 라 불렀던 정식 명칭이 '기름새' 인 풀이다.

크게 석 단을 묶어 한 지게 짊어져도 가분한(가뿐한) 것이 왠지 물기 많고 무거운 쑥대나 수초류를 한 짐 해가는 것보다 소에게도 더 자랑스러워 콧노래가 절로 나오게 하는 놈이지만, 산 초입의 것들은 너도나도 일찌감치 베다 먹이니 여름이 깊어갈수록 깊은 산으로 올라가야 하는 애환을 주기도 했다.

억새의 씨앗은 바람에 멀리 날리기 위해 솜털을 피워 올리지만, 기름새는 벼과의 다른 식물처럼 솜털 없는 씨앗을 맺어 바닥에 떨어지거나 새에게 먹힘으로써 다음 생을 기약한다.

큰기름새는 기름새보다 크고 잎에 솜털이 없고 윤기가 나며 산보다는 들과 개울가에 많이 자란다. 영서지방에서는 '깔다리' 라 하여 쇠꼴로도 쓰고 기름새보다 크고 단단해 이것을 베어다 지붕도 이고 농산물을 널어 말리는 '발' 을 엮어 사용하기도 했다.

사나이 우는 마음을 그 누가 아랴
바람에 흔들리는 갈대의 순정

어휘나 문법이 적절하지 않은 많은 대중가요 가사가 어디 한둘이랴마는 이 가사도 한몫을 한다. '순수한 감정이나 애정' 이라는 '순정' 의 사전적 의미만 놓고 보더라도 이리저리 흔들리는 갈대 같은 마음과는 거리가 있는데, 박일남 노래 속의 '사랑엔 약한 그 사나이' 는 요리조리 흔들리는 순정 앞에 눈물을 짓는다.

갈대와 억새를 혼동하는 경우가 종종 있는데, 성황림마을 실개천에 무성한 것이 바로 갈대이다. 마디가 대나무를 닮아 '갈대' 라 불리는데, 위의 벼과 식물들을 통틀어 가장 크고 강가나 호숫가 어디든 무리지어서 군생한다. '여자의 마음은 갈대' 라는 달갑지 않은 수식어에 걸맞게, 바람에 물결에 쓸려 반쯤은 뉘인 모습이 더 익숙할 만큼 주변 환경에 잘 적응한다.

갈대의 껍질은 동서양을 막론하고 전통 관악기의 떨판으로 사용된다. 오보에나 새납(태평소)에 갈대 껍질을 끼워 떨판으로 쓰는 것을 아는 사람은 얼마나 될까? 지금이야 대체물질이 많이 개발되었겠지만, 영어사전에서 'reed' 의 뜻풀이가 "갈대, 관악기의 떨판" 으로 나오는 것만 보아도 그들 악기의 소리가 갈대껍질의 떨림을 증폭한 것임을 알 수 있다.

마을마다 풍물패가 있고 그 풍물패의 영좌가 마을의 실질적인 지도자였던 내 어린 시절. 단오, 추석, 대보름 등의 풍물놀이가 있을 때면 으레 갈대를 베다가 동네 풍물방에서 새납의 떨판을 깎으시던

「갈대와 기러기」, 김식, 비단에 수묵담채, 24.4×16.1㎝, 16~17세기, 국립중앙박물관.

영좌 아버지의 모습이 아득하다. 그 새납 부는 모습에 반한 이웃 동네 아낙과의 로맨스 때문에 집안에 한동안 어두운 그림자가 드리워졌던 암울한 기억과 함께. 어느 날엔가 풍물을 보관한 집에 불이 나는 바람에 동네 풍물은 불타 사라지고 그 뒤 아버지는 새납 대신 퉁소로 구슬픈 가락을 읊조리며 그 넘치는 예능 욕구를 달래셨다.

억새, 기름새, 갈대. 밉상으로, 쇠풀로, 발 재료나 관악기의 떨판으로, 이놈들도 이 땅의 민초와 일상을 함께한 떼어놓을 수 없던 풀들이다.

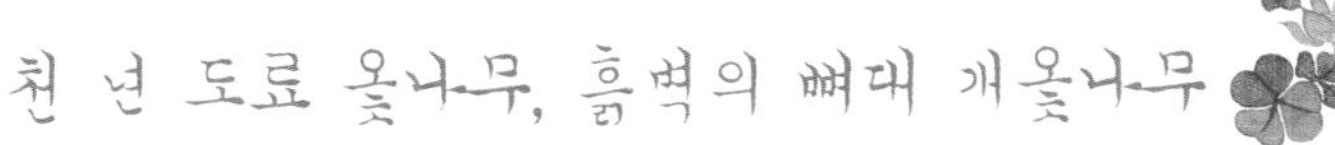

천 년 도료 옻나무, 흙벽의 뼈대 개옻나무

참옻나무 수피에 상처를 내면 흰색의 진액이 흘러나오는데 공기와 접촉되어 곧 암갈색으로 변한다. 이 진액이 우루시올Urushiol을 주성분으로 한 '옻' 인데, '먹' 이 본격적으로 사용되기 전에 필기 재료로 쓰였고 뛰어난 광택과 변하지 않는 성질로 도료로도 널리 쓰였다. 또 한방에서는 몸을 따뜻하게 하고 어혈을 푸는 약재로 사용되었다.

옻나무는 무환자나무목 옻나뭇과의 낙엽활엽교목으로 중국이 원산지이며 높이는 최대 20미터쯤 자란다. 삼국시대 권력자의 무덤에서 옻칠을 한 제기류가 발굴되는 것으로 보아, 중국의 춘추전국시대 이전부터 필기구로 사용되었던 옻은 삼국시대 이전에 우리나라에 도입되어 도료로서 사용되다가 고려시대에 발달한 나전칠기로 그 절정에 이르러 오늘날까지 그 명맥을 이어왔음을 알 수 있다.

그 오랜 역사에도 불구하고 참옻나무는 섭생이 까다로워 흔하게 볼 수 있는 나무는 아니다. 산지山地에는 씨앗을 못 붙이고 밭머리나

십장생문 옻칠상감 필통, 조선시대, 국립민속박물관.

개울 둑 등 주로 인간의 보살핌이 있는 곳에서 자라다가 어느 해 갑자기 고사槀死하기도 십상인데, 전통 가구의 칠 외에도 관棺이나 교실의 칠판, 머리 염색약에까지 사용되는 것을 보면 옻의 도료로서의 탁월함이 짐작될까?

니스, 에나멜, 페인트 등 합성도료에 밀려 칠로서의 입지가 좁아진 요즘의 옻은, 『동의보감』을 비롯한 옛 한방 기록과 민간에서의 식용 전통에 근거하여 치료제라기보다는 얼핏 만병통치의 건강식품으로 '참옻진액' 이니 '참옻캡슐' 이니 심지어는 '참옻환' 이니 하는 알약으로까지 만들어져 팔리고 있다. 그러니 그 효과의 진위에 앞서 '맹신과 치우침' 으로 요약되는 폐단도 돌아봐야 할 때다.

옻나무의 주성분인 우르시올이 체질에 따라 심한 피부 알레르기를 일으킨다는 점에도 불구하고 닭에 참옻나무 가지나 껍질을 넣어서 백숙으로 푹 고아먹는 '옻닭' 은 위장에 새살을 돋게 한다는 속설과 함께 전해져온 우리의 전통 음식이다.

'술 때문에 상한 위장에 좋다' 든가, '남자는 일 년에 세 번은 먹어줘야 한다' 는 마니아들의 말이 있듯, 어머니는 막내아들이 고향에 내려오면 개울가에 솥을 걸고 옻나무를 넣은 물을 끓이셨다. 닭장에

나전칠기함, 19세기, 경기도박물관.

서 닭을 붙들어 나온 내 손에서 그것을 빼앗아, "죄도 살 만큼 산 내가 지어야지" 하시며 손자손녀들 볼세라 뒤꼍 모퉁이를 돌아서 힘겹게 닭의 목을 비트셨다. 그 어머니의 정성 앞에, 바라보는 마음이나마 흡족하시도록 고기와 국물을 게걸스럽게 먹고 마셨다. 그러고 올라오면 사타구니와 겨드랑에 옻이 올라 며칠을 긁적거렸던 기억조차 내겐 그리움으로 다가온다.

개옻나무는 참옻나무와 달리 우리나라 토종의 옻나무이다. 식물 이름 앞에 붙는 '개'라는 접두어의 뉘앙스는 대개 진짜가 아닌 데서 오는 실망스러움으로 다가오나, 우리 산에 지천으로 자생하는 개옻나무를 보는 나의 시선은 정겨움으로 가득하다.

개옻나무는 무환자나무목 옻나뭇과의 낙엽활엽 소교목이다. 참옻나무와는 프로필의 '교목'과 '소교목'에서 보듯 크기가 작게 자라는 것으로 확연히 구분되며, 잎줄기가 선명한 붉은색을 띠는 것도 특징이다. "호두나무가 의관을 정제한 사대부라면 가래나무는 호피를 두른 임꺽정"이라 표현했듯, "중국 원산의 참옻나무가 둥글넓적 허여멀건 남방계 미남이라면 개옻나무는 광대뼈 튀어나온 가무잡잡한 몽골계 기병"이라고 말하고 싶다.

개옻나무는 우리 산의 남에서 북, 초입에서 정상에 이르기까지 흔하게 분포되어 있다. 옻으로 인한 독성이 참옻나무보다 적고, 곧게 자라며 마르면 가볍고 어디서나 구하기 쉬워 농경문화에서 가벼워야

제격인 농기구 자루로, 지게 작대기로, 불 때다 손에 잡히면 부지깽이로 민초의 손에서 함께해왔다.

영서지방에서 개옻나무의 용도는 단연 '고추 지지목'이었다. 어머니가 계시던 어느 해 겨울 마당의 화덕에 마땅히 불 피울 마른나무가 마땅치 않아 처마 밑에 쌓아둔 고추 지지대로 불을 피웠다가 불호령을 들었던 기억이 있다. 그해 이른 봄 태워버린 고추 지지대를 벌충하려고 산에 올라 엄지손가락 굵기의 개옻나무를 찾아 헤매던 기억이 새롭다.

개옻나무는 또 농가의 흙벽을 바를 때 기둥과 기둥 사이에 발처럼 엮어 치고 양쪽에서 볏짚을 썰어 섞어서 갠 진흙을 뭉쳐 붙이는 골조에 쓰이거나, 각목과 슬레이트 지붕이 등장하기 전 초가지붕의 서까래 위에 엮어 깔고 이엉을 두르던 용도로 쓰였으니, 사람으로 치면 골격과 겉옷 사이의 언더웨어로서 그 숨은 역할을 톡톡히 한 셈이다.

내게 있어 개옻나무는 노인아버지의 송글송글한 땀방울을 떠올리게 한다. 마당 한켠에 대장간을 차려놓고 농기구나 연장을 직접 만들고 벼려 쓰셨는데 호미나 괭이자루는 단단한 물푸레자루를 끼우고, 가벼워야 제격인 고무래나 낫자루는 개옻나무를 잘라 맞추셨다. 쭈글쭈글하던 이마에 풀무에서 내뿜는 열기로 구슬땀이 맺히던 그 모습. 큰아들이 쓰는 사랑방이 좁아 여물간까지 터서 넓혀주신다고 개옻나무를 엮고 진흙을 붙이시던 이마에 또 송글송글 맺히던 땀방울.

개옻나무! 산 초입부터 능선까지 지천인 데다 '개' 자가 붙어 옻이 덜 오르니 오히려 생활 곳곳에 요긴하게 쓰였던 나무. 얼핏 보잘것없는 듯하나 조상들의 생활 속에 참 가까이 있던 나무이다.

입맛이 돌아오는 쓴 나물 씀바귀와 고들빼기

> 씀바귀 데운 국물이 고기보다 맛있네
> 초옥 좁은 곳 그것이 더욱 내 분수이라
> 다만 때때로 님 그리워 근심 못 이겨한다

왕실로 출가한 누이들 덕분에 어릴 적부터 궁궐에 출입했던 명종의 친구이자 과거에 급제한 후에는 당파싸움에 휘말려 좌 · 우의정에 좌천과 귀양살이를 반복했던 조선중기 가사문학의 대가 송강 정철. 그가 자신의 유배생활을 그린 듯한 시조에는 씀바귀가 등장한다.

"산채는 일렀으니 들나물 캐어 먹세 고들빼기 씀바귀며 소루쟁이 물쑥이라"에서 보듯 조선후기에 지어진 「농가월령가」의 2월령에서도 고개를 내밀고, "동무들아 오너라 봄맞이 가자 너도나도 바구니 옆에 끼고서 달래 냉이 씀바귀 나물 캐오자 종다리도 높이 떠 노래 부르네" 하며 어릴 적 즐겨 부르던 동요에까지, 이른 봄에 뿌리를

씀바귀 꽃.

캐어 먹는 나물의 대표로서 씀바귀의 역사는 참으로 오래된 것이다.

고채苦菜, 황매채, 신냉이, 씸배나물, 속새라고도 불리는 씀바귀는 국화과의 여러해살이풀로, 가느다란 뿌리가 여러 갈래로 엉켜 있어 이른 봄이나 늦가을에 뿌리를 채취해 물에 우리거나 삶아 쓴맛을 뺀 뒤 무쳐서 먹는 나물이다. 같은 과에 속한 쓴맛의 나물인 고들빼기와 곧잘 혼동해서 쓰이나, 씀바귀는 노오랗고 가는 뿌리가 길게 엉켜 있다면, 고들빼기는 굵고 곧은 뿌리에 둥글고 긴 자주색 띤 녹색의 잎이 빙 둘러 있다. 씀바귀는 나물로서뿐만 아니라 기침과 해열에 약용으로도 쓰여온 유용한 식물이다.

고들빼기.

고들빼기, 왕고들빼기

'곧은 뿌리' 나 '뿌리가 씹힐 때의 고들고들한 느낌' 에서 유래한 이름으로 보이는 고들빼기는 가을철 김장할 때 별미로 한 통쯤 담아 두는 고들빼기김치로 유명하다. 잎과 뿌리에서 분비되는 흰 즙은 소화를 돕고 위장을 튼튼하게 하는 약리작용도 있다니, 김장김치뿐 아니라 겉절이로도 사철 밥상에서 사랑받을 충분한 이유가 있다.

씀바귀와 고들빼기를 이야기하며 빼놓을 수 없는 나물이 또 하나 있는데, 앞의 둘과는 달리 잎과 줄기를 쌈채소나 무침으로 해먹는

'왕고들빼기' 이다. 지방에 따라 수애똥, 씨아똥, 쐐똥으로도 불리는데, 한결같이 똥으로 끝나는 것은 잎이나 줄기를 꺾으면 유난히 진하게 나오는 흰 액체 때문인 듯하다. 황대권의 『야생초편지』에서는 이 왕고들빼기를 '야생초의 왕' 이라 이름 붙이고 있으니, 키를 훌쩍 넘는 크기로나 순 몇 개를 꺾으면 한 움큼 되는 굵기로나 날카롭게 결각이 진 잎의 야생스러움으로나 그 호칭에 고개가 끄덕여진다.

"달면 삼키고 쓰면 뱉는다" 지만 이 나물들의 쌉싸래함 뒤에 느껴지는 단맛은 은근히 그 맛을 다시 찾게 하는 마력을 발해 단순명쾌한 정의를 내리기 어려운 인생사처럼 맛도 호불호를 가르기가 쉽지만은 않다.

육식을 거의 하지 않으시던 나의 어머니는 유난히 쐐똥(왕고들빼기)을 좋아하셔서 온 오랍뜰에 넘치도록 가꾸어놓으시고 봄에서 가을까지 거의 주식으로 삼으셨다. 이남박(쌀 등의 곡물을 씻거나 일 때 쓰는, 통나무를 파서 만든 함박)을 들고 오랍뜰을 돌며 여린 쐐똥의 순을 꺾어 넣고 더운밥과 고추장에 들기름 반 숟가락을 넣어 비빈 후 아들과 손자가 좋아하는 고기반찬으로 그득한 상 옆에서 따로 드시곤 했던 어머니. "어이구, 건붇하게 잘 먹었다. 나한텐 이놈보다 더한 건 없어."

이따금 내가 해물에 생선회에 싱싱한 장거리를 봐 동네 어른들 대접하면 당신께선 그저 열무김치 한 조각에 잡숫는 시늉만 하시곤 막내아들의 그 대접이 자랑스러워 소주병을 들고 마을회관의 이 상

저 상을 동분서주하셨다.

"자네 어머니가 안 계시니 이제 동네에 쐐똥 보기가 귀해졌어!"

얼핏 절로 자라는 듯한 야생의 나물들도 오가며 가꾸는 사람에 의해 성하고 쇠한다며 '엉클한 캐빈'의 마당에 쐐똥을 꺾어들고 오셔서 어머니를 추억하는 옆집 할머니의 말씀에 코끝이 찡해온다.

씀바귀, 고들빼기, 쐐똥! 초롱꽃목 국화과의 쓴맛 나물들. 그러나 한번 맛들이면 그 쓴 개운한 뒷맛이 입맛을 돋우어주는 오래전부터 애용되어온 나물이다.

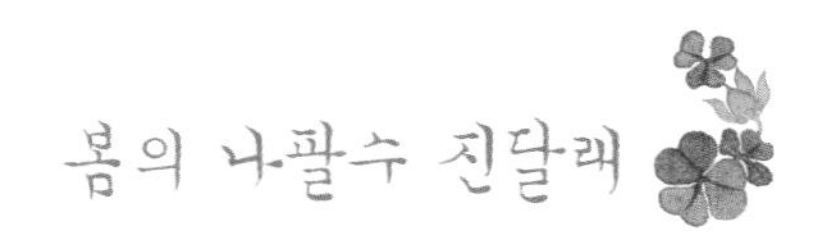

날 떠나 행복한지

이젠 그대 아닌지

그대 행복하길 빌어줄게요

내 영혼으로 빌어 줄게요

– 마야의 「진달래꽃」

김소월의 시구에는 없는 마야의 「진달래꽃」에 추가된 이 가사야말로 떠나는 님의 앞길에 꽃을 뿌리며 구곡간장을 녹이던 기성세대의 지지리 궁상과 달리 버전업된 21세기식 쿨한 이별 풍경으로 보아야 하나?

진달래목 진달래과의 낙엽활엽관목 '진달래'. 얼음장 아래서 꽃을 피워올리는 복수초나 노루귀가 봄의 전령사라면, 음지녘에 아직 희끗희끗한 잔설과 녹다 만 얼음장 아래로 차가운 물이 흐르는 이른 봄에 온 산을 물들이는 진달래는 아예 봄의 나팔수이다.

진달래가 봄의 기상나팔을 울리고 사라져갈 무렵에야 땅에서 나무에서 그 수줍은 꽃망울을 앞 다투어 터뜨리는 봄꽃들. 어릴 적 채 겨울 기운이 가시지 않은 뒷동산에 올라 막 몽우리지기 시작하는 이 놈들을 꺾었다. 그러고는 방 윗목 콩나물시루에 담가도 놓고 학교에 가져가 교탁에 꽂아놓으면 곧 연분홍의 꽃잎을 펼쳐내 성급한 모두의 마음처럼 몇 걸음 앞서 봄을 가져다주던 꽃!

진달래는 그것이 필 무렵 따뜻한 남쪽 나라에서 추운 겨울을 난 두견새가 피를 토하듯 구슬픈 전설의 울음을 하루 종일 울어대 '두견화' 라고도 불린다. 독성이 없는 꽃잎은 '두견주' 를 담그거나, 부침개나 기정에 넣어 '화전' 으로 먹기도 했다. 겨우내 마땅치 않은 간식거리에 목말랐던 꾸러기들에겐 입 주변이 푸르뎅뎅하도록 따 먹던 자연의 주전부리이기도 했다.

'두견화' 네 '안산홍' 이네 조상 덕에 먹물 맛 좀 본 사람들이 고상한 이름을 읊조리고 있을 때, 먹고사는 것이 일상의 전부였던 민초들은 이것을 "참꽃"이라 불렀다. 고유명사 앞에 우리말 접두어 '참' 이 붙으면 "먹을 수 있거나" "종種 가운데 그 크기나 품성이 으뜸"임을 가리키니, 우리 조상들의 사고 속에서 진달래꽃이 점하는 위상을 짐작케 한다.

몇 명의 아이들과 함께 당숲 건너 산으로 참꽃을 꺾으러 간다. 산

「진달래와 참새」, 백은배, 종이에 수묵담채, 23.9×14.9cm, 19세기, 국립중앙박물관.

은 멀리서보다 험하고 깊다. 꽃이 제법 실하고 무성한 바위절벽에 거의 다 이르러 숨이 턱에 찰 때쯤, "야, 참꽃 문데이(문둥이) 없을까?" 하는 한 녀석의 말에 모두들 갑자기 등골이 오싹해진다.

"우리 엄마가 그러는데 문데이가 참꽃 뒤에 숨어 있다가 어린애들이 오면 잡아서 간을 빼 먹는대."

"왜 먹는데?"

"싱싱한 애들 간을 먹어야 문데이병이 낫는대."

"야! 설마 우리가 이렇게 여러 명인데 어떻게 잡아 먹어?"

몇몇 겁쟁이 녀석들은 벌써 얼굴이 사색이다.

그래도 눈앞이 참꽃 천지라 여기까지 와서 그냥 가자는 말 먼저 꺼내는 녀석은 없다. 가까스로 숨죽이며 비탈길을 기어올라가는데 한 녀석이 말한다.

"저기 참꽃 많은 돌무덤 애창(어린애 무덤)이다."

"네가 어떻게 알어?"

"우리 엄마가 그러는데 몇 해 전 홍역 돌 때 애가 많이 죽었는데 전부 이 산에 묻었대!"

"돌은 왜 쌓아놨는데?"

"짐승이 파 먹을까봐 그랬대. 여기 참꽃문데이 많은 것도 금방 묻은 애창 파서 간 꺼내 먹으려다가 그게 없으니까 참꽃 뒤에서 어린애 오기를 기다리는 거래."

얼굴이 사색이 된 녀석들 중에 하나가 거든다.

"어제 우리 집에 동냥 왔던 집게팔 상이군인 어쩐지 수상하더라. 모자를 잠깐 벗는데 보니까 눈썹이 없었던 것 같아. 그리고 우리 누나가 그 상이군인이 저녁 때 이쪽으로 올라오는 걸 봤대."

"……"

이때 인기척에 놀란 꿩 한 마리가 푸드드 요란스럽게 날아오른다.

"문데이다!"

- 주멍의 「성황림마을 요람기」 중에서

사실 그다지 화사하지 못한 색상에 후줄근한 통꽃이 잎도 없이 볼품없는 가지에 덩그마니 달린 몰골의 진달래꽃은 “참꽃”도 모자라 “眞+달래”의 어원을 가진 유명세에 비해서는 꽃 자체로서 그닥 신통방통한 것은 없다. 하지만 모진 겨울을 이겨낸 온 산하에 다른 놈들이 푹 수그리고 눈치코치 살피며 등장 시기를 저울질할 적에 한발 앞서 “여기요!” 하고 불쑥 피워올린 그 용기…… 또 이데이도 껌데이도 보고, 꺾고 따먹기 좋게 낮은 키로 지천으로 널려 있으니 어쭙잖은 고매함보다는 제 정체성을 참 잘 잡은 놈이다.

먹을 것은 넘쳐나지만 남보다 덜 풍요로운 무언가에 쫓기듯 살아가는 오늘날의 군상들도 “고려산 진달래축제”네 “소백산 철쭉제”네 하는 다소 작위적인 이름으로 이 꽃의 풍광을 즐긴다. 나무꾼의 지게 위에, 언년이의 갈래머리에 매달려 풍기던 소박한 운치와는 사뭇 다른 느낌이지만.

진달래와 한 달 정도 시차를 두고 신록이 푸르러갈 때 잎이 먼저 난 뒤, 분홍이라 하기에는 좀 염치없는 엷은 색 철쭉꽃이 온 산등성을 뒤덮는다. 또 계곡을 따라서는 목 놓아 님을 부르던 두견새가 방금 토해놓은 듯 선혈이 흩뿌려진 산철쭉을 만나게 되나, 진달래의 사촌쯤인 이놈들은 독성이 있어 먹지 못하니 민초들은 “개꽃”이라 하였다.

진달래! 진달래꽃! 이 꽃 또한 반복되는 침탈과 수복의 역사 속에서 늘 등 따시고 배부른 봄을 갈구하던 고달픈 민초들의 생활사에서 떼어놓을 수 없는 존재다.

절개와 모험의 민초 민들레

길가에, 오랍뜰에, 밭 주변이며 들판에 밟히고 뽑히면서도 인간의 지근거리에서 끈질긴 생명력으로 살아남은 민들레야말로 우리 산하의 가장 민초스러운 풀이다.

민들레. 초롱꽃목 국화과 민들레속의 여러해살이풀! 이름의 어원에 대해 '므은드레'나 '미염둘레'에서 '문둘레'까지 다소 무리가 따르는 여러 주장이 있으나, 민초의 아들이자 민초 출신의 아무도 알아주지 않는 사이비 어원 연구자를 자처하는 내가 보기에는 '밋밋하거나 치장이 없는'의 의미로 쓰이는 '민둥산' '민낯' '민대머리' 등의 접두어 '민'에, 들판의 '들'과, 벌레 · 찔레 · 둥글레처럼 ㄹ받침의 주어 뒤에 붙는 접미사 '레'가 붙어 이루어진 '밋밋한 들판에 자라는 풀' 쯤이나, 잔뿌리가 없이 '밋밋한 곧은 뿌리를 가진 풀' 정도로 풀이된다.

민들레는 다른 '문중'의 꽃가루를 옮겨다줄 바람이나 곤충을 기다리다가 여의치 않으면 근친교배를 하지 않고 처녀임신을 해, 수정 능력이 없는 무성無姓의 씨앗을 맺는 습성이 있다. 이로 인해 조용필의 노래 제목에서처럼 '일편단심 민들레'로 회자되기도 하고, 씨앗이 영글면 하나하나 깃털에 매달려 다음 생을 위한 긴 여행을 떠남으로써, 박미경의 「민들레 홀씨 되어」나 진미령의 「하얀 민들레」에서처럼 '보호받아온 모체를 떠나는 새 생명의 두려움과 비장함'을 상징하는 존재로 고개를 내민다.

혹자는 '홀씨'란 꽃이 피지 않는 식물의 포자를 가리키므로 '민들레 홀씨'란 정확한 표현이 아니라고 태클을 걸지만, 여하튼 '일편단심'과 '독자 생존의 여로'를 함축하고 있는 친근한 민초의 풀이다.

척박한 환경에서 모진 생명을 이어왔기에 강한 생명력만큼 약효도 뛰어나 어디를 잘라도 흰 진액이 나오며 씁쓰레한 맛이 난다. 이것은 예로부터 잎과 뿌리 모두 나물로서 식용할 뿐 아니라 한방에서는 '포공영蒲公英'이라 하여 위와 장을 튼튼히 하는 약재로 썼는데, 이처럼 강장, 대사, 면역 기능이 널리 알려지면서 최근에는 대량으로 재배하여 건강보조식품으로 각광받고 있다. 하지만 정작 우리 산하는 번식력 강한 서양 민들레에 접수되어 토종 민들레를 찾아보기 힘들다.

4~5월에 꽃이 피어 한 차례의 수정을 하는 토종 민들레와 달리 서양 민들레는 연중 꽃이 피며 서너 번의 씨앗을 흩뿌려대 그 개체수의 증가 속도는 상대가 되지 않는다. 한 가지 다행인 것은 토종 민

토종 민들레(왼쪽)와 서양 민들레(오른쪽).

들레가 서양 민들레와의 수정을 거부한다니, 종의 순수성 보존이 이루어진다는 것으로 위안을 삼을까?

토종 민들레와 서양 민들레는 얼핏 보아 구분이 힘들 만큼 비슷하다. 뭉뚱그려보아 토종의 개체 크기가 좀 크고 잎의 결각이 날카롭지만 토양에 따라 차이가 있으니 총상꽃차례의 방향으로 구분하는 것이 가장 확실하다. 총상꽃차례가 아래쪽으로 늘어진 것이 서양 민들레이고 꽃받침을 감싸안으며 위로 올려 붙은 것이 토종 민들레이니, 역성을 들려 해서가 아니라 어딘가 모르게 후줄근한 느낌과 단단하게 올려 붙은 야무지고 깔끔한 느낌이 대비됨은 원조 국시주의자(국수보다 더 토종스러운)인 나만의 느낌일까?

흰 민들레는 토종 민들레의 또 한 갈래의 종種이다. 단아한 흰색이 혹 너무 단조로울까봐 연노랑 빛을 살짝 머금어 마치 흰 무명 저고리와 긴 갈래머리 끝에 살포시 묶어준 소녀의 갑사댕기처럼 속마음을 살짝 흘려낸 아름다움! 그 다소곳함 속의 단아함은, 얼핏 보아 모두 민들레인 듯하지만 치렁치렁 산발한 듯 왠지 헤퍼 보이는 서양 민들레와 또한 뚜렷하게 구분된다.

"참이야! 아빠 어릴 적에는 민들레 꽃대를 꺾어 피리를 불었단다."

"진짜야? 어떻게?"

휘영청 눈부신 고광나무 꽃을 배경으로 아빠가 가르쳐준 대로 삐리릭 민들레 피리를 불어대는 막내를 보고는 까마득하게 잊고 살았던 누이와 나물바구니가 떠올랐다.

부모님 일하시는 밭가에 싸리 채반을 내려놓고 앉아 민들레 잎을 도려다가 흙부뚜막 위 바가지에 들기름을 두르며 봄나물을 무치면 나 보고 간을 보라며 한 움큼 집어 건네던 재주 많던 누이. 어느새 그 나물칼을 잡은 손도 간보기로 나물을 내미는 손도 순이의 손으로 바뀌었다.

뜯기고 밟히고 그다지 대우받지 못하면서도 인간 옆에서 살아남고자, 문명지 보도블록의 틈새나 갈라진 시멘트 담장 사이로까지 빠끔히 고개를 내미는 민들레! 나물로, 약재로, 봄 처녀의 머리 장식으로, 동심의 풀피리로 인간을 향한 짝사랑의 한 생애를 마치곤 새 삶의 실낱같은 희망을 품고 흩어져 긴 여행을 떠난다. "한가지에 나서 가는 곳을 모르겠구나!" 하는 향가 가사처럼 서로의 생사도 안부도 요원한 오직 혼자만의 긴 여행을.

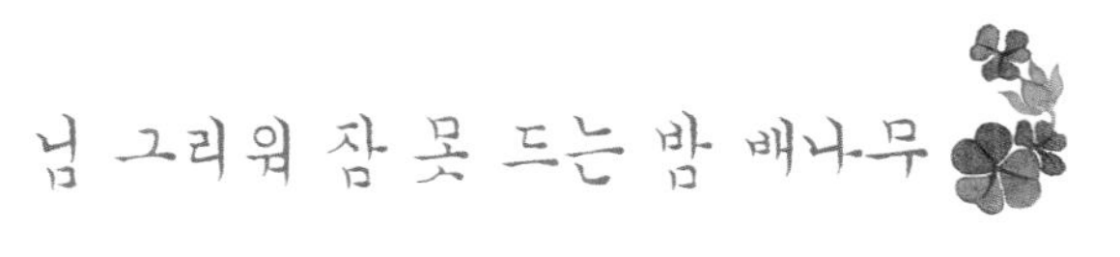

"남의 집 제사에 감 놔라 배 놔라."

오지랖이 넓어 필요 이상으로 남의 일에 간섭하는 사람을 빗대는 말에 등장하는 배는 제사상뿐 아니라 먹거리로서도 우리와 오랜 시간 함께해온 과일이다. "까마귀 날자 배 떨어진다"라든가 "배 먹고 이 닦고" "배 주고 속 빌어먹는다"와 같은 속담도 선조들의 생활 속에 깃들어 있는 배의 위상을 알려준다.

배나무는 장미목 장미과의 낙엽활엽교목으로 야생종의 돌배나무가 인간에 의해 개량을 거듭하여 오늘에 이르렀다. 우리나라의 배 재배 역사는 삼한시대와 신라 문헌에 그 기록이 있고, 『신당서新唐書』에 발해의 오얏과 배가 소개되어 있는 것으로 미루어 매우 오래된 것으로 보인다. 배의 품종에 대해서는 조선중기의 문인 허균의 저서 『도문대작屠門大嚼』에 다섯 품종이 나오고, 『춘향전』에서는 청실배라는 이름이 나오기도 한다.

1920년대의 조사서에는 수십 종의 재래종 배 이름이 등장하는데, 그후 일본인들에 의해 중랑천변 묵동에 장십랑 · 만삼길 등의 종류가 재배되었고, 토질이 배의 섭생에 적합하고 수확하면 맛이 좋아 '먹골배' 라 불렸다. 그 뒤 맛과 당도 등 여러 면에서 기존의 품종을 앞지르는 '신고배' 가 등장해 먹골뿐 아니라 양양, 나주, 성환 등 배 재배의 주산지에서도 신고배가 주류를 이루게 되었다.

이토록 오래된 역사가 있다보니 배나무는 거의 집집마다, 마을 어귀마다 있었다. 혹 그중에 좀 오래되고 두드러진 배나무가 있으면 '배나무집' 이니 '배나무골' 이니 하는 마을 이정표나 지명으로 불리곤 했다.

이화에 월백하고 은한이 삼경인 제
일지 춘심을 자규야 알랴마는
다정도 병인 양 하여 잠 못 들어 하노라

고려시대의 문신 이조년의 시조에서처럼 배나무가 눈길을 끌기 시작하는 것은 이른 봄 벚꽃, 복숭아꽃, 살구꽃의 이른바 연분홍 꽃잔치가 끝난 후 뒤이어 조팝꽃, 야광나무, 귀룽나무 등이 눈부시도록 펼쳐내는 제전 속에 한몫 어우러져 마당가를 수놓는 흰 꽃으로부터이다.

'휘영청' 이라는 말이 가장 걸맞은 배꽃의 자태는 옆으로 길게

늘어진 가지와 오밀조밀 온 나무를 에워싼 풍성한 꽃송이에서 진가를 드러낸다. 더욱이 한밤중에 은은한 달빛을 받아 마당을 비추기라도 하면, 가뜩이나 복숭아꽃, 살구꽃, 연분홍 꽃 잔치로 마음이 들떴던 춘심春心을 걷잡을 수 없이 달뜨게 해, 독수공방의 여인네나 이팔청춘 봄처녀는 잠 못 이루는 밤을 하얗게 지새웠다.

내게 있어 배나무는 우물 밖 세상을 구경하기 위해 치러야 했던 유년 시절의 통과의례였다. 성황림마을에서 십 리를 나가면 면내 장터에 이르기 전 초입에 '배나무 거리'를 지나야 했다.

시오리 거리인 면내에서 오일장이 서는 날이면 학교가 파하자마자 몇몇 녀석들과 원정대를 꾸려 면내 쪽으로 내려갔다.
신축한 교실 마루 밑에 들어가 못을 한 주머니씩 주워가지고 가서 철길에 올려놓아 기차가 지나가 납작해지면 칼도 만들고, 물고기 잡는 창도 만들려는 목적도 있었지만, 무엇보다 장날마다 서쪽 당숲산 꼭대기에 해가 한 발 정도 기울 무렵이면 어김없이 올라가는 장차(콩, 팥 등 화전에서 나는 곡식을 싣기 위해 장날마다 동네에 들어오는 트럭)에 매달려가는 모험을 즐기는 것이 더 큰 목적이었다.
구레나룻이 험상궂은 운전사는 보기보다 마음씨 좋은데, 열일고여덟 돼 보이는 말라깽이 조수는 못됐기 짝이 없었다. 어떤 때는 아예 적재함 끝에 앉아 매달리는 아이들의 손등을 나무막대기로 후려치기도 했다. 떨어진 녀석들은 그럴 때마다 분풀이로 길 가운데에 큰 돌멩이를 굴려놓곤 한참 후에 돌아 나오던 조수 놈이 낑낑거리며 돌을 치우면 "쌤통이다"를 외치며 도망가곤 했다. 재수가 좋을 때면 말라깽이 조수는 장차에 보이지 않았다. 신림 장터 위의 철길에 올라가 가져간 못을 '쪼로리' (나란히) 올려놓곤 철길에 귀를 대보며 기차가 오기를 기다리던 녀석들.
"야, 온다!"
철길의 미세한 뚜둑~소리를 감지한 한 녀석이 소리치면 둑길 아래로 멀찌감치 피신했다가 기차가 지나가면 재빨리 올라와 못을 찾아보지만 열차의 진동에 미리 떨어진 못이 대부분이었고, 그나마

성황림마을 절골 화전민 터의 돌배나무.

깔린 놈은 멀리 튕겨나가 먼저 찾는 녀석이 임자였다. 장차 올라갈 시간에 맞추려고 배나무 거리를 지날 때면 그 동네 아이들의 텃세가 시작되었다. 성황림마을 촌놈들이 장터로 내려가는 것을 아침에 본 한 녀석이 아이들을 불러 모아 길에서 놀고 있다가 우리가 지나가면 따라오면서 놀려대기 시작했다.

"촌놈들 바지 밑으로 부랄이 다 보인다."
"촌놈들 무르팍에 때 좀 봐라!"
"고무신 빵꾸났네!"

무엇이 일행을 주눅들게 했는지 성황림마을의 꾸러기들은 놀림을 묵묵히 받으며 걸음을 재촉해 그 길목을 벗어나기에 바빴다. 멀어지는 배나무 거리 악동들의 텃세 중 맨 마지막 선물인 팔뚝질을 등 뒤로 받으며 개울가로 내려선 성황림마을의 아이들은 개구리를 잡아 돌로 찧어 버드나무 껍질로 나뭇가지에 묶은 뒤 개울 바위 밑에 놓아 가재를 잡으며 장차를 기다린다.
신작로에 올라가 망을 보던 녀석이 개울 쪽을 향해 "장차 온다" 하고 소리치면 잡았던 가재를 후다닥 팽개친다.

- 주멍의 「성황림 요람기」 '장차' 에서

만춘지절이면 양쪽으로 배꽃이 휘영청 눈부시던 그 배나무 거리! 지금은 돌 공장 굴뚝만 을씨년스럽게 솟아 있어 그 시절의 흔적조차 찾기 어려우니…….

배나무는 목재로서도 그 쓰임새가 적지 않았다. 목질부의 조직이 치밀해 가장 많이 쓰인 곳은 경판이었다. 조선시대 사대부의 집안에 보관되어온 경판 형태의 문집들이 대부분 돌배나무로 만들어졌으며, 해인사의 대장경판도 산벚나무 다음에 가장 많이 쓰인 것이 돌배나무로 밝혀졌고 소반이나 악기의 재료로도 널리 사용되었다.

배나무의 열매인 배는 과일로서뿐만 아니라 '배숙梨熟'(배를 통째로 또는 먹기 좋은 크기로 잘라 삶아 꿀물이나 설탕물에 담근 것), '배화채' 등의 요리를 만들어 먹기도 하고, 고기를 부드럽게 만드는 데도 쓰이

제상, 배나무와 참죽, 19세기, 서울역사박물관.

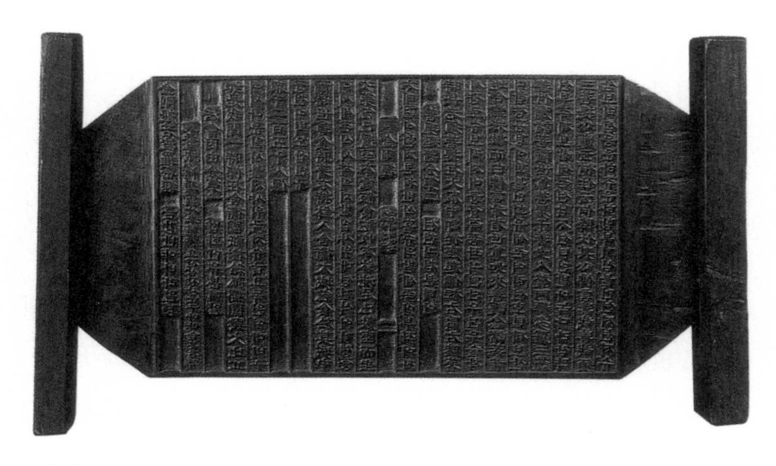

금강경언해 목판, 배나무, 19세기, 온양민속박물관.

며, 민간에서는 속을 파고 꿀을 넣어 약용으로 고아 먹기도 한다.

가지나 잎은 토사곽란에 효험이 있다고 하며, 배즙은 기침, 가래 등을 삭혀주고 고혈압, 변비, 이뇨작용 등 폭넓은 약리 효과까지 있다 한다. 그러니 먹는 배[梨] 말고도 타는 배[船], 몸의 배[腹], 씨앗 배[胚] 등 생활 속에 가장 중요한 것들을 가리키는 우리말 동음을 가장 많이 가진 이름이 어찌 거저 주어졌으랴!

배의 맛은 시거나 강한 다른 맛과 섞인 여타의 과일들과 달리 달고 시원한 것이 어쩌면 밍밍하고 단순한 듯하지만, 그래서 오히려 담백함을 느끼게 한다. 흰 꽃과 더불어 은근하고 질리지 않는 긴 여운은 우리 백의민족의 정서와 일맥상통한 면도 있다.

그러나저러나 배꽃은 예로부터 생이별한 님을 향한 절절한 그리움의 표상이니, 배꽃지절에 이별한 님을 그리는 계랑의 시조 한 수 더 읊어보자.

이화우 흩뿌릴 제 울며 잡고 이별한 님
춘풍명월에 저도 날 생각난가
천 리에 그리운 맘만 오락가락하노매

소주 위에 삶아 먹던 열매 야광나무

겨울 정취가 채 가시지 않은 황량한 갈색 산을 배경으로 울긋불긋 진달래가 수줍게 전해온 봄기운……. 왕벚꽃과 복숭아꽃, 살구꽃의 성급한 꽃잎들이 잎보다 먼저 고개를 내밀어 온 산을 연분홍의 꽃대궐로 치장하다가 꽃비 되어 스러진 자리에 연록의 잎을 피워낼 때, 기다렸다는 듯 온 세상에 '소금을 뿌려놓은 듯' 한 풍광이 펼쳐진다. 희다 못해 휘영청 순백의 향연을 펼치는 봄꽃에는 마당가의 배꽃과 산초입이나 밭가 돌무더기의 조팝꽃, 개울가의 귀룽나무, 그리고 드문드문 산의 정취를 돋우는 고추나무, 말발도리, 고광나무와 함께 고산계곡에 그루마다 커다란 흰 무더기의 꽃을 피우는 야광나무 꽃 등이 있다.

야광나무. 장미목 장미과의 낙엽활엽교목. 사과나무와 비슷하게 생겼으나 잎과 열매가 작으며 12미터까지 자란다.

큰 나무가 온통 흰 꽃으로 뒤덮여 봄밤에 환하게 빛난다고 해서 '야광' 이란 이름이 붙었다는데, 여백을 두어 펼쳐진 단아한 흰 꽃잎이 마치 모처럼 바깥나들이 나온 구중심처의 규수처럼 신선한 느낌을 준다.

흰 꽃은 공동체와 어울림을 중시하는 백의민족처럼 개체를 들여다볼 때보다 무리 전체를 볼 때 더욱 빛난다. 또한 벌과 나비와 새소리에 어우러지는 대낮보다는 세상이 고요히 잠든 달빛 밝고 은하수 흐르는 한밤중에 더욱 기품 있어 보이고, 딱히 말로 못 할 무언가에 그리운 마음을 더욱 애절하게 하는 그런 꽃이다. 그러니 '생명의 태

동, 놀라움, 벅참, 축제' 를 콘셉트로 하는 연분홍 봄꽃들의 오케스트라가 '봄의 제전' 1부였다면, 2부는 한바탕 격정 뒤의 '그리움, 애절함' 을 담은 플루트 독주쯤으로 봐도 좋으니 참으로 조화로운 자연의 섭리 아닌가?

우리나라가 작은 것 같아도 아열대와 온대기후의 경계선에 있어서 그런지 남한에서만도 식물 섭생의 분포 차가 적지 않다. 야광나무의 유사종으로는 아그배나무, 팥배나무 등이 있으나, 감나무 재배의 북한계선 위쪽인 성황림마을에선 당시에 한 종류밖에 없던 이것을 우리는 팥배나무라고 불렀다.

흰 꽃이 지고 나면 긴 자루 끝에 팥알만 한 녹색의 열매가 올망졸망 열리는데, 깨물어보면 떫고 신맛이 난다. 잎이나 열매 색깔이나 모양을 보면 배보다는 사과에 가까운데, '배' 라는 이름이 붙은 건 열매에 꽃받침의 흔적이 남느냐 아니냐에 따른 식물학적 분류에서 기인한 듯하다. 최근에는 사과나무와의 교잡종인 '꽃사과나무' 나, 아그배나무의 열매를 더 크게 개량한 원예종이 정원수로 인기를 끌고 있다. 허나 왠지 강남의 성형외과에서 양산한 미인들처럼 고유의 잔향이 없는 듯해 순종이 아니면 그다지 흥미를 느끼지 못하겠으니, 이것도 일종의 '종種의 보수保守' 성향이라고 해야 하나?

가을이 되면 따가운 햇살과 함께 날로 붉은빛을 더해가며 떫은 맛도 덜해져, 오다가다 심심한 꾸러기들의 손에 가지째 꺾여 한번 질끈 씹고는 "퉤!" 뱉어지는 존재가 된다. 입 안에 남는 새콤달콤 떨떠

름함의 여운을 즐기는 횟수가 잦아질수록 더 많이 꺾여나가지만, 서리가 내려 말랑해져야 단맛이 나니 아직 제대로 대접받긴 이르다.

이맘때면 고구마순을 마지막으로 소의 생식生食도 끝이 나 여름내 시달렸던 쇠꼴 베는 부담에서는 벗어난다. 하지만 곧바로 세계 어느 나라에도 유례가 없어 보이는, 소를 위한 전속 요리사인 '쇠죽당번' 이라는 달갑지 않은 보직이 어린 농군을 기다리던 시절이었다. 옥수숫대 6, 볏짚 2, 콩깍지 1의 비율에 그것들이 살짝 잠기도록 물을 붓고 끓이던 쇠죽(10의 1은 끓인 뒤 쌀등겨나 반찬찌꺼기를 얹어주었다) 위에, 채 익지 않은 팥배를 가지째 꺾어다 넣고 뚜껑을 닫아 익힌다. 그러면 떫은맛이 사라지고 파삭파삭한 맛이 그런대로 먹을 만해진다는 사실을 알고는 소죽을 끓일 때마다 개울가로 누이와 함께 팥배를 꺾으러 다녔다.

팥배에 대한 내 기억은 지금도 또렷하게 떠오르는 어릴 적의 흑백필름 속에서 그 정점을 이룬다. 화전을 부치러 다니던 재터골 초입의 길모퉁이 팥배나무 아래에 빵대발과 나물보자기 등을 깔고 빙 둘러선 우리 가족과, 나무 위에서 막대로 팥배를 털던 아버지, 곧이어 빵대발 위로 떨어진 팥배들에서 잎을 골라내고 자루에 담던 흑백의 잔상이 남아 있다. 그 뒤 방학 중에 나무를 하거나 꼴을 베러 재터골의 팥배나무 모퉁이를 돌 때마다 그 생각이 나서 어머니 생전에 여쭤본 적이 있다.

"그때 왜 팥배를 털었지요?"

"살면서 딱 한 번 팥배를 털었는데 그때는 그걸 사가는 사람이 있었지! 그거 판 돈으로 니 성 중핵교 입학 때 교복을 맞춰줬단다."

헉! 형이 나보다 아홉 살 많으니 그럼 나 네 살 때의 가을? 그때 팔린 팥배는 대구니 영주니 하던 사과 주산지의 접붙이용 대목臺木 생산을 위한 씨앗으로 쓰이지 않았을까 짐작해본다.

"순이! 이게 나 어릴 때 삶아먹던 팥배야!"

"아이~ 시어라! 이걸 어떻게 먹어?"

"……"

재터골 초입의 그 팥배나무는 반세기가 지나도록 같은 열매를 맺고 있건만.

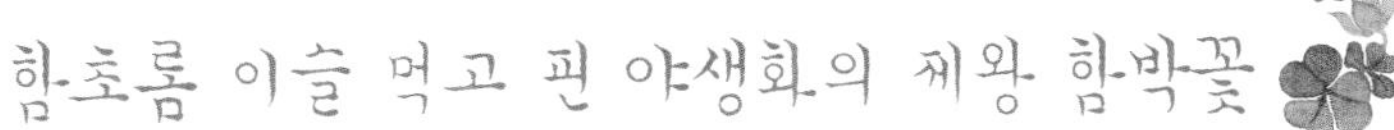

봄의 나팔수 진달래꽃이 지고 난 온 산에 벚꽃에 이은 복숭아꽃 살구꽃의 연분홍 꽃잎이 꽃비 되어 흩날리며 벌과 나비가 어우러지는 봄의 제전이 끝나갈 무렵이다. 심산유곡의 가파르고 울창한 그늘에 풀 먹여 다림질한 귀부인의 저고리 깃처럼 희고 두터운 꽃잎을 펼친 듯 오므린 듯, 함초롬히 이슬에 젖어 고고한 기품을 풍겨내는 꽃이 있다. 함박꽃은, 어린애 주먹만 한 꽃송이의 크기로나 샤넬 n5를 능가하는 진한 향으로나, 산중에서 마주한 적이 있다면 누구든 '우리나라 야생화의 제왕' 이라 부르는 것에 감히 사족을 달지 못할 카리스마를 풍기는 꽃이다.

함박꽃. 미나리아재비목 목련과의 낙엽활엽교목인 함박꽃나무에서 피는 꽃으로 산목련이라고도 하며, 꽃이 크고 아름다우며 향이 강하다. 황대권의 『야생초 편지』에서는 '이선생' 과 저자가 '목란' 과 '함박꽃' 의 구분을 놓고 한바탕 설전을 벌였다는 장면이 나오는데,

그 당시의 저자는 함박꽃의 존재를 알지 못했다고 한다.

여기서 잠시 우리말 '함'의 의미를 짚어보자.

함지: 나무 속을 파서 만든 커다란 그릇

함박: 함지보다 작은 바가지 크기만 한 나무 그릇

함초롬: 물에 젖은 모양이 가지런하고 차분한 모양

함박눈: 굵고 탐스럽게 내리는 눈

함박웃음: 크고 환하게 웃는 웃음

함박꽃은 푸짐한 크기에 차분한 소담스러움을 머금은, 그야말로 으뜸의 꽃에 붙일 수 있는 이름이니, 이 꽃은 조상들이 불러온 이름에서부터 백화百花의 제왕자리를 차고앉은 셈이다.

산중에서 함박꽃을 만나면 가슴이 뛴다. 첫사랑 소녀의 교복 깃 같은 순결한 아름다움에 차마 꺾지는 못하고 가지를 잡아당겨 눈앞에, 코끝에 번갈아 두르면 어느새 분 냄새 숨이 멎을 듯한 요부의 향으로 다가온다. 란蘭과 련蓮이 붙는 두 갈래 명칭의 식물학적 차이는 지식이 짧아 건너뛰더라도, 화花(중국), 하나花(일본), 플라워flower(영어권) 등 아름다움의 절정에 이른 식물의 생식기 명칭이 '꽃'인 건 무슨 연유에서일까?

똑딱똑딱, 땡땡땡, 꼬꼬댁, 꿀꿀꿀. 실제 소리보다는 많이 격음화된 의성어들과 함께, 반복돼온 침탈과 수복의 역사 속에서 짧고 강하게 전달해야 할 필요성을 느낀 사회상과 민족 정서의 합작품쯤 될까? 아마도 어원을 거슬러보면 꽃—곶(용비어천가)—고운—곱다 뭐 이쯤 되지 않을까? 짧은 소신에 '고운' 쯤에서 머물렀다면 더 좋았을 걸 생각도 해본다. '함박고운' '진달래고운' '모란고운'…….

이 고운 함박꽃(산목련)을 북한에서는 '목란'이라고 하여 1980년대까지 국화로 삼았던 진달래꽃을 버리고 새로운 국화로 정해 화폐에까지 등장시킨 것을 보면 이 꽃을 보는 감흥은 남북이 크게 다르지 않은 것 같다. 더러는 집작약의 꽃이나, 나아가서는 모란, 목련 등을 함박꽃이라 부르기도 하니 이는 고유명사라기보다는 크고 소담스런 꽃의 별칭이라 해야 할 듯하다.

집작약, 모란, 백목련, 산작약꽃 모두가 고대 중국에서부터 고려자기, 자수, 칠기 등 생활용구의 문양에 이르기까지 관상화의 으뜸으로 사랑받았다. 그러니 불교와 같이 전해진 연꽃과 함께 동양을 상징하는 꽃의 공동 대표라 하기에 손색이 없다.

그루가 목본과 초본의 차이가 있을 뿐 꽃만 봐서는 모란과 작약을 구분하기가 쉽지 않다. 중국이 원산지인 모란은 부귀영화를 상징하는 꽃으로, 그 꽃에 깃든 소망을 담고 울타리 옆에 장독대에 가지런히 가꾸어져왔지만, 그 소담스런 꽃송이에 비해 향기가 없으니 이 또한 치우침 없고자 하는 자연의 섭리인가?

떠나 보내주는 이 하나 없이 3월의 논산훈련소에 입소한 내 청춘의 암울한 심정만큼이나 멋없이 피어 훈련소 내무반 앞에 후줄근하게 떨어지던 목련. 역시 족보로 보면 함박꽃의 사촌이지만, 앙상한 가지 위에 잎보다 먼저 성급하게 가지 끝마다 두텁고 흰 꽃잎을 한꺼번에 피워올려, 도통 조화라고는 찾아볼 수 없이 '무더기 꽃의 질림'을 선사한다. 목련꽃 그늘 아래서 베르테르의 연서를 읽는 로테는 단지 따가운 봄 햇살의 자외선을 두터운 꽃무더기의 그늘 아래서 피하고자 했던 것은 아닐지…….

과장, 강조, 위장, 은폐, 연출 등등이 가미된 인공의 아름다움이 넘쳐나는 세상! 모란과 작약꽃이 인간의 지근거리에서 길들여진 부귀, 화려, 농염의 교태를 흘릴 때, 인고의 풍상을 견딘 심산유곡에서 무성한 잎 사이로 구중심처 여인의 뒷덜미 같은 긴 목자루를 내밀곤 살포시 고개를 숙인 채 이슬 머금어 피어난 함박꽃이야말로 순수, 우아, 청초, 고고, 신비라는 단어를 붙이기에 손색이 없다.

5월 하순의 성황림마을 상원골 계곡에서 막내에게 함박꽃을 침 튀기며 설명했다.

"참이야! 모란이 붉은 입술의 마릴린 몬로라면 함박꽃은 흰 드레스의 오드리 햅번이란다!"

"그게 뭔데?"

백자청화모란문합, 19세기, 경기도박물관.

"에구."

니들이 뭐 흑백 TV 시절 주말 명화에서 본 여주인공의 여운을 한 달 동안이나 품고 살아봤겠니?

'겸양지덕謙讓之德'을 '내숭'이라 하여 오히려 배척하는 요즘처럼 인간 가까이에서 사랑받아온 이 꽃들의 모양도 진화해왔는지, 꽃이 지고 난 후의 열매 모양도 도전적이고 발칙하기까지 하다. 예쁜 놈만 더 예뻐 보인다고 함박꽃은 씨방마저도 꽃처럼 그 모양이나 크기나 색깔까지 무엇 하나 넘침 없이 조화롭다. 한방에서는 '신이辛夷'라 하여 알레르기성 비염에 약재로 쓰니 인간에겐 더없이 고마운 존재다.

나는 함박꽃을 보면 선생님 칭찬에 고무되어 교탁에 꽃꽂기 경쟁을 벌이던 초등학교 시절의 두 순옥이 생각이 난다. 깊숙한 골짜기에 살던 큰 순옥이가 등교 길에 서너 송이쯤 달린 함박꽃 가지를 꺾어다 교탁 꽃병에 꽂아놓으면 교실을 진동하던 그 향! 교실에 들어서시던 담임선생님은 칭찬을 아끼지 않으셨고 그 이튿날은 본동에 사는 작은 순옥이가 집 뒤뜰에서 작약꽃을 꺾어다 한 송이도 더 들어갈 틈 없이 빽빽하게 꽂아놓았다. 등교해서 하루 종일 교탁 쪽을 보아야 했던 우리들은 하루는 무언가 부족한 듯한 산만함에, 다음 날은 뭔지 모를 갑갑증에 시달려야 했지만.

백자상감모란문호, 15세기, 경기도박물관.

숱한 권세가와 재력가들의 삼고초려에도 프로 전향을 거부한 예술가처럼 독야청청 고산계곡을 꿋꿋이 지켜온 함박꽃. 너를 어찌 '우리나라 야생화의 제왕' 으로 부르지 않으리!

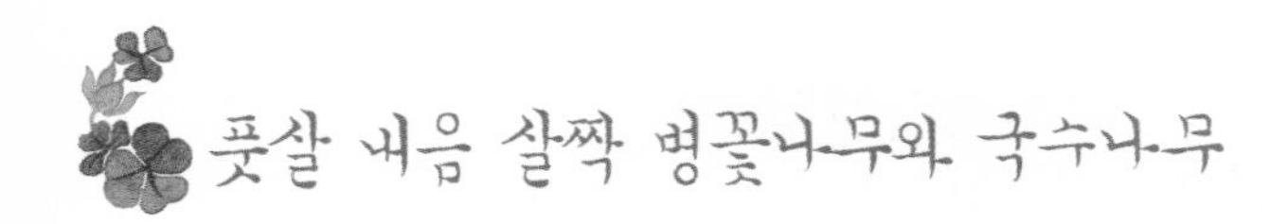

복숭아꽃, 살구꽃에 왕벚꽃과 영산홍의 꽃물결이 온 산에 일렁일 때, 노랗지도 빨갛지도 않은 것이 누르스름하게 피어나 불그스름하게 물들어가며 묵묵히 조연을 자처하는 꽃이 있다. 복수초, 현호색, 양지꽃, 노루귀 등 땅바닥에 붙어 눈에 잘 띄지 않는 꽃들도 곧잘 시인들의 시구에 등장해 봄의 전령이니 화신이니 한껏 찬사를 듣건만, 이것만큼은 제법 큰 덩치에 나름 무더기 꽃을 이룸에도 엑스트라는커녕 봄의 제전 속의 무대 장치나 됐을까?

그 흔한 봄노래 시구나 문장 한 귀퉁이에서도 본 적이 없는 듯하다. 연지 분칠에 귀한 장신구로 한껏 멋을 낸 어우동의 서너 걸음 뒤에, 새것은 아니지만 깨끗이 빨아 입은 저고리 섶에서, 향기 대신 풋살 내음 살짝 풍기는 시중 소녀의 매력을 발견하기란 여간한 내공으론 쉽지 않았을 터이니.

험~ 백화의 향연에 취한 군상들이 하물며 이놈 병꽃에랴!

병꽃.

꼭두서니목 인동과의 낙엽활엽관목 병꽃나무. 국민배우, 국민가수, 국민여동생 등 대중 위에 우뚝 선 스타에게 열광하던 사람들이 이제 우상 정도로는 성이 안 찼던지 시시콜콜 TV 프로에만 집중하더니, 이젠 주연의 그늘에 가려졌던 만년 조연급들을 무더기로 불러다낸다. 그러고는 '국민 조연'이네 '3인자의 시대 도래'네 하며 띄워주고 망가뜨리기로, 좀 살 만하다 싶으면 밟고 넘어서기 좋아하는 국민성에 카타르시스를 주고 있다.

그런 시대적인 트렌드에 딱 들어맞는 은둔의 스타! 수수함 속에 단아한 매력 병꽃! 칙칙한 피부의 색상과 딱 꼬집어낼 순 없지만 무언가 부족한 굴곡(장동건에 비해), 그리고 한 치수 부족한 허우대로 인하여 원색의 멋진 날개들이 잘 소화되지 않아 늘 거무튀튀, 누르스름, 푸르뎅뎅, 불그죽죽, 허여멀건 어둑어둑…… 이런 어정쩡한 색깔의 옷만 사 입어야 했던 그간의 울분에 허리춤 부여잡고 동병상련의 설움이라도 실컷 호소하고 싶은 놈! 예쁜 꽃을 찾아 먼 길을 떠났다가 생각했던 것만큼 예쁜 꽃이 없음을 알고는, 집 떠날 때 울타리 옆에서 수수하게 하늘거리던 코스모스가 그리워 다시 돌아와도 떠날 때와 같이 묵묵히 맞아주는 내 집처럼, 얼핏 다른 꽃의 화려함에 끌려 지나치기 쉬우나 볼수록 은근한 매력이 마음을 끄는 조강지처 같은 꽃! 그 이름 또한 긴 꽃자루 생긴 모양을 본떠 딸랑 '병꽃'.

성황림마을의 꾸러기들에게 병꽃나무는 고무줄 새총의 가달(Y자 모양의 몸체를 이르는 사투리)로 제격인 나무였다. 산 초입에 지천인 병꽃나무는 낫으로 베어다 땔감을 하기 때문에 베인 자리에서 두 가달이 양쪽으로 동시에 올라와 크는 경우가 많았다. 그러면 밑동은 엄지손가락 굵기에 양쪽 가지는 새끼손가락만 한 놈으로 골라 자른 뒤 두 가달을 안쪽으로 보기 좋게 휘어지도록 끈으로 묶어 타지 않을 만큼만 불에 구워 말린다.

고무줄은 애기 기저귀용 노랑고무줄이 최고이지만 워낙 귀해 붉은색 찰고무줄이라도 있으면 더 바랄 것이 없겠지만, 그것들도 오매불망 꾸러기들의 희망사항일 뿐이다. 구할 수 있는 고무줄이라야 기껏 엄마 머리카락 모아둔 것을 엿장수와 바꾸거나 여자애들 고무줄

국수나무 꽃.

놀이 때 기습해서 끊어온 까만 뚝고무줄뿐이었으니, 그나마도 군데군데 삭지 않았으면 감지덕지였다. 문제는 늘 돌을 감싸는 부분이었다. 조악한 품질의 헝겊이나 비닐가방 망가진 것을 쓰다보니 늘 귀퉁이가 찢어져 중학교 다니던 형들의 가방 뚜껑 끝에 달린 구멍 뚫린 까만 가죽을 호시탐탐 노리기도 했다.

병꽃나무로 만든 고무줄 새총도 물푸레 활과 빵대화살처럼 연신 만들어 새를 잡는답시고 돌아치기를 했지만, 역시나 "눈 깨물어진 새"를 잡아본 기억은 없다.

우리의 산하 야산 초입이라면 어디에든 널려 있지만 그나마도 꽃이 지고 나면 눈길을 주는 이 없어, 지게 지고 먼 산에 오르기 힘든 힘없는 과부나 노인의 '검부작 낫나무'(마른 풀과 가는 나무를 낫으로 베는 것) 단 속에 끼여 버거운 삶에 하루의 군불로 지펴지기 십상이던 병꽃나무. 이것 역시 늘 민초 곁에서 소외된 삶을 같이해온 참 민초스러운 나무이다.

어릴 적 아버지를 따라 불쏘시개로 쓰기 위해 솔개비(소나무 낙엽)를 긁으러 뒷산에 가면 아버지는 국수나무를 낫으로 자른 뒤 가느다란 싸리나무로 속심을 밀어내 높은음자리처럼 또르르 말린 국수 같은 장난감을 만들어주셨다. 씹어보면 그냥 물렁물렁한, 심 모양이 질기고 잘 끊어지지 않아 마치 국수가락 같아서 붙여진 이름 '국수나무'. 상아색의 앙증맞은 꽃을 피우는 이것도 구전되는 나무타령에서 "아이고 배야 아그배나무, 앵돌아져 앵두나무, 먹기 싫다 조팝나무, 말아먹자 국수나무"쯤에서 살짝 맛배기만 보일 뿐이다. 하지만 병꽃나무와 함께 야산 초입에 지천인 그 개체수를 생각하면 꽃이건 나무건 그 누구도 시나 글줄에서 이름 한번 불러준 적 없는 것이 서러울 듯하다.

"참이야! 이게 국수나무라는 건데, 왜 국수나무냐 하면……"

어느 봄 텃밭농사 하러 갔다가 막내를 앞세워 밭 가장자리의 국수나무를 꺾어다 40여 년 전 노인아버지가 내게 해주었듯 속을 밀어내 국수가락을 만들어주니 엄마에게 달려가 자랑을 한다.

"엄마! 이게 국수나무에서 나온 거야. 먹어봐."

장미목 장미과의 낙엽활엽관목 국수나무. 은은한 색깔의 작은 꽃들을 자세히 보니 요놈 또한 서방님 중우적삼을 삶아 담은 함지박을 이고 빨래터로 가는, 새색시 저고릿단 사이로 언뜻언뜻 비치는 속살처럼 싱그럽다. 솔개비를 하러 올랐던 뒷산에서 아버지는 당신의 지게에 태산만 한 둥치의 솔개비짐을 꾸리시곤, 눈동자만 하얗던 늦둥이 꼬맹이에게도 같은 방법으로 손가락 굵기의 국수나무, 개옻나무, 싸리나무, 병꽃나무를 베어 깔고 솔개비를 얹은 뒤 김밥처럼 두르르 굴려 솔개비짐을 만들어 지워주시곤 말씀하셨다.

"농부의 산행에 빈손은 없는 법이란다."

손을 뻗으면 닿을 듯 늘 가까이에 있지만 굳이 존재를 부각시킬 필요가 없었던 편한 존재들 중의 하나, 그러나 잃으면 빈자리는 못내 헛헛할 옛 보던 나무 하나 풀 하나!

병꽃과 국수나무도 더듬어보니 추억이 솔솔 풍겨 나오는 나무다. 이 글을 쓰며 아스라한 아버지의 기억이 떠오른다. 흰 중우(광목바지)를 무릎께까지 걷어올리고 대비신(군용 작업화)을 신은 아버지가 지겟다리 두드리며 이름 모를 가락 흥얼거리며 앞서 가시던 그 병꽃 흐드러진 뒷동산길. 그 뒷모습은 어느새 순이로 바뀌었지만…….

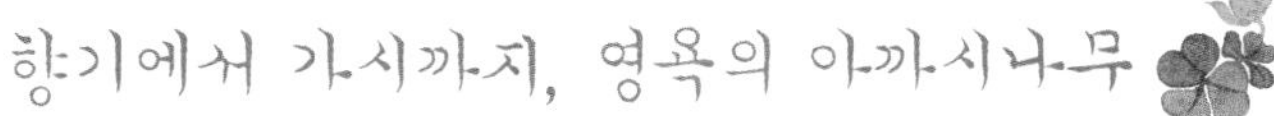

아름다운 아가씨 어찌 그리 예쁜가요.

아가씨 그윽한 그 향기는 뭔가요.

아아아아아아아아 아아아아 아아아아

아카시아 껌.

1970년대 후반에 김세환이 불렀던 이 해태껌 광고는 감미로운 목소리로 온 국민의 사랑을 받았던 트윈폴리오의 또 한 명의 멤버인 윤형주가 불렀던 「열두시에 만나요 브라보콘」과 함께 지금의 중장년층에겐 기억에 가장 오래 남아 있는 광고송이 아닌가 싶다.

아카시아는 땔나무 채취로 인한 야산의 황폐화와 수해나 토목공사로 인한 절개지에 사방, 조림 용도로 일제가 들여다 심은 북아메리카 원산의 낙엽활엽교목이다. 이 나무의 학명 중에 *False Acacia*나 *pseudoacacia*가 일본어로 '니세(가짜) 아카시아'로 번역돼, 우리나

라에서는 그냥 '아카시아'로 정착된 듯하다. 이에 오세아니아 원산의 열대상록식물인 '아카시아속'과 구분할 필요를 느낀 한국임학회에서 뒤늦게 '아까시나무'를 표준어로 정하고 권장에 나섰으나, '꽃'과 '꿀'을 가리킬 때는 기존의 굳어진 이미지를 고려해 '아카시아'를 사용할 수 있게 했다니, 이 나무가 온 국민에 의해 '아까시나무'로 불릴 날은 요원하기만 한 듯하다.

아까시나무의 쓰임새는 5월 느지막이 온 나무를 치렁치렁 뒤덮어 짙은 향을 풍겨내는 상아색의 꽃으로부터 시작된다. 매혹적인 향에 독성이 없는 데다 씹으면 단맛이 나니 꾸러기들이 따 먹기도 하고, 술로 담가져 애주가들의 혀끝에서 음미되거나 부지런한 주부의 손에 의해 효소로 거듭나며, 꽃차나 튀김으로도 모자라 말린 꽃을 주머니에 넣어 침실에 걸어두기도 한다. 그렇지만 뭐니뭐니해도 이 꽃의 진가는 정착 농경민족의 삶 속에 아까시꽃의 개화기를 따라 반도 남녘에서 휴전선까지 이동하는 '양봉 유목민'의 신풍속도를 만들어 낼 정도로 질 높은 밀원蜜源 역할에서 최고조에 달한다.

동구 밖 과수원길 아카시아 꽃이 활짝 폈네
하이얀 꽃 잎파리 눈송이처럼 날리네
향긋한 꽃냄새가 실바람타고 솔솔
둘이서 말이 없네 얼굴 마주보며 생긋
아카시아 꽃 하얗게 핀 먼 옛날의 과수원길

아까시나무의 또 다른 용도는 1년에 2~3미터 크는 속성수에다 수피에 돋은 강한 가시로 자연스럽게 활용되던 과수원 울타리로서의 쓰임새다. 박화목이 작사한 「과수원길」에서 아카시아꽃과 향기를 노래했음에도 머릿속에 그려지는 풍경은 과수원 옆으로 빼곡하게 이어지는 아까시나무의 울타리다.

철조망 등의 공산품 울타리가 흔치 않았고 먹을 것이 늘 부족했던 그 시절에 동구 밖 과수원에서 탐스럽게 익어가는 과일은 그 곁을 지나는 이에게 견물생심 유혹의 마음을 일으키니, 아까시나무야말로

울타리로 제격이었다. 당시의 일반적인 과수원 풍경은 아까시나무가 빼곡히 둘러 심겨진 모습이었다.

성황림 아랫마을에도 신작로 가에 기다랗게 이어지는 과수원이 있었다. 빼곡한 아까시나무 사이로 서너 줄의 철조망을 건너지르고 해마다 위로 크는 아까시나무 가지를 잘라 철조망 사이에 엮어놓아 안쪽이 들여다보이지 않는 요새처럼 중무장을 한 모습이었다. 그런데 안쪽의 사과가 빨갛게 익는 철이 되면 누가 뚫어놓았는지 가끔씩 아래로 기어 들어갈 정도의 개구멍이 생겼다가 다시금 주인 손길로 가시나무로 막혀지길 되풀이했다.

중학교 때 같은 반 친구와 한여름의 뙤약볕을 받으며 늘 무거운 가방을 들고 과수원 옆을 지나다녔는데, 사과가 막 붉은빛을 띠어가던 어느 늦여름의 하교 길에 과수원 끝자락 모퉁이에 개구멍이 생긴 것이 보였다. 의기투합한 둘은 아까시 잎을 각자 손가락으로 내리쳐 먼저 들어갈 순서를 정한 뒤 책가방을 밖에 놓고 안쪽으로 기어들어갔다.

인도, 홍옥, 골덴딜리셔스. 어떻게 알았는지 당시에도 사과의 종에 관한 기본 지식은 있어서 눈앞에 펼쳐진 많은 사과 중에서 비싸고 맛있는 종을 골라 옷자락에 모자에 따 담는 순간 갑자기 "꽤륵꽤륵" 하는 소리와 함께 머리를 휘두르며 거위 두 마리가 달려왔다. 키보다도 더 큰 거위의 느닷없는 돌진에 극심한 공포를 느낀 친구와 나는 혼비백산하여, 땄던 과일을 버리고 황급히 개구멍을 빠져나오느라 아까시나무에 살점이 긁히고 교복이 찢기는 수모를 겪어야 했고, 그 뒤 다시는 사과서리를 꿈도 꾸지 않았다.

아까시나무는 산보다는 개울가나 개활지에 많이 분포한다. 그래서인지 그 기억도 산으로 둘러싸인 산병풍마을인 '성황림마을'을 벗어나 면내의 중학교를 다니던 까까머리 시절로 옮겨간다. 그때는 꽃이 지고 난 뒤 무성한 아까시 잎은 개체마다 다른 잎의 개수로 인해 예측하기 힘든 길흉이나 행운을 점치는 산가지의 용도로 썼다. 시오리 길을 걸어다니던 중간쯤인 과수원께에서 울타리의 아까시나무 잎을 따서 여름이면 늘 성황림에 차리던 하기휴양소를 오가는 군부대의 '쓰리쿼터 부식차'(3/4톤 군용트럭)가 얻어 걸리길 바라는 점을 치곤 했다.

잎을 하나씩 떼어내며 "온다" "안 온다" "온다" "안 온다" 그러다가 "온다"로 마지막 잎을 떼어내자마자 멀리 희미한 엔진 음과 함께 흙먼지를 일으키며 달려오던 쓰리쿼터! 쓰리쿼터 운전병은 까까머리를 보면 늘 차를 세워 태워주었고, 올라타기 좋을 만치 나지막한 적재함에는 늘 부식거리가 가득 실려 있었다.

"누나 있어?"

"네."

"몇 살이야?"

"열아홉이요."

군인들의 질문은 늘 같았지만, 그 대답에 따라 별사탕이 들어 있는 두툼한 군용건빵 한 봉지가 주어질 수도 있다는 것을 아는 까까머리의 대답도 늘 한결같았다.

중학교 3학년 시절 첫사랑의 열병에 신음하다가 가까스로 그 소녀에게 개울가 '무당소' 앞으로 나와달라는 편지를 건넨 까까머리는 또 아까시나무 잎 점을 친다.

"나온다."

"에이! 나올 리가 없어."

"아니야! 걔도 날 좋아하는지도 몰라!"

"……"

정작 까까머리는 그 무당소에 갈 용기가 나질 않아 멀리 개울둑 아까시나무 아래에 숨은 채 있었다.

가을이 되어 무성했던 잎을 떨군 뒤 영그는 홀쭉한 콩꼬투리 모양의 납작하고 볼품없는 아까시나무 씨앗은 까까머리 시절의 단골 과제물이기도 했다. 쌀, 잔디 씨앗, 코스모스 씨앗 등 편지봉투에 담아내라는 것이 왜 그리 많았던지.

"참이야! 이 나무가 아까시나무란다. 아빠 어릴 적엔 참 많이 따먹었지."

"아가씨나무?"

"아니, 가시가 있어서 아! 까시나무!"

오랜 세월 국민의 아가씨 아카시아 향기로 형성된 이미지를, 그 이름 주인은 따로 있다며 억센 가시가 있어 '아까시나무'라 불러달라니, 하루아침에 양가의 규방아씨에서 까칠한 머슴의 처지에 놓인 나무! 강한 생명력으로 우리의 야산과 개활지에 무성해 여러 쓰임새가 있으나, 가까이하기에는 번거로운 가시와 무성한 번식력 때문에 일제에 의한 고의적인 소나무 퇴출 음모론 같은 '안티' 도 따라다니는 나무. 지난날의 영광과 향기는 잊고, 오늘의 현실 '가시' 로 기억해야 하는 나무.

"아, 까시, 찔리면 마이 아파!"

지금도 나는 싸리나무를 보면 타관 객지에서 죽마고우를 만난 느낌이다. 유년 시절 소죽 불을 때다가 물거리(마르지 않은 손목 굵기 아래의 땔나무) 나뭇단 속에서 싸리나무를 만나면 왜 그리 기분이 좋던지. 굵은 놈이 나오면 불 때기 아까워 윷가락이나 자치기 방망이도 만들어두고, 어쩔 수 없이 태우는 놈은 가끔씩 불붙은 놈을 꺼내 그 구수한 냄새를 맡으려고 얼굴 앞에 가져다 킁킁거리기도 했다.

싸리나무는 마르지 않아도 불이 잘 붙으며 연기가 거의 나지 않고 화력도 좋아 삼국시대 이전부터 다발로 묶어 '횃불'로 사용했다는 기록이 나온다. 줄기가 단단하고 곧아 '화살대'로 쓰인 기록도 다수 발견돼, 이름의 어원을 불태울 때 나는 '싸라락' 소리나 화살의 '살' 쯤에서 찾아야 할 듯싶다.

싸리나무는 꿀이 많아 양봉이나 한봉의 주요 밀원이기도 한데, 8월에 일교차가 큰 고산지역에서 뜨는 꿀을 싸리꿀이라 하는 것만

소쿠리, 멍석, 키 등 싸리로 만든 것들을 파는 만물상의 풍경.

보아도 알 수 있다. 하지만 최근에는 싸리나무가 줄어 예전처럼 싸리꿀을 뜨러 이동하는 이들이 많이 줄었다고 한다.

싸리의 또 다른 용도는 서당의 훈장 선생님에서 학교 선생님에 이르기까지 '사랑의 매'라는 이름으로 들었던 '회초리'였다. 단단하고 탄력 좋고 부러지지 않아 손바닥에 종아리를 맞으며 원망을 퍼붓던 나무. 하지만 고등학교 들어서 마대자루에 곡괭이자루를 경쟁적으로 끌고 다니시던 사명감 넘치는 선생님이 등장하고 난 뒤에는 애교스럽게 느껴졌다.

참싸리

장미목 콩과의 낙엽활엽관목으로 키는 3미터 정도까지 자라며 7~8월에 보랏빛 꽃을 피웠다가 10월에 콩꼬투리 모양의 열매를 맺는다. 가지가 적고 곧게 자라며 단단하고 잘 쪼개진다. 껍질은 질겨 중부 이북지방에선 각종 생활용구와 울타리, 빗자루 등에 사용되었고 껍질은 각종 끄나풀로 쓰였다.

새벽종이 울리고 마을길도 넓히던 새마을 열풍이 불던 시절. 시골 학교의 아이들에게 이놈은 또 한 달이 멀다 하고 할당받던 과제물이기도 했다. 도심의 자매결연학교에서 보내준 망가진 장난감, 교육청에서 보내준 백엽상 온도계, 학용품을 보내준 군부대 등에 대한 답례로 보내야 한다며 학용품 구경도 못한 아이들까지 싸리비 몇 자루씩을 할당받기 일쑤였다. 빗자루로는 참싸리보다 더 단단하고 잔가지가 많은 '조록싸리'를 주로 사용하나, 참싸리가 더 흔하니 학교에 제출하는 싸리비는 대개 참싸리로 만들었다.

싸리 빗자루는 학교뿐 아니라 관공서나 군의 연병장까지 널찍한 운동장을 쓰는 용도로는 그 후로도 오랫동안 활용되었다. 단체생활하면 싸리 빗자루로 청소나 눈 쓸기 한 것이 가장 먼저 생각 날 정도이니 지금의 중년층들에게는 추억을 떠올려줄 만한 나무다.

광대싸리

쥐손이풀목 대극과의 낙엽활엽관목인 광대싸리는 싸리라는 이름을 가졌지만 장미목 콩과의 '참싸리' '조록싸리'와는 그 생물학적인 갈래부터가 다르다. 식물의 이름에 '광대'라는 접두어가 붙으면 맹독성이 대부분이지만, 이것은 어린잎을 따서 볶으면 김 같은 맛이 난다. 어릴 적 그 맛을 잊지 못해 어머니 생전에 해달래서 먹어봤더니 예전의 그 맛은 아니었다.

『진서秦書』「숙신씨肅愼氏」편에 "숙신이 주나라에 호시석노楛矢石弩를 바쳤다"는 기록이 싸리나무 화살에 관한 가장 오래된 기록으로 보인다. 고구려 북방에 위치한 숙신씨 부족이 사용하던 '광대싸리에 돌촉을 단 호시석노'는 당시에 여러 부족이 두려워하던 무기였음을 여러 기록에서 남기고 있다.

「용비어천가」에도 "태조太祖께서 대초명적大哨鳴鏑 쏘기를 좋아하시어 대나무를 쓰지 아니하시고 광대싸리로 화살을 삼으셨다"는 기록이 나오며, 『성호사설』 등 여러 기록이 고구려 전통의 단궁 화살재료를 언급하는데, 1929년 이중화 선생께서 펴낸 『조선의 궁술』에서 여러 쪽에 걸쳐 호시楛矢가 광대싸리임을 고대의 기록과 함께 조목조목 설명하고 있다.

이 나무들을 직접 다루어본 사람이라면 그 이유를 금방 알 수 있다. 참싸리의 특징은 단단한 만큼이나 무겁다는 것인데 그것이 화살재로는 치명적인 약점이 된다. 참싸리처럼 단단하진 않지만 가볍고

『풍속도첩』 중 '서생과 아가씨', 전 신윤복, 종이에 담채, 국립중앙박물관. 서생을 그리워하는 듯한 아가씨 뒤편으로 싸리나무 문을 볼 수 있다.

더 굵게 크는 광대싸리가 오히려 고조선 이래 우리나라를 지배한 기마병의 화살 재료였다는 데서 팔방미인이 꼭 역사의 승리자는 아니라는 사실에 위안이라도 느껴야 하는 것인가.

그러고 보면 무기사武器史의 측면에서 온달성 전투를 비롯한 고구려와 신라 또는 고구려와 백제의 싸움은 광대싸리 화살과 대나무 화살의 싸움이라 할 수도 있겠다.

조팝나무

조팝나무는 장미목 장미과의 낙엽활엽관목으로 야산 초입이나

들에 분포하며 1.5미터 정도까지 자란다. 줄기와 잎이 광대싸리를 닮은 이 나무의 꽃도 성황림마을의 아이들은 싸리꽃이라 불렀다.

짙어가는 봄, 밭가의 돌담이나 야산 초입마다 이효석의 「메밀꽃 필 무렵」에서의 표현처럼 "소금을 뿌려놓은 듯" 휘영청 무더기로 피어 진한 향기를 풍겨댔다. 여기에 오월의 달빛까지 받으면 마당의 배꽃과 개울가의 야광나무, 귀룽나무까지 어우러져 세상은 온통 흰 꽃 천지가 되어버린다.

아마 이 나무도 광대싸리와 비슷한 생김새에 곧게 크니 민간에서는 그냥 싸리라 불렀던 모양이다. 구전되던 이야기가 조선후기에 이르러 글로 정착된 『토끼전』을 보면 "조팝나무에 삐쭉새 울고 함박꽃에 뒤웅벌이요"라는 구절이 있다. 조+밥은 '이팝나무'의 선례가 있어 웬만하면 인정해주고 싶지만, 좁쌀밥의 누리끼리한 색을 아는 사람이라면 고개를 가로저을 수밖에 없으니 조팝나무의 이름 유래는 연구를 더 해봐야 할 듯하다.

조밥을 떠올리다가 문득 어릴 적 옆집 정순이 생각이 났다. 중학교 시절 '혼식장려시책'으로 도시락 검사를 하는 바람에 쌀밥만 싸주면 학교 못 간다고 위에 콩 몇 개를 얹어가던 아이들과는 달리, 오히려 쌀밥 안 싸주면 학교 안 간다고 매일같이 울었던 정순이! 농토가 없어 몇 뙈기의 화전만 부치다보니 얼핏 쌀밥 같은데 자세히 보면 노란 옥수수 껍질 부분이 언뜻언뜻 보이는 '옥수수쌀밥'과, 얼핏 봐도 샛노란 깨알 같은 '조밥'이 주식이었던 정순네. 친구들이 보는 데

싸리나무로 만든 다래끼.

서 도시락 뚜껑을 열어야 했던 사춘기 소녀의 굴욕.

어쨌거나 조팝나무! 참 꽃이 눈부시고 향기로운 나무이다.

집나간 아내가 혹여 올세라, 빼꼼이 열어놓은 어느 홀아비 집 사립문이며 담장도 싸리였고, 채소밭에 닭이며 가축이 들어가지 못하도록 둘러친 나지막한 울타리도 싸리였으며, 변소간 흙벽 바를 때 수숫대와 겨릅대 사이사이에 서너 개씩 엮어주던 뼈대도 싸리, 솔개나 족제비, 새매로부터 병아리를 보호하기 위해 마당가 헛간 처마에 나지막이 매달려 있던 병아리 집도, 비오는 날이면 자리틀을 마루에 놓고 고드랫돌(발이나 돗자리 따위를 엮을 때 날을 감아 매어 늘어뜨리는 조그마한 돌) 덜걱거리며 뼈만 앙상한 아버지의 손에 발로 엮이던 것도 싸리였다.

아버지 지게 위에 얹혀 거름을 내고 각종 농산물을 져 나르도록 받쳐주는 바소고리(바소쿠리)도 싸리였고, 남들 놀 때 뛰어놀지 못하고 한몫 일을 거들어야 했던 어린 시절 듣기만 해도 경기 나는 그놈의 쇠풀을 뜯어 채우던 다래끼도, 여물을 퍼 나르던 삼태기도 싸리였다. 품앗이로 하던 모내기 날 모 찌랴 나르랴 모내기하랴 정신없이 일하다 출출하던 참에, 멀리 어머니의 머리 위에 얹혀 국시 새참을 담아내오던 놈도 싸리광주리였다.

자정 넘긴 당고사 끝나기만을 기다리던 눈동자만 하얗던 꼬맹이들에게 나누어주던 산적꼬치 몇 점을 꿴 나무도 싸리였고, 옥수수 속에 꽂아 등긁개로 쓰던 막대도, 꺼먹장화 옆판 오려 묶어 만든 파리채의 자루도, 잡히면 요절을 낸다고 만이 누나를 쫓아가던 만이 엄마 손에 들린 불붙은 부지깽이도 싸리였다.

명절 전이면 흰 가래떡을 뽑으러 신림장에 가신 어머님을 기다리느라 오누이는 당숲 밖 너럭바위에 점심때부터 걸터앉아 멀리 미루나무길 신작로를 뚫어지게 바라보았다. 가물가물 나타나 가까워지던 어머니 머리에서 받아 내린 커다란 싸리광주리에서 김이 모락모락 나는 광목보자기를 들치고 꺼내주시던 흰 가래떡이 생각난다.

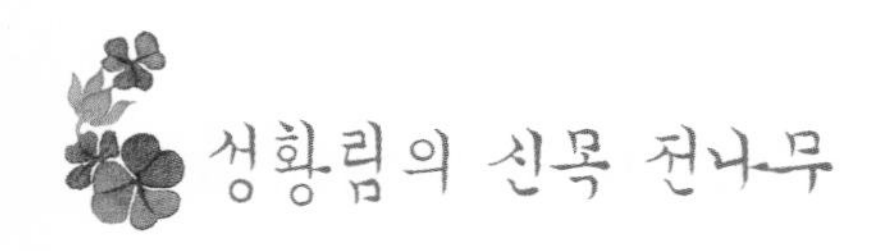

성황림의 신목 전나무

뿌리에서 잎까지 구석구석 인간들의 생활 수단으로 이용되어온 나무의 역할은 인간이 넘어서지 못할 신의 영역에 대한 중매자인 '신목'에서 그 정점을 찍는다. 일찍이 "천제의 아들 환웅께서 인간 세상에 뜻을 두고 삼천의 무리를 이끌고 내려와 태백산의 신단수 아래에 신시神市를 열었다"는 단군신화를 간직한 우리 민족은 마을 어귀에 경외감이 드는 오래된 나무를 신목으로 삼고 자연재해나 호환 또는 질병으로부터 무사하기를 비는 서낭신앙을 계승해왔다.

만약 서낭나무나 당집과 그것들을 에워싼 숲을 처음부터 기획하여 만들었다면 어떤 모습일까? 신목으로는 어떤 나무를 심고 주변은 어떻게 꾸며놓았을까? 평지에는 자생하기 힘든 고산종의 활엽교목들로 이루어진 숲 자체가 천연기념물로 지정돼 고유명사로 굳어져가는 원주시 신림면 성남리의 '성황림'을 통해 마을의 생성과 서낭신앙의 발달 과정을 조금이나마 들여다볼 수 있을 것이다.

성황림의 당집과 신목들.

마을로 소통하는 유일한 길 입구를 거대하게 막아선 숲과 그 가운데 당집 좌우에 나란히 위치한 전나무와 엄나무는 수령을 가늠할 수 없는 세월의 흔적과 거대한 위용을 내뿜는다. 하지만 두 나무의 서로 상반된 상징성과 당집 방향에 따른 정확한 위치, 그리고 길에서 적당한 높이로 계단을 이루며 돋워진 제단부의 높이 등을 볼 때 자연 상태의 지형과 수목으로 이루어진 것이라고 보기에는 무리가 있다.

하늘과 교감하고자 하는 신목神木으로, 우리나라에서 최고 높이로 크며 양의 기운과 남성성을 상징하는 전나무를 심고, 그 반대편에는 숲과 산의 잡다한 신들을 어르기도 달래기도 하는 땅과의 교감 용도로 음기와 여성성을 상징하는 엄나무(음나무)를 심은 듯하니, 부신목副神木쯤 된다고 할 수 있다. 이러한 엄나무 신목은 불교의 수용 과정(사찰의 건립)에서 장소 사용의 양해를 구하고자 예의를 차린, 우리나라 사찰 경내에만 있는 산신각의 의미와 크게 다르지 않은 듯하다.

'성황림마을'의 역사를 거슬러 올라가면 인공적으로 조성된 이 신림神林의 유래를 어렴풋이 유추할 수 있을 듯하다. 1933년 일제에 의해 보존해야 할 '조선고적명승'으로 지정된 '윗성남 당숲'은 1940년 남북한을 합쳐서 총 119점의 천연기념물 중 제93호로 지정되었고, 일제가 물러가자 곧이어 동족상잔의 전쟁터로 변했다가 막 정신을 차린 1963년 우리의 관리에 의해 그리 탐탁지 않은 한자 이름 '성황림城隍林'으로 둔갑하여 일제가 지정했던 그대로 천연기념물 제93호로 재지정되기에 이른다(굳이 중국 성황신앙에서 유래한 한자를 쓰지 않아도 '서낭숲'이나 주민들이 부르는 이름대로 '당숲'이라 했으면 좋았을 것을).

신림神林면의 지명 유래를 보면 한글학회가 펴낸 『한국지명총람 2(강원편)』에 "신림골에 있는 서낭숲 가운데 큰 나무가 있는데 매우 영험하여 정성을 들여 빌면 효험이 있고 잘못하면 도깨비가 나와서 장난한다 함"이라 기록되어 있다. 지금껏 내가 찾아낸 신림이라는 지명의 가장 오래된 기록은 변계량과 함께 조선초기의 대학자로 휘하에 서거정, 이보흠, 한명회 등 걸출한 후학들을 배출한 당대 최고의 문장가 유방선(1388~1443)의 글을 모은 『태재선생문집泰齋先生文

集』에 전하는 「제신림역題神林驛」이라는 두 수의 시제이다.

개국 초 왕권의 안정을 위해 수시로 피바람을 일으키던 태종대에 대학자 유방선은 그의 선친이 민무구 · 민무질 형제의 옥사에 연루되어 연좌로 유배와 사면을 반복해야 했다. 사면 중에는 대개 원주의 법천사에서 후학 양성에 힘썼는데, 선친의 고향이자 주 유배지인 영천을 왕래하던 중 신림역에 쉬면서 자신의 처지와 소회를 시로 짓고 「신림역에서」라는 제목을 붙인 것이다.

600여 년 전인 조선의 태동기에 관리의 출장 편의시설인 역이 설치되었고 '신림역'으로 불린 것을 볼 때, 조선시대 이전에 이미 신성함이 두드러진 숲이 있어 신림이란 지명으로 불렸음을 알 수 있다. 이후 단종의 유배길(1457)을 그린 여러 기록에서 신림역을 지나 주천의 솔치재로 접어드는 한 줄 기록으로, 『신증동국여지승람』(1530), 『여지도서』(1765), 『대동여지도』(1861) 등의 지리서에서 위치와 역의 규모를 나타내는 몇 줄 표기로 고개를 내미는 신림.

신림이란 지명은 한때 역사 속에 묻혀버릴 뻔했다. 신림면의 홈페이지에는 "1895년(고종 32) 전국의 행정구역을 23부 331군으로 개편하면서 가리파면으로 불리다가 조선 광무 9년인 1916년에 신림면으로 개칭되어 현재에 이르고 있다"라고 되어 있는데, 이에 관한 역사적 배경이 있다.

일본이 조선에서의 철군을 거부하면서 촉발된 청일전쟁에서 일본이 승리한 뒤, 김홍집 등의 개혁파를 내세워 우리 사회의 전반을

숲을 이룬 전나무.

일본식으로 개편하는 이른바 갑오경장의 일환으로 행정구역을 재편한 바 있다. 이때 그들 나라에서는 많이 쓰였지만 우리나라에는 유일했던 '신림神林' 이란 지명이 너무 민족주의적인 색채를 띠었기에 배제되었다. 그러고는 일개 리理의 지명이었던 '가리파' 를 등장시켰던 것이 거의 확실하니, 한일합병이 종료되고 조선은 이제 완전히 자기네들 것이라는 인식을 가졌을 무렵인 1916년에 돌려준 '신림神林' 이란 지명은 정확히 말하자면 개칭이 아니고 '복원' 이다.

많아야 오십여 호가 골짜기마다 흩어져 살고 있는 조그만 산병풍마을인 '성남리' 의 역사는 태재 선생의 기록으로부터도 500여 년을 더 거슬러 올라간다.

> "892년(진성여왕 6) 북원의 호족 '양길' 에게서 군사를 나누어 받은 궁예는 치악산 석남사를 근거지로 하여 주천, 내성(영월), 울오(평창), 어진(울진) 등을 차례로 정복해나갔다."

『삼국사기』「궁예」10편 기록에 등장하는 '석남사' 가 이 마을에 있던 절(강원대 김종원 교수의 논문, 「석남사 터의 추정과 현존민속」에 근거)이고, '성남리' 라는 지명도 여기서 유래하여 음운변화된 것으로 추정되기 때문이다. 궁예가 200여 기(100기라고도 함)의 기병을 거느리고 들어와 동진東進의 본거지를 삼은 석남사石南寺는 이름에서 보듯, 북쪽은 깎아지른 바위벼랑이며 양쪽으로는 가파른 협곡이라 적

성황림의 신목 전나무.

으로부터 배후 기습을 받을 우려가 없는 천혜의 요새이다.

낮에는 기병을 이끌고 출정 · 동진하여 주천 · 평창 · 영월 등을 정복해나가며, 밤에는 다시 석남사로 돌아와 휴식을 취하고 다음 전투를 위한 정비를 하던 2년여 동안, 무너져가는 신라의 통제력과 지방 세력의 발호 등으로 민초의 삶은 피폐해진 터라 마을은 궁예의 군사가 되고자 찾아오는 자가 줄을 섰을 것이다. 또 주력군이 기병이다 보니 말먹이를 준비하는 등의 허드렛일 자리도 생겨났을 것이다. 3500으로 불어난 군사를 이끌고 명주(강릉)로 입성(894년)한 후에도 군사가 아닌 일부 식솔들은 석남사와 이 마을에 그냥 남겨졌으리라 짐작된다.

그 후 승승장구하여 901년 철원에 도읍하여 태봉국을 세워 삼국통일의 발판을 마련한 뒤, 918년 왕건의 역성혁명으로 비운의 최후를 마칠 때까지 숨죽이며 지켜보았을 슬픈 영웅의 태동지 성남마을!

일반적인 서낭당의 동제洞祭는 거의 정월보름이거나 삼짓날과 9월 9일(중양절)에 지내는데, 성남마을의 동제는 4월 초파일의 자시子時와 9월 9일에 지내는 것이 특징이다.

전국 어디에도 없을 '부처님 오신 날' 의 동제는 동네 한켠에 있는 석남사와 대부분이 승려였던 궁예의 지도 세력, 그리고 그들로 인해 유입된 주민에 의해 마을 행사가 되어 이어져온 흔적으로 짐작할 수 있다.

성남마을에는 당숲과 관련하여 두 가지 얘기가 전해 내려온다.

당집 뒤편에는 커다란 호수가 있었는데, 효성이 지극한 효자가 매일 부모님의 병환을 낫게 해달라고 기도를 드리던 중 호수 위에 동자삼이 비치기에 당숲산을 따라 올라가 그 삼을 캐어 부모님 병환을 낫게 해드렸다는 얘기가 하나, 당숲산 꼭대기에는 면내 쪽을 한눈에 감시할 수 있는 망루가 있었다는 이야기가 또 하나이다.

이 구전되는 두 이야기에서 알 수 있는 것은 지금의 당집 터는 호수와 당숲산을 향해 기도를 드리는 장소였다는 것과, 망루 이야기에서 보듯 마을 전체는 군사적 요새의 역할을 했다는 점이다.

여러 가지 사실과 추론을 종합하건대 궁예 세력의 태동과 같이 하여 성남마을은 석남사를 중심으로 동질감이 강한 주민집단을 형성했으며, 군사가 동진을 향한 출정길에 올라 마을 입구를 벗어날 때 호수와 그 뒤 치악의 등줄기인 거무내산을 위해 승리를 기도하는 예를 갖추었다. 그리하여 그 자리에는 차차 사당이 지어지고 사당의 좌우에는 신성함을 상징하는 나무가 심겨졌으며, 그 주변은 경작을 하지 않고 당숲산의 영향으로 자연적으로 나는 나무를 가꾸어 마을 입구를 완전히 가로막는 숲을 만들었을 것으로 추정해본다.

수없이 되풀이된 어려운 식량 사정과 전란의 와중에도 작은 동네에서 널따란 서낭당 주변의 평지를 경작하지 않았다는 것과, 땔나무를 아무리 멀리 가서 해올지언정 가까운 당숲산의 나무를 땔감으로 쓰지 않았다는 것은 오랜 전통과 믿음의 뿌리가 없이는 불가능한 일이다.

1980년 전후에 신목 전나무는 바람에 3분의 1 정도가 부러졌다. 하지만 그 뒤에도 주변의 수백 년 된 복자기나무나 물푸레나무가 이루는 20여 미터 높이의 숲보다 10여 미터는 더 불쑥 솟아 있으니, 그 전의 위용이 어땠을지는 쉽게 짐작할 수 있다.

이 숲의 또 다른 특징은 길 건너편으로 이어지는 소나무 숲이다. 사철 푸른 상록수인 당목전나무 주변으로는 복자기나무, 물푸레나무, 피나무, 갈참나무, 층층나무, 느릅나무 등 당숲산과 이어지는 수종의 활엽수로만 빼곡한 '신을 위한 숲'을 이루고 있는데, 개울 쪽으로 이어지는 위의 숲에는 널따란 잔디광장 주변으로 소나무가 빙 둘러서서 인간에게 그늘을 제공하고 있으니 그야말로 신과 인간이 공존하는 숲이다.

단옷날이면 소나무에 그네를 매고 동네의 젊은이들이 기량을 겨루고 어른들은 개울가에서 천렵을 하며, 꾸러기들은 편을 갈라 기마전을 했던 그 풍습이, 누구도 그 유래에 대해서는 알지 못하지만 4월 초파일의 당제처럼 천 년을 넘게 이어져 내려온 풍습이 아닐까 짐작해본다.

신들의 숲 신림神林. 그 지명의 유래가 되는 성남리 서낭숲의 유래를 더듬는 과정에서 보듯, 단군 왕검 이후 우리 민족은 수목을 신성시하며 마을의 안녕을 꾀했다. 굳이 나무 이야기로 귀결짓자면 우리나라 나무 중에 가장 높이 크고 가장 곧으며 사철 푸르른 기상에 걸맞게 눈보라에도 아랑곳하지 않고 높은 산에만 자라는 전나무야말로 사찰과 왕릉 주변에 심겨져 지킴이로서도 오랜 세월을 함께해온, 하늘과 소통하는 우주수로서 가장 걸맞은 나무이다.

만조백관인 듯 온갖 나무가 둘러서서 거대한 숲을 이룬 한가운데 우뚝 솟은 성황림의 천 년 신목 전나무에서, 하늘을 찌를 듯 울창한 백두산정 전나무숲 속에 막 강림한 환웅이 떠오르니.

"참이야! 이게 신목 전나무야. 사람들의 바람을 하늘에 전해주는 나무란다."

"그럼 여기에 끼워져 있는 종이는 소원문이야?"

금줄에 끼인 축원문들을 보고는 체험학습에서 들어본 적이 있는 '소원문' 을 금방 생각해내는 참이지만, 불을 붙여 하늘로 띄우며 가족의 무사안위를 간절한 마음으로 빌던 내 어린 시절 당고사 때의 '소지' 와는 사뭇 다른 세대 격차를 느끼며 돌아 나오는 당집 마당에는 그 시절 그 모양과 다름없는 열매만 나뒹군다.

"……산천은 이렇듯 의구한데……"

나무가 민중이다

1판 1쇄 2011년 4월 5일
1판 4쇄 2013년 11월 22일

지은이 고주환
펴낸이 강성민
편집 이은혜 박민수 이두루
마케팅 정현민
온라인 마케팅 김희숙 김상만 이원주 한수진

펴낸곳 (주)글항아리 | 출판등록 2009년 1월 19일 제406-2009-000002호

주소 413-120 경기도 파주시 회동길 210
전자우편 bookpot@hanmail.net
전화번호 031-955-8891(마케팅) 031-955-8898(편집부)
팩스 031-955-2557

ISBN 978-89-93905-56-4 03900

글항아리는 (주)문학동네의 계열사입니다.

이 도서의 국립중앙도서관 출판시도서목록(CIP)은 e-CIP 홈페이지(http://www.nl.go.kr/ecip)에서
이용하실 수 있습니다.(CIP제어번호: CIP2011001223)